C·H·Beck

PAPERBACK

Aleida Assmann

Die Wiedererfindung der Nation

Warum wir sie fürchten und warum wir sie brauchen

C.H.Beck

Originalausgabe

www.chbeck.de
Umschlaggestaltung: Kunst oder Reklame, München
Umschlagabbildung: Montage der Quadriga auf dem Brandenburger Tor
am 27.9.1958, nachträglich koloriert,
Foto: Horst Sturm, © dpa – Report
Satz: C.H.Beck.Media.Solutions, Nördlingen
Druck und Bindung: Druckerei C.H.Beck, Nördlingen
Gedruckt auf säurefreiem und alterungsbeständigem Papier
Printed in Germany
ISBN 978 3 406 76634 3

myclimate

klimaneutral produziert
www.chbeck.de/nachhaltig

Für Jan

Inhalt

Vorwort

Du musst dein Leben ändern! Dieser letzte Satz aus einem Rilke-Sonett wurde in den Corona-Wochen und -Monaten häufig zitiert. Für mich hatte er eine besondere Bedeutung. Von einem Tag auf den anderen wurden alle Termine aus dem Kalender gestrichen. Die Folge war eine ungekannte gleichförmige Regelmäßigkeit, die mich zu Hause und am Schreibtisch festhielt. Dieses Buch müsste ich eigentlich Corona widmen, gehe aber nicht so weit, sondern widme es in großer Dankbarkeit Jan Assmann, dem Denkpartner und Gefährten in der Zweisiedelei und ersten Leser dieser Kapitel.

Die Idee zu diesem Buch geht auf eine Debatte im Januar 2019 zurück. Damals bat mich Swantje von Brück um ein Interview in der *Welt*. Es ging um Robert Menasses Thesen zur Abschaffung der Nationen zugunsten eines Europas der Regionen. Im Juni 2019 konnte ich zentrale Thesen dieses Buches auf einer Konferenz der Memory Studies Association in Madrid vorstellen und diskutieren; weitere Diskussionsrunden organisierten Shalini Randeria im Oktober am Institut für die Wissenschaften vom Menschen in Wien sowie Estela Schindel und Timm Beichelt im Januar 2020 am Viadrina Institut für Europa-Studien in Frankfurt/Oder. Mein Konstanzer Kollege Daniel Thym ließ nicht locker und schuf trotz Corona-Bedingungen eine digitale Plattform für den Vortrag an der Universität Konstanz. Ihm und Christina Wald danke ich sehr für ihr Interesse und die Moderation der Diskussion. Ein besonderer Dank geht an die Dr. K. H. Eberle Stiftung, die seit März 2020 ein Forschungsprojekt zum Thema ‹Gemeinsinn› an der Universität Konstanz fördert. Dieses Buch ist auch ein Beitrag zu diesem neuen Themenschwerpunkt.

Im Lockdown waren Reisen und Begegnungen ausgeschlossen, aber der digitale Austausch von Ideen und Gedanken kam glücklicherweise nicht zum Stillstand. Till van Rahden danke ich für viele einschlägige Texte und Hinweise, die mir neue Perspektiven erschlossen haben und Thomas Oberender für sein inspirierendes Buch, das ich lesen durfte, bevor es erschienen ist. Jonas Zipf und Hanno Loewy waren wichtige Gesprächspartner, der eine digital, der andere in vivo. Mein besonderer Dank gilt dem Verlag C.H.Beck für sein Interesse an diesem Manuskript sowie Stefanie Hölscher, Beate Sander und Andreas Wirthensohn, die die Redaktion wieder so konstruktiv begleitet und sich dabei auf ein sehr sportliches Tempo eingestellt haben.

Nach einem 25-jährigen Vorlauf verpackten Christo und Jeanne-Claude das Reichstagsgebäude. Vom 24. Juni bis zum 7. Juli 1995 war ihr temporäres Kunstwerk in Berlin zu besichtigen. Damals schwärmte Friedrich Schorlemmer: «Hat jemals der höchste Ort der Demokratie so viel Annahme erfahren wie während dieses künstlerischen Spektakels? Da versammelt sich ein friedliches Volk vor dem eher monströsen Gebäude unserer gebrochenen deutschen Geschichte und steht davor wie vor einem Geheimnis.» Die Bilder, die von der Verpackungsaktion geblieben sind, vermitteln noch etwas von diesem Geheimnis. Verpackung ist auch eine Art von Verpuppung; eine Umkleidekabine, in der sich die deutsche Nation mehrfach radikal gewandelt hat. Sie war damals auch eine Projektionsfläche für eine Gesellschaft, die sich gerade wieder neu erfand. Inzwischen empfinden wir das Reichstagsgebäude nicht mehr als monströs, wohl aber die Bilder vom 30. August 2020, auf denen Rechtsradikale und Reichsbürger die Treppen des Gebäudes stürmen und die Reichskriegsflagge schwingen. Dieser

Alptraum war ein Weckruf, denn die Aufgabe, dieses Gebäude und damit auch die Nation, die wir haben, zu verteidigen, können wir nicht allein der Polizei überlassen.

Traunkirchen, August 2020 Aleida Assmann

Einleitung

Die Forschung zum Thema Nation füllt ganze Bibliotheken. Die meisten Bücher handeln von der Geschichte der Nationen oder von ihrer Theorie. Die Fragen und Thesen des vorliegenden Buches gehen in eine etwas andere Richtung. Sie machen auf eine Lücke aufmerksam, die den meisten vielleicht noch nicht einmal aufgefallen ist. Es scheint bisher auch niemand ein solches Buch vermisst zu haben. Ich schon, deshalb habe ich es geschrieben. Als ich einer Freundin in Leipzig von meinem Projekt berichtete, reagierte sie überrascht. Hier ein Auszug aus ihrer Mail vom 8. Mai 2020:

> Seit ich weiß, was Du da treibst, entdecke ich Nationalismen auf Schritt und Tritt. Sogar unser sachlicher Bundespräsident hat in seiner heutigen Rede von Patriotismus gesprochen, freilich (zum Glück) einem, dem man nur mit zerrissenem Herzen anhängen kann, sagt er. Ich habe mir noch kein eigenes Modell meines Verhältnisses zu Deutschland, einig Vaterland gezimmert, merke aber am deutlichsten an einem Gefühl der Betroffenheit und (gewöhnlich nicht unmittelbar begründbarer) Mitverantwortung, dass ich dazugehöre. Kürzlich las ich, dass Grillparzer 1849 «Von der Humanität durch Nationalität zur Bestialität» gesprochen hat – wie klug vorausschauend – oder zeitdiagnostisch? Napoleon lag da bereits hinter ihm. Im Leipziger Stadtrat hat sich jüngst die Grüne Partei mit dem Antrag durchgesetzt, die Ernst-Moritz-Arndt-Straße innerhalb eines Ensembles von zeitgenössischen Poeten und politischen

Denkern seiner Zeit umzubenennen (in Hannah-Arendt-Straße!) wegen Nationalismus und Antisemitismus.

Das Beispiel zeigt, dass kluge, geschichts- und DDR-erfahrene Menschen in diesem Land höchst sensibel auf das Wort ‹Nation› reagieren und sofort ein Abgleiten in Nationalismus und Nationalsozialismus befürchten. Wer A (Nation) sagt, so die Logik dieses Reflexes, wird sicher bald B (Nationalismus) und schließlich vielleicht auch C (Nationalsozialismus) sagen. Ich schätze diese Empfindlichkeit sehr; zeigt die Reaktion doch so etwas wie einen Impfschutz gegen die Krankheit des Nationalismus. Während die einen hypersensibel sind und sich deshalb jeden Gedanken an die Nation verbieten, gibt es aber leider viele andere, die hier keinerlei Hemmungen haben, sondern vollauf damit beschäftigt sind, die Nation wieder nationalistisch umzudeuten und sie für ihre Zwecke anzueignen. Vor diesem Hintergrund scheint mir die Abstinenz gegenüber dem Nationsbegriff eher ein Problem zu befördern als die Lösung dieses Problems zu sein. Das Buch, das keinem fest etablierten Diskurs verpflichtet ist, möchte diesen verlassenen Raum zurückgewinnen und zum Nachdenken anregen. Die Kapitel können dabei auch als einzelne Essays gelesen werden. Sie stellen Argumente und Analysen aus unterschiedlichen Disziplinen bereit, die das unübersichtliche Feld neu vermessen und für eine Selbstaufklärung hilfreich sein könnten.

Durch die unterschiedlichen Themen der folgenden Kapitel zieht sich ein klarer roter Faden. Das ist die These, dass es enge Verbindungen gibt zwischen Staatsform, Nation und Narrativ. Die Beschaffenheit und der Wandel einer Nation und ihrer Staatsform lassen sich deshalb besonders klar am Wandel ihrer Narrative und an der Auseinandersetzung mit ihnen ablesen. Damit stellt sich zugleich die Frage nach der Auswahl und Deutung identitätsbildender historischer Ereignisse und nach der Dynamik von Erinnern und Vergessen im Wandel der Geschichte.

Deutschland steht gerade an einem historischen Wendepunkt, wo sich durch die Aufnahme von Einwanderern der Fundus dieses Gedächtnisses deutlich verschieben wird. 75 Jahre nach dem Ende des Zweiten Weltkriegs bereiten wir uns auf eine Situation vor, in der die Zeitzeugen des Holocaust nicht mehr in Schulen, an Gedenkstätten und zu Jahrestagen auftreten werden. Gleichzeitig haben nachwachsende Generationen nur noch sehr verschwommene Vorstellungen von der deutschen Geschichte. Darin unterscheiden sich die neu Zugewanderten nicht mehr wesentlich von jungen Menschen, die in einheimischen und in Migrantenfamilien aufgewachsen sind. Der Fundus des nationalen Gedächtnisses löst sich an diesem Punkt aber nicht einfach auf, sondern wird einerseits an Jahrestagen für die Inszenierung der Nation und ihrer Demokratie wiederaufbereitet und andererseits zur Beute derer, die historische Mythen hemmungslos für ihre nationalistischen Zwecke ausschlachten. Was die eine Seite würdigt und reaktiviert, wird von der anderen Seite entwertet und vergessen. Und umgekehrt. Auf diese Weise erlebt die Gesellschaft gerade ein Verwirrspiel und den Verlust klarer Orientierung.

Hier nur einige Beispiele. Im Prospekt ‹Deutscher Buchdienst› vom Frühjahr 2020 kann man die zweibändige *Deutsche Volksgeschichte* von Adolf Helbok (1883–1968) bestellen. Seit 1924 war der Autor Herausgeber der Zeitschrift *Volk und Rasse.* 1933 trat er in die NSDAP ein, im gleichen Jahr erklärte er die «völkische Blutsgemeinschaft» zum Subjekt der Geschichte. Ab 1950 hatte er Berufsverbot. Jetzt werden «die umfangreichen Forschungsergebnisse» des «Ordinarius für Geschichte, Volksforschung und Siedlungsgeschichte» wieder aufgelegt. Von Werner Symanek kann man ein Buch bestellen, in dem er erklärt, warum Hitler die Wehrmacht aus purer Notwehr am 1. September 1939 in Polen einmarschieren ließ, und es gibt weitere Titel zum Vorgang der «Umvolkung». Daneben kursieren heute massenhaft Fake News in den sozialen Medien, die sich mit viraler Geschwindigkeit ausbreiten. Es gibt Webseiten, auf denen nicht nur Hans und Sophie Scholl, sondern auch Anne Frank zum Kampf gegen Islamisierung aufrufen. Auf anderen werden Aufkleber angeboten, die die Buchstaben «AfD» in einem Judenstern vor dem Hintergrund einer KZ-Streifen-Uniform zeigen. Die Unterschrift lautet: «Heute sind die Andersdenkenden die Juden (…) Wir können nur mahnen: Wehret den Anfängen!» All das konnte man sich in Deutschland bis vor kurzem noch nicht vorstellen. Das war jedenfalls nicht die Welt, in die ich aufwuchs, und es war auch nicht die Welt, in die meine Kinder aufwuchsen. Aber es ist jetzt die Welt, in die meine Enkel aufwachsen.

Das, woran man sich während des Nationalsozialismus erinnert hatte und was längst aussortiert worden war oder von selbst ins Vergessen zurücksank, wird gerade wieder hochgeholt, neu drapiert und als Gegengedächtnis aufbereitet. Das ist eine neue Stufe in der andauernden Auseinandersetzung in der deutschen Gesellschaft um die nationale Erinnerung. Sie vollzieht sich als ein Deutungskampf, der mit dem Brechen von Tabus und Formen der Desinformation einhergeht, um die Legitimität der liberalen Demokratie und der Europäischen Union gezielt zu untergraben. Verständlicherweise werden heute an den Schulen ein kritischer Umgang mit sozialen Medien und eine feste Etablierung des Faktenwissens gefordert. Doch das pure Wissen über Ereignisse und Jahreszahlen bleibt abstrakt, wenn nicht auch die damit verbundenen nationalen Narrative in die Selbstaufklärung einbezogen werden. Damit meine ich den emotionalen Bodensatz dieser Geschichte in der diffusen Gestalt eingefleischter Haltungen, eingeprägter Bilder, Texte und halbbewusster Vorstellungen, die die nationale Imagination gesteuert haben und sich über unterschiedliche Metamorphosen nationaler Identitäten hinweg gehalten haben – auch über den Wandel von Staatsformen hinweg. Dieses Buch versteht sich als eine Anleitung zur Selbstaufklärung über den verwickelten Fundus des deutschen nationalen Gedächtnisses mit dem Ziel, klarer unterscheiden zu können, welche Bestände sich wie und warum als toxisch erwiesen haben, welche weiterhin zu beerben sind und welche erneuert werden müssen. In einem Betrieb nimmt man sich dafür einmal im Jahr einen Tag Zeit und nennt das ‹Inventur›. Dieses Buch unternimmt eine solche Inventur des deutschen nationalen Gedächtnisses.

Das erste Kapitel enthält die These. Ausgehend von der Beobachtung, dass das Thema ‹Nation› im akademischen Diskurs seit geraumer Zeit kein aktuelles Forschungsthema mehr ist, frage ich nach den Gründen für die Abstinenz gegenüber dem Thema. Ein wichtiger Grund ist der, dass in der Forschung die Trennlinie zwischen demokratischer Nation und nicht-demokratischer Nation nicht klar gezogen wird. Also lieber die Nation gleich ganz fallenlassen, um zu vermeiden, dass man auf der falschen Seite landet. Im zweiten Kapitel werden Begriffe und Konzepte vorgestellt, die es ermöglichen, neu über den Zusammenhang von Kultur, Nation und Identität nachzudenken. Dafür wird die Geschichte der Neubestimmung des Identitätsbegriffs in den letzten 40 Jahren rekapituliert. Daran schließt sich das dritte Kapitel über Konstruktionsformen nationaler Narrative an, in dem der Horizont durch einen vergleichenden Blick auf die aktuelle Situation in den USA und in Israel erweitert wird. Das vierte Kapitel geht in der Geschichte zurück und widmet sich der NS-Ideologie, wie sie nach dem Ersten Weltkrieg aufgebaut wurde, in den Zweiten Weltkrieg geführt hat und im Holocaust kulminierte. Dieser historische Teil schließt mit der Frage, wie man das Gift dieser Ideologie entschärfen und in Europa Kriege, die latent weiterschwelen, effektiv entschärfen und wirklich beenden kann. Das fünfte Kapitel über Exklusion und Inklusion kehrt in die Gegenwart zurück. Es ist dem Thema Gemeinsinn gewidmet und zeigt, wie er gegenwärtig in unterschiedlichen Handlungsfeldern neu geschaffen und errungen werden muss. Die schlechte Nachricht ist, dass die Spaltung auf der Ebene der EU, der Nation, der Städte und der Nachbarschaften überall zunimmt. Die gute Nachricht ist aber, dass das auch den Gemeinsinn gestärkt hat, für den gerade neue Handlungsformen entwickelt werden.[1]

Jahrestage wie der 8. Mai sind ein Anlass, das zu thematisieren, was sonst nicht im Fokus der Aufmerksamkeit steht: die Befindlichkeit der eigenen Nation. Die Präsidenten des Landes erfüllen bei dieser Selbstthematisierung eine wichtige Aufgabe. Während sich Joachim Gauck bei solchen Anlässen vor allem über die Binnengrenzen Europas hinweg engagierte und die Beziehung zu anderen Nationen gepflegt hat, nutzt Frank-Walter Steinmeier herausgehobene Jahrestage für komplexe und gehaltvolle Reflexionen über das Selbstbild der Nation. Bereits am 9. November 2018, diesem janusköpfigen Jahrestag, der sowohl in Richtung November-Pogrom 1938 als auch in Richtung Mauerfall 1989 weist, sprach er sich zum Beispiel für ein inklusives nationales Selbstbewusstsein aus: «Wir können stolz sein auf die Traditionen von Freiheit und Demokratie, ohne den Blick auf den Abgrund der Shoah zu verdrängen. (…) Wir können uns der historischen Verantwortung für den Zivilisationsbruch bewusst sein, ohne uns die Freude über das zu verweigern, was geglückt ist in unserem Land.»[2] Genau diese Verbindung von Licht und Schatten gehört nämlich zur deutschen Identität, und beide Seiten sind nicht mehr voneinander zu trennen. Das hat Steinmeier auch am 8. Mai 2020, dem Tag des Kriegsendes, wiederholt, der inzwischen allgemein als ‹Tag der Befreiung› begangen wird. In seiner Ansprache bei der zentralen Gedenkveranstaltung auf dem regennassen und coronabedingt leeren Platz vor der Neuen Wache in Berlin sagte er: «Die deutsche Geschichte ist eine gebrochene Geschichte – mit der Verantwortung für millionenfachen Mord und millionenfaches Leid. Das bricht uns das Herz bis heute. Deshalb: Man kann dieses Land nur mit gebrochenem Herzen lieben.»

Mit diesem Buch möchte ich die widersprüchlichen deutschen Narrative auseinanderfalten und das Verdeckte klarer vor uns ausbreiten. Nur wenn wir die deutsche Geschichte in ihrem Zusammenhang überschauen, können wir besser verstehen, in welche Abgründe bösartige Narrative die deutsche Nation getrieben haben. In seiner Rede zum 8. Mai 2020 hat Steinmeier auch auf die Voraussetzungen hingewiesen, die nötig sind, dass sich Deutschland als eine friedliche und weltoffene demokratische Nation in Europa bekennen kann. Dafür musste nämlich nicht nur die Wiedervereinigung geschehen, es mussten auch die Vorbehalte gegen alles Nationale überwunden werden. Er räumt dabei ein: «Viele Deutsche meiner Generation (haben) erst nach und nach ihren Frieden mit diesem Land gemacht.»

Viele haben ihren Frieden mit diesem Land aber noch nicht gemacht und andere sind schon wieder dabei, diesen Frieden durch symbolische Markierungen von Stolz, Stärke und Kriegsverherrlichung zu untergraben. Das zeigen die Kommentare auf Steinmeiers Rede im Internet, die von verständnislos und abweisend bis bösartig und feindlich reichen. Der Ton ist erstaunlich rau, was zeigt, dass das von ihm formulierte Bekenntnis zur Nation alles andere als ein Selbstläufer ist. Ein Grund mehr also für dieses Buch und sein Angebot zur Reflexion und zum Selberdenken für alle, die sich noch kein eigenes Verhältnis zu Deutschland, einig Vaterland gezimmert haben, aber aufgrund eines Gefühls der Betroffenheit und Mitverantwortung wissen, dass sie dazugehören.

1. Die These: Überwindung und Wiedererfindung der Nation

Der Mythos von Europa und die Abschaffung der Nation (Ulrike Guérot, Robert Menasse)

Europa ist das Ergebnis einer langen und intensiven Verflechtung von Menschen und Ideen unterschiedlicher Städte, Regionen und Nationen. Die ebenso produktive wie destruktive Beziehungsgeschichte Europas hat eine beeindruckende Gestalt in dem dreibändigen Lesebuch *Europa – Die Gegenwart unserer Geschichte* (2019) gefunden, an dem über 100 Wissenschaftler*innen aus aller Welt mitgearbeitet haben.[1] Unter den 133 Kapiteln gibt es auch eines über die junge Nymphe Europa und ihre Verfolgung und Verführung durch Zeus. Erzählt wird dieser Mythos von der Politologin Ulrike Guérot, die ihn mit aktuellen Referenzen anreichert. Als die phönizische Prinzessin in bester Laune und freudiger Erwartung ihrer Hochzeit sich gerade ihren Brautstrauß pflückte, mischte sich der oberste Olympier in ihre Angelegenheiten ein und betörte sie mit dem edelsten aller Gewürze, dem Geruch von Safran. Das genügte bereits, um Europa dazu zu bewegen, sich auf den Rücken des Stiers zu setzen, in dessen Gestalt ihr der erotomane Zeus erschien. Die bildliche Konstellation von Europa und dem Stier enthält ein unerschöpfliches Reservoir symbolischer Ausdeutungen, auf die Guérot genauer eingeht. Dazu gehört nicht nur der Gegensatz zwischen lokaler Sesshaftigkeit und dynamischer Bewegung. Europa und der Stier vertreten viel allgemeiner «das Prinzip einer spannungsgeladenen Affinität, die immer auf neue und widersprüchliche Art alle nur vorstellbaren Grenzziehungen übersteigt und die permanenten Veränderungen unterworfen ist (...): Die Grenzen Europas haben sich in der Geschichte stets verändert, fast als ob die Lust auf Grenzveränderung das Wesensmerkmal Europas ist.» Eine weitere Spannung, die in diesem Mythos zum Ausdruck kommt, ist die zwischen Verführung und Entführung. Guérot stellt hier eine nahtlose Verbindung zur #MeToo-Debatte her: «Der Mythos symbolisiert mithin Liebesbeziehung und Geschlechterkampf zugleich, der permanent neu austariert werden muss, jenen Moment, in dem eine Verführung in die sexuelle Übergriffigkeit kippen kann, der bis heute in feministischen Magazinen diskutiert wird.»[2]

Es gibt noch eine andere Bildgeschichte Europas, auf die Guérot in ihrem Beitrag eingeht. Auf mittelalterlichen Landkarten wird die Prinzessin als «ein üppiger Frauenkörper mit wallendem Kleid» dargestellt, «in dem alle damaligen Monarchien und Völker – Germania, Francia, Bulgaria, Scotland, Greca – ihren angestammten, organischen Platz haben». Diese «königliche, ja erhabene Darstellung der Europa», die Ulrike Guérot auch an den Garten Eden erinnert, «verströmt Fruchtbarkeit und Geborgenheit.» Dieser matriarchalischen Idylle stellt Guérot die patriarchalische Bedrohung Europas durch die Nationalstaaten gegenüber. Mit dieser Bedrohung endet für sie der Flirt mit dem Stier und wird zur brutalen Vergewaltigung Europas durch den Nationalstaat, den sich Thomas Hobbes bekanntlich im Rückgriff auf die Bibel als ein Monster, genauer: einen männlichen Leviathan vorstellte. Das Fazit von Guérots Bildgeschichte ist klar: «Überwiegt also das Männliche in der Geschichte – festgemacht an Topoi wie Nationalstaat, Krieg, Macht, Militär –, leidet die Europa.» Dann gibt es nur eines: sie muss den Stier kastrieren, denn: «Europa heißt nachnationales Matriarchat!»[3]

Nachnational – dieser Begriff hat sich in deutschsprachigen Diskursen während der letzten zwei Jahrzehnte immer mehr durchgesetzt. Eine effektive Strategie, um die Nation loszuwerden, beginnt mit der Sprache. Bereits durch Wiederholung des Wortes ‹nachnational› bzw. ‹postnational› können Selbstverständlichkeiten etabliert werden, die allmählich zu einer allgemeinen Norm werden und dann gar nicht mehr diskutiert werden müssen. Durch eine solche Sprachregelung wird an den Universitäten die Nation seit längerem für tot oder obsolet erklärt. Sie gehört auf den Müllhaufen der Geschichte und ist für die meisten Intellektuellen kein Thema mehr. Man kann es auch so formulieren: Der Begriff ‹Nation› ist eingefroren worden. Seit geraumer Zeit werden zu diesem Thema reflexartig immer dieselben Referenzen aufgerufen. Dazu gehört der Hinweis auf Benedict Andersons *Imagined Communities*, Eric Hobsbawms und Terence Rangers *Invented Traditions* sowie auf Ernest Gellners *Nations and Nationalism*. Alle drei Publikationen stammen aus dem Jahr 1983. An diesem Zeitpunkt wurde das Thema stillgestellt, was dazu geführt hat, dass der Nationendiskurs zu einem Zombie-Diskurs verkommen ist. Er bewegt sich in erstarrten Formulierungen und in vorhersehbaren Bahnen. In dieser Form wird er von Generation zu Generation weitergegeben. Das Problem gilt als ein für alle Mal abgeschlossen; wer weiter nachdenkt, fragt oder darüber forscht, wird verdächtigt, nationalistischem Denken anzuhängen. Kurz: In der wissenschaftlichen Forschung ist die Nation durch Ignorieren erfolgreich abgeschafft worden. Das wurde mir bestätigt, als ich kürzlich einen Politologen fragte, was seine Zunft denn heute zu diesem Begriff zu sagen habe. Die Antwort kam wie aus der Pistole geschossen: «Das Standardwerk zu dieser Frage ist immer noch Michael Zürn, *Regieren jenseits des Nationalstaates*!»[4]

Mit diesem Konsens kann ich mich seit längerem nicht

mehr abfinden. Ich sehe nämlich mit Sorge, wie gutmeinende aber auch realitätsblinde und in ihrer kritischen Grundhaltung erstarrte Intellektuelle die wachsende politische Gefahr verkennen, die von diesem Ignorieren ausgeht. Die Wiedererfindung der Nation ist eine wichtige Aufgabe, die gemeinsame Aufmerksamkeit verdient. Dabei dürfen wir Nation nicht automatisch mit Nationalismus gleichsetzen, denn damit überlassen wir diesen Begriff den Nationalisten und machen uns zu Gehilfen einer sich selbst erfüllenden Prophezeiung. Im Gegenteil sollten wir den Begriff genauer prüfen, ihn neu besetzen und auf diese Weise zurückerobern. Damit wir uns in Zeiten der politischen Gefahr auch aktiv für sie einsetzen können, müssen wir lernen, mit der Nation auch positive Werte und Ideen zu verknüpfen.

Genau das ist in den USA geschehen. Dort hat die renommierte Harvard-Historikerin und Publizistin Jill Lepore gerade ein *Manifest für eine bessere Nation* veröffentlicht.[5] Ihr Plädoyer hat so große Nähe zu diesem Buch, dass ich den Klappentext der deutschen Ausgabe zitieren möchte: «Im Zeitalter der Globalisierung und der kosmopolitischen Eliten schien die Nation ein obsoleter Begriff geworden zu sein: Eine Vokabel, deren Gehalt sich auf dem Weg zur Weltgesellschaft historisch überlebt hatte, eine Parole der Reaktion. Doch in einer Welt, die nach wie vor aus Nationalstaaten besteht, bleibt die Nation der verlässlichste Garant für Recht und Gesetz und das wirkungsvollste Instrument, um die Macht der Vorurteile, Intoleranz und Ungerechtigkeit zu bekämpfen. Wer den Liberalismus gegen die autoritäre Welle unserer Zeit verteidigen will, der muss die Nation neu denken.»

Ulrike Guérot gehört nicht zu denen, die die Nation einfach durch Ignorieren abschaffen wollen. Das Wort ‹nachnational› hat für sie eine kämpferische Bedeutung. Es steht im Zusammenhang mit der Vision einer global-kosmopolitischen Bürgergesellschaft, für die die engagierte Baumeisterin eines neuen Europas gerade auch die Jugend als Avantgarde gewinnen und begeistern möchte. Nachnational, postnational, international, transnational – die Vermehrung solcher Adjektive signalisiert den starken Wunsch nach einer Zukunft, in der Nation keine Rolle mehr spielen soll. Darüber hinaus kämpft Guérot aber auch mit klaren Argumenten für die Abschaffung von Nationalstaaten und ihre Ersetzung durch eine ‹Europäische Republik› der Regionen. Durch Abbau der Binnengrenzen soll Europa zum Territorium einer einzigen ‹Staatsbürgergemeinschaft› werden, in der alle Menschen die gleichen Rechte haben und politisch direkt partizipieren.

Guérots EU-Kritik kommt von links. Sie will mehr Demokratie und hält die bisherige EU für undemokratisch; aber mit ihrer Diffamierung der EU trifft sie sich mit der Kritik von rechts. In dem Satz: ‹Wir haben ein Monster geschaffen›, stimmen beide Seiten überein. Die Parallele ist aufschlussreich: Beiden politischen Extremen ist die EU in gleicher Weise ein Dorn im Auge. Während die Linken kritisieren, dass die EU noch aus Nationalstaaten besteht, beklagen die Rechten, dass die EU die Macht der Nationalstaaten einschränkt. Beide Richtungen fordern, dass die Europäische Union in ihrer jetzigen Form verschwindet. So präzis und kompetent Ulrike Guérot die demokratischen Strukturen der neuen Europäischen Republik beschreibt, so unklar bleibt, wie sie die leidigen Nationalstaaten loswerden will. Das ist für sie aber kein Thema, weil sie davon ausgeht, dass Nationen über kurz oder lang von selbst verschwinden werden, weil ihre historische Zeit abgelaufen ist und sie es nur noch nicht gemerkt haben.

Warum die historische Zeit für die Nation abgelaufen ist, kann der Autor Robert Menasse genauer erklären. Wie Guérot bekämpft auch er die EU der Nationen und will sie durch eine Europäische Republik der Regionen ersetzen. Dafür bringt er ein historisches Argument in die Diskussion. Er geht dabei zur Gründergeneration der Europäischen Wirtschaftsgemeinschaft zurück und versichert uns, es sei das politische Projekt dieser weisen Männer gewesen, den Nationalismus zu überwinden und die Nationalstaaten zu zerschlagen. Das sei nämlich im Kern die Lehre von Auschwitz gewesen, und diese Lehre findet er in den Texten des ersten Kommissionspräsidenten der EWG, Walter Hallstein, wieder, die er mit großer Zustimmung studiert hat.[6]

Menasse hat aber noch andere Argumente für das absehbare Absterben der Nationen. «Die Idee der Nation hatte einen historischen Beginn und wie alles, was in der Geschichte einen Beginn hat, wird es ein Ende haben.»[7] Die Älteren unter uns könnten sich das vielleicht nicht vorstellen, aber die jungen Menschen, so Menasse, verstehen es und werden es auch erleben. Seine Erwartung beruht auf der Geschichtsphilosophie des linken Internationalismus. Die Proletarier aller Länder vereinigen sich; sie haben die Nationen überwunden, denn ihr Stolz besteht ja gerade darin, ‹vaterlandslose Gesellen› zu sein. Dieser Internationalismus sei auch die Gründungsidee der EU gewesen. Heute, 50 Jahre später in der neuen Ära der Globalisierung, habe diese EU einen großen Vorsprung vor allen anderen Nationen, denn Globalisierung sei ja nichts anderes als «die Zertrümmerung aller nationalen Grenzen». Deshalb müsse sie diese Entwicklung nicht nur passiv erleiden, sondern habe dank ihrer historischen Erfahrung im Überwinden nationaler Grenzen eine besondere Expertise und könne deshalb die Globalisierung auch politisch konstruktiv gestalten.

Wie Menasse bin auch ich ein Fan des Europa-Projekts und stimme ihm in vielen Punkten zu. So bin auch ich der Meinung, dass es das Projekt Europas war, auf Auschwitz zu reagieren und den Nationalsozialismus zu überwinden. Das

Projekt einer föderalen Wirtschaftsunion mit einem gemeinsamen Markt war dafür ein wirksamer Hebel. Es beförderte das Verschmelzen von Volkswirtschaften und vertiefte damit die internationale Europäische Gemeinschaft. Es ist auch richtig, dass es insbesondere Walter Hallstein war, der sich für diese Entwicklung einsetzte und unter den Mitgliedstaaten für die Beschleunigung der ökonomischen Verflechtung sowie die Abgabe nationaler Souveränität warb. Außerdem bin ich wie Menasse der Meinung, dass Europa als transnationale Gemeinschaft ein einzigartiges Experiment in der Geschichte ist. Es wird heute mehr denn je gebraucht und könnte als Vorbild für andere Staatenverbände dienen in einer Zeit, in der nationale Alleingänge immer gefährlicher werden und alle großen Probleme wie Finanzströme, Klimawandel, Flüchtlingsbewegungen und Digitalisierung, aber auch die Bedrohung durch Überwachung und die Aushöhlung von Bürgerrechten nur noch transnational gestaltet und geregelt werden können.

Der Punkt, bei dem ich jedoch nicht folgen kann, betrifft Menasses Rekonstruktion des europäischen Projekts. Gewiss, die weisen Männer in Brüssel wollten nach zwei Weltkriegen das Konzept der Nation erneuern, sie dachten aber nicht daran, den Nationalstaat abzuschaffen. Sie waren eben keine Kommunisten – von dieser Option hatten sie im Kalten Krieg ja eine lebhafte Anschauung –, sondern Anwälte einer bürgerlichen Modernisierung, die das Heil nicht in einer politischen Ideologie, sondern in einer gemeinsamen Wirtschaft suchten. Anders als heutige Intellektuelle waren sie in der Lage, zwischen Nation und Nationalismus zu unterscheiden. Die These, nationale Identität sei eine «schäbige Ideologie, die regelmäßig zu Kriegen und Verbrechen wider die Menschlichkeit geführt hat» und weiter führt, hätten sie in dieser Form für ihre Vaterländer nicht unterschrieben.[8] Ich kann mich einer Argumentation, die Differenzierungen verweigert und in polemischen Zwangsalternativen wie ‹aggressiver Nationalismus versus transnationaler Einheitsstaat› verharrt, nicht anschließen. Die Gründungsväter der EU wollten die Nationalstaaten keineswegs zerschlagen, noch wollten sie, dass sie mir nichts dir nichts so einfach ‹absterben›. Ihr Ziel war ein anderes, nämlich der Umbau des Nationalstaats. Nur wer Nation mit Nationalismus gleichsetzt, hat ein so schlechtes Bild von den Nationen und will sie unbedingt abschaffen. Es gibt aber ganz unterschiedliche Varianten des Nationalstaats. Auf der einen Seite ethnisch homogene Nationen, die geistige und kulturelle Vielfalt unterdrücken, Minderheiten verfolgen und ganze Bevölkerungsgruppen vernichten. Es gibt aber auch Nationen, die einen Verfassungsstaat haben, der Meinungsfreiheit garantiert, Vielfalt schützt und sich für Menschenrechte einsetzt. Die einen nennt man Diktaturen, die anderen liberale Demokratien. Nationen sind sie alle, aber man sollte sie auf keinen Fall über einen einzigen Kamm scheren.

Die Gleichsetzung von Nation und Nationalismus ist noch aus einem weiteren Grund gefährlich, denn wir erleben gerade, wie das autoritäre Bekenntnis zur Nation den Rahmen der EU sprengt. In immer mehr Ländern wird ein heroisches nationales Selbstbild von oben politisch und pädagogisch verordnet und immer weniger von den freien Bürgern des Landes definiert. Der Staat monopolisiert die mediale Öffentlichkeit, wer gegen die verordnete kollektive Identität verstößt, wird als unpatriotisch diffamiert, denunziert, zensiert und verfolgt. Umso wichtiger also, die Nation nicht pauschal zu verurteilen oder gar abzuschaffen, sondern das historische Projekt der EU zu würdigen, die die Nationen in einem demokratischen Staatenverbund zusammengebracht und gezähmt hat. Demokratien sind aber kein Bollwerk gegen autoritäre Bewegungen. Deshalb bedarf es eines besonderen Rahmens und Schutzschilds, um demokratische Nationen zu stärken. Genau das ist das Projekt und die wichtige Aufgabe der EU. Europa wird deshalb gebraucht und muss in der Krise verteidigt werden – gegen die Verächter der Demokratie ebenso wie gegen die Verächter der Nation.[9]

‹Methodischer Nationalismus› und der blinde Fleck der Modernisierungstheorie

Im Rahmen der Modernisierungstheorie ging man lange davon aus, dass sich die Nationen auf dem Weg in eine kosmopolitische ‹Weltgesellschaft› früher oder später von selbst erledigen, sprich: auflösen würden. Diese Entwicklung war vorherbestimmt durch die Kraft der Globalisierung, von der man annahm, dass sie automatisch nationale Grenzen durch neue Kommunikationskanäle und einen grenzenlosen Markt überwinden würde. Modernisierungstheoretiker, Technokraten, Manager, aber auch linke Intellektuelle teilten ein Geschichtsbild, in dem sich die Nation von selbst aus der Geschichte verabschiedet. «Von den großen Soziologen wie Parsons, Merton oder Bourdieu bis hin zu Habermas und Luhmann hat keiner die systematische Frage nach der Bedeutung des Nationalen für Staaten und Gesellschaften in der Moderne gestellt. Merkwürdigerweise wurden diese nations-blinden Theorien der Moderne in einem Umfeld formuliert, in dem neue Nationalstaaten entstanden, oder, wie in Zeiten von Max Weber und Émile Durkheim, vor oder nach nationalistischen Kriegen.»[10] Man könnte hier auch den Soziologen Ulrich Beck erwähnen, der als Modernisierungstheoretiker ebenfalls die Transformation der Nationalstaaten auf dem Weg in eine ‹Weltgesellschaft› verfolgt hat, in der sie ihre Souveränität gegenüber transnationalen Konzernen verlieren und den neuen Typus des kosmopolitischen Weltbürgers hervorbringen.[11] Um diese neue Phase zu markieren, hat er den Begriff der ‹Zweiten Moderne› geprägt.

Die These der Modernisierungstheoretiker ist klar: Mit Eintritt in das Zeitalter der Globalisierung sind die Nationalstaaten durch beschleunigten technischen Wandel und transnationale Dynamiken wie die entschränkte Bewegung von Menschen, Ideen, Information, Waren und Kapital überholt worden. Man könnte die These aber auch umdrehen und argumentieren, dass es gerade diese Erfahrung der Globalisierung war, die den Nationalstaaten neuen Auftrieb und Bedeutung gegeben hat. In dieser Sicht war der moderne Nationalstaat nämlich plötzlich nicht mehr der Träger für beschleunigte Modernisierung, sondern auch die Instanz für Gegenbewegungen zu diesem universalen Trend, von der aus die Globalisierung kritisch beurteilt werden konnte und ihr Schranken gesetzt wurden. Es gibt also mehrere Gründe, warum wir noch nicht in der ‹nachnationalen› Welt angekommen sind: Erstens hat die Globalisierung die Nationalstaaten nicht nur nicht beseitigt, sondern zum Teil auch neu bestätigt, zweitens sind um 1990, nach dem Zusammenbruch des Kommunismus, empirisch viele neue Nationalstaaten in Europa entstanden, und drittens gewann das Modell ‹Nationalstaat› im 21. Jahrhundert auch außerhalb Europas neue Attraktivität. Wladimir Putin zum Beispiel hat Russland von einem sozialistischen Staat unter Beibehaltung Stalins als zentralem Helden in einen kapitalistischen Nationalstaat umgebaut, und auch China hat trotz Beibehaltung des Maoismus viele Elemente des Modells Nationalstaat übernommen. Diese Entwicklungen zeigen, dass die Zeiten des Nationalstaats noch nicht vorüber sind und man gut daran tut, davor nicht die Augen zu verschließen, sondern sich kritisch mit ihm auseinanderzusetzen und um Differenzierung zu bemühen.

Genau das tun Andreas Wimmer und Nina Glick Schiller,

die als Sozialwissenschaftler die These vom allmählichen Verschwinden der Nationen genauer unter die Lupe nahmen. Sie veröffentlichten 2002 einen Aufsatz, mit dem sie eine neue Reflexion über Gegenwart und Zukunft des Nationalstaats anregten.[12] Ihre Neubestimmung des Nationsbegriffs beginnt mit der Anerkennung eines blinden Flecks in den Sozialwissenschaften, die der Nation nie einen bedeutenden Platz in ihren Theoriegebäuden zugewiesen haben. Alle Theorien der Moderne gingen von der Nation als einem Übergangsphänomen bzw. atavistischen Überbleibsel aus, das im Laufe der sozialen, politischen und historischen Evolution neuen Strukturen Platz machen würde. Diese in kommunistische ebenso wie in soziologische Groß-Theorien eingebaute Fehlannahme ist nach Ansicht der Autoren vor allem durch strikte Arbeitsteilung innerhalb der Disziplinen entstanden. Denn während sich Historiker, Ethnologen und Psychologen weiter mit der Nation als Teil der menschlichen *Geschichte* beschäftigten, entwarfen die Sozialwissenschaften Szenarien der Transformation und Erneuerung für *Gegenwart* und *Zukunft*, an die sie schließlich mehr glaubten als an die Realität um sie herum. Es gab Ausnahmen wie den Soziologen Karl Otto Hondrich, der sich bereits in den 1990er Jahren öffentlich dafür entschuldigte, Nation und Nationalismus als Thema der Soziologie übersehen und vergessen zu haben. Eine weitere kritische Stimme war die des Nationalismusforschers Anthony Smith, der feststellte, dass die allgemeine Präsenz der Nationalstaaten dazu geführt hat, dieses Thema als banal und einer wissenschaftlichen Erforschung unwürdig zu bewerten. Die Grenzen des Projekts der Moderne blieben außerhalb des soziologischen Sichtfelds.

Mit der Einführung des Begriffs ‹methodological nationalism› haben Wimmer und Schiller ihr Ziel, eine neue Debatte über den Nationsbegriff anzustoßen, erreicht. Darunter verstehen sie eine unreflektierte Haltung und Sichtweise, die das Format des Nationalstaats als natürliches, ewiges und fragloses Prinzip moderner Staatenbildung unterstellt. Die Autoren wollen eine solche ‹Naturalisierung›, ‹Reifizierung› oder ‹Essentialisierung› der Nation in Frage stellen, die auf blinden Flecken, einer starren Pfadabhängigkeit des Denkens und dem sturen Absehen von Kontexten beruht. Dieses Standardmodell von Nationalstaat charakterisieren sie als Verklammerung von vier Komponenten:

– Volkssouveränität auf der politischen Ebene,
– Staatsbürgerschaft auf der rechtlichen Ebene,
– obligatorische Solidarität auf der sozialen Ebene und
– ethnische Homogenität auf der kulturellen Ebene.

Die Autoren sind daran interessiert, dieses Standardmodell des Nationalstaats in Frage zu stellen, um Nationalstaaten in Interaktion und Austausch zu beobachten und alternative Modelle der Staatenbildung entwickeln zu können. Insbesondere aber ist Migration ein transnationales Geschehen, das innerhalb nationaler Grenzen gar nicht abgebildet werden kann und, schlimmer noch, aus der Sicht dieses Standardmodells der Nation in einem negativen Licht als Störfaktor und prekäre Ausnahme erscheint. Vor diesem Hintergrund gilt der Migrant automatisch «als politisches Sicherheitsrisiko, als kultureller Fremder, als soziale Randfigur und als Verstoß gegen die Norm territorialer Einhegung und Sesshaftigkeit».[13]

Deshalb kritisierten die Autoren ein Denken, das von der Nation als einer «natürlichen sozialen und politischen Größe in der modernen Welt» ausgeht und dabei die Vorstellung von der Gesellschaft als einem geschlossenen Container automatisch reproduziert. Sie empfehlen dringend, die Brille des methodischen Nationalismus abzunehmen, die den Blick auf die derzeit anstehenden großen Fragen globaler Transformationen verstellt. Die paradoxe Gleichzeitigkeit des Ungleichzeitigen –

hier fortschreitende Globalisierung, dort fortschreitende Renationalisierung – erzwinge ein Umdenken und eine epistemische Wende. In einer Zeit, da die drängendsten Probleme wie Markt oder Migration, ökologische Krise oder Digitalisierung nur auf einer transnationalen Ebene gelöst werden können, ist die Vorstellung vom in sich abgeschlossenen und autonomen Nationalstaat ein problematischer Faktor geworden, der unbedingt neu definiert werden muss.

Da das Modell des modernen Nationalstaats, wie es Wimmer und Schiller charakterisieren, den neuen Realitäten der Globalisierung immer weniger gewachsen ist, plädieren die Autoren für ein ‹transnationales Paradigma› und entwickeln neue Fragestellungen und Begriffe, um bislang ausgeblendete Kontexte einzubeziehen und neue Phänomene wie ‹transnationale Gemeinschaften› oder ‹Heimat auf Distanz› zu erfassen. Sie machen es sich dabei aber nicht so leicht wie ihre Fachkolleg*innen, die die Nation einfach für tot erklären, sondern holen das Thema in einen kritischen Nationen-Diskurs zurück, in dem sie «den Gegensatz zwischen Staat und Nation auflösen, ohne dabei in die Falle eines als natürlich erklärten Nationalstaates zu fallen». Sie erkennen an, «dass der Nationalstaat den Stürmen von Postsozialismus, Postkolonialismus und Globalisierung stärker standgehalten hat» als in der Forschung angenommen. Dem Kosmopolitismus-Hype stehen sie eher skeptisch gegenüber. «Dem Konzept des ‹Kosmopolitismus› können wir uns nicht anschließen, weder als Beschreibung eines nach-nationalen Stadiums von Identität noch als ein anzustrebendes politisches Ziel. Eine solche Sicht mag sinnvoll sein, um Nationalismus zu dekonstruieren und andere Wege zu entwerfen im Imaginieren von Gemeinschaften, aber sie erkennt nicht an, dass die Nation weiterhin ein starker Signifikant ist, der von vielen Akteuren mit unterschiedlichen Bedürfnissen und politischen Zielen besetzt wird.»[14]

Obwohl der Kosmopolitismus eine schöne Vision und wichtige regulative Idee ist, bleibt der Sprung von der Nation zu dieser Ebene problematisch, weil er alle konkreten Probleme überdeckt, mit denen ich mich in diesem Buch auseinandersetzen möchte. Eine Steilvorlage für mein Projekt verdanke ich dem akademischen Ehepaar Herfried und Marina Münkler. Sie beenden ihr Buch *Die neuen Deutschen* (2016) mit einem Absatz, der sich als idealer Einstieg in das vorliegende Buch eignet: «Zweifellos kann man die Auffassung vertreten, die Vorstellung der Nation sei in der Welt des 21. Jahrhunderts antiquiert, und deswegen dafür optieren, den Nationsbegriff völlig aufzugeben und nur mit dem Begriffspaar von Staat und Gesellschaft zu operieren. Das hat aber zwei bedenkenswerte Konsequenzen: Erstens überlässt man dann das stark emotional besetzte Nationskonzept anderen, die es politisch nutzen; zweitens verzichtet man auf eine politische Kategorie, die wie kaum eine andere in der Lage ist, Solidarität und gegenseitige Hilfsbereitschaft zu mobilisieren. Tatsächlich ist die Vorstellung von nationaler Zugehörigkeit und Identität das Gegenmittel zu einer Gesellschaft, die allein aus Tauschakten unter gegenseitiger Nutzenerwartung besteht. Dass wir uns in einigen Lebensbereichen weiter in diese Richtung entwickeln werden, ist absehbar. Umso dringlicher brauchen wir jedoch den Solidaritätsgenerator Nation – freilich auch eine Vorstellung von Nation, die hinreichend modernisiert ist, um den Herausforderungen unserer Gegenwart und Zukunft zu begegnen.»[15]

Der Nationalstaat und seine Denationalisierung

Werfen wir noch einen weiteren Blick auf die Geschichte, Gegenwart und Zukunft des Nationalstaats, diesmal aus juristischer Perspektive. Ich orientiere mich dabei an einer

Publikation von Alexander Thiele, der die Entwicklung des modernen Staates vom frühneuzeitlichen Europa bis in die Gegenwart nachzeichnet.[16] Üblicherweise wird der moderne Staat als eine Komposition aus den drei Elementen Staatsgebiet, Staatsvolk und Staatsgewalt definiert. Der Autor schließt sich dieser These nicht an, weil er das Element ‹Staatsvolk› zunächst zurückstellen möchte. Er definiert den modernen Staat als eine «geistige Schöpfung», bei der acht Merkmale zusammenkommen: (1) Zentralisierung der Macht- und Herrschaftsverhältnisse, (2) Säkularisierung und Konfessionalisierung, (3) territoriale Abgrenzung und Entpersonalisierung, (4) Gestaltung durch Gesetzgebung, (5) Ausbildung einer zentralen Bürokratie, (6) Errichtung eines stehenden Heeres und (7) umfassende Steuerfinanzierung. Wenn er das achte Merkmal, die Idee eines Staatsvolks, abzieht, dann passt seine Definition des modernen Staates auf so unterschiedliche Regierungsformen wie eine absolutistische Monarchie, ein totalitäres Regime, eine Militärdiktatur, eine konstitutionelle Monarchie oder eine Demokratie.

100 Seiten später und mit einer historischen Verschiebung von 200 Jahren nimmt Thiele das Merkmal ‹Staatsvolk› in seinem Buch wieder auf. Grund dafür ist, dass mit dem besonderen Verhältnis zwischen Staatsvolk und Staat eine neue Ära beginnt, in der das Gebilde des Nationalstaats die Bühne der Geschichte betritt: «Das Staatsvolk ist nicht einfach die Summe aller Angehörigen eines Staates; es ist vielmehr die sich als politische Gemeinschaft verstehende Nation.»[17] Wie Thiele betont, werden im Englischen die Begriffe ‹state› und ‹nation state› synonym verwendet. Tatsächlich erscheint den meisten der Zusammenhang zwischen Nation und Staat inzwischen als so selbstverständlich, «dass bisweilen in Vergessenheit gerät, dass der moderne Staat jahrhundertelang ohne Nation, ohne ein besonderes (formales und rechtlich fundier-

tes) Staatsvolk auskam». Das neue Modell war dann allerdings historisch so erfolgreich, dass wir es längst ‹naturalisiert› haben: «Aktuell sind (…) praktisch alle Staaten Nationalstaaten und sehen sich als politischer Zusammenschluss einer bestimmten Nation.»[18] Die Frage ist deshalb: Warum hat sich der Nationalstaat in dieser Weise durchsetzen können, woher bezieht er seine anhaltende Überzeugungskraft und Unwiderstehlichkeit?

Hier ist offensichtlich wieder ‹methodischer Nationalismus› am Werk. Man kann sich den Staat einfach nicht mehr anders vorstellen. Diese unreflektierte Selbstverständlichkeit wird besonders klar in dem Zitat ausgesprochen, das Thiele seinem Nationalstaats-Kapitel voranstellt: «Wie die Menschheit in eine Anzahl von Nationen geteilt ist, so soll die Welt in ebenso viele Staaten zerlegt werden. Jede Nation ein Staat. Jeder Staat ein nationales Wesen.» Damals war dieser Satz aber noch keine historische Selbstverständlichkeit, sondern wurde gerade erst mit ideologischer Kraft und rhetorischer Emphase zu einer politischen Norm erhoben. Er stammt aus einem öffentlichen Vortrag, den Johann Caspar Bluntschli 1870 in Berlin hielt, also mitten im Krieg gegen Frankreich. Ein Jahr später wurde das Kaiserreich gegründet, das 25 sehr heterogene Staaten umfasste. Wenn der moderne Staat, wie Thiele überzeugend formuliert, als ein «geistiges Prinzip» zu verstehen ist, dann könnte man Nation als ein Argument von großer emotionaler und symbolischer Bindungskraft definieren. Dieses Argument lautet: ‹Die Bevölkerung wächst zu einem Volk zusammen und dieses Volk wird mit seinem Willen, Wirken und Leiden zum Subjekt der Geschichte erhoben.› In Kriegs- und Gründerzeiten stieß dieses Argument auf offene Ohren.

Wie kam es dazu, dass der Nationalstaat in allen Weltregionen zu einer so geschichtsmächtigen Neuauflage des modernen Staates werden konnte? Der Zusammenschluss zu einer

Nation beruhte auf unterschiedlichen Bindungskräften, die hier in neuartiger Weise zusammenwirken. *Erstens* gehören dazu bestimmte historisch gewachsene Grundlagen wie Landschaften, Bauten oder Traditionen, *zweitens* kommt die Stabilisierung durch nationale Symbole, politische Mythen, kulturelle Bilder und Narrative hinzu, und *drittens* gewinnt das kollektive Selbstbild mit der Forderung nach Selbstbestimmung, einer bestimmten historischen Aufgabe oder einer besonderen Mission in der Geschichte ihr politisches Profil.

Die moderne Nation entstand erst im 18. Jahrhundert mit der Aufklärung, aber von Anfang an nahm sie in säkularer Zeit auch religiöse Züge an. Sie ist in gleicher Weise Produkt wie Bewältigung der Modernisierung und damit ein Stück Wiederverzauberung einer entzauberten Welt, das den atomisierten Einzelnen in einer Gesellschaft eine kollektive Überhöhung ermöglicht. Auf der höheren Ebene kollektiver Vergemeinschaftung eröffnet die Nation dem Individuum eine säkulare Unsterblichkeit in der Gruppe über den eigenen Tod hinaus.

Die Idee der Nation ist durch und durch ambivalent, denn sie enthält eine große Chance und einen großen Schaden: sie hat die Macht und Magie, Menschen zusammenzubinden, aber sie entwickelt damit auch die Gewalt, Menschen auszugrenzen und zu vernichten. Inklusion und Exklusion sind dabei zwei Seiten ein und derselben Medaille. Die Forschung ist sich einig, dass Nationen entgegen ihrem Selbstverständnis keine natürlichen, ewigen und fraglos selbstverständlichen Einheiten sind, sondern ‹Konstruktionen›. Sie sind, wie Thiele betont, «keine historisch belegbaren Tatsachen, sondern in ihrem Kern geistige Schöpfungen und Legenden. (...) Der Erfolg der Nationsbildung hängt daher weniger von den tatsächlichen historischen Ereignissen ab, als von der Überzeugungskraft des jeweiligen nationalen Narrativs».[19]

Die Kritik vieler Theoretiker an der Nation richtete sich gegen die mangelnde Faktizität und Objektivität ihrer Grundlagen, die «bei praktisch keiner Nation vollständig der wissenschaftlich-historischen ‹Realität› entsprechen».[20] Die Tatsache, dass in diesem Satz das Wort Realität in Anführungsstriche gesetzt ist, deutet die problematische Verwendung des Begriffs auch für die Wissenschaft an. Die Kritiker hantieren üblicherweise mit einem engen Begriff von ‹Konstruktion›, den sie mit ‹Fiktion› und ‹Lüge› gleichsetzen. Das Problem dabei ist nur, dass alle sozialen, kulturellen und politischen Schöpfungen Konstruktionen sind. Zum Beispiel die Familie, doch in diesem Fall wird selten ihr Konstruktcharakter betont, obwohl dieser doch im Streit um das Recht zur Scheidung, homosexuelle Partnerschaften oder künstliche Befruchtung offen zutage tritt. So oder so haben Nationen mit ihren Konstruktionen Geschichte gemacht, indem sie sowohl eine historisch völlig neue Solidarität innerhalb eines Staates ermöglicht und vorbildliche Entwicklungen angestoßen als auch Hass generiert und die schlimmsten Blutspuren in den Annalen hinterlassen haben. Deshalb scheint es mir müßig, die Nation in Bausch und Bogen als ‹unwissenschaftlich› oder ‹unreal› zu ‹dekonstruieren›. Sehr viel sinnvoller wäre es zu fragen, auf welchen Ideen und Prinzipien die Nation als Konstruktion jeweils beruht – ob auf schädlichen oder nützlichen Ideologien, d. h. solchen, die menschenfreundlich oder menschenfeindlich sind, die für Fremde gefährlich oder ungefährlich sind, kurz: ob diese Ideen und Prinzipien auf eine zivile oder brutale Form von Politik angelegt sind.

In England, in den USA und in Frankreich waren Nationalstaaten zunächst Träger liberal-demokratischer Bewegungen, die bürgerliche Freiheiten, Demokratie, Rechtsstaat und Parlamentarismus verwirklichten. Thiele unterscheidet deshalb zwischen ‹liberalem› und ‹illiberalem Nationalismus›. Allerdings nimmt er an, dass der liberale Nationalismus in einer historischen Stufenfolge irgendwann in den illiberalen Nationalismus übergeht. Sobald das angestrebte Einheitsprojekt gelungen sei, verliere der Staat an Integrationskraft. Innere Spaltungsprozesse setzen ein, die durch das Auftreten innerer und äußerer Feinde die Idee der Nation verengen, sie politisch instrumentalisieren und militant aufrüsten. Er spricht von «der latenten Gefahr, die mit der Nationsidee» verbunden sei, und hält es «für naiv zu glauben, dass irgendein Nationalstaat völlig unabhängig von seiner Organisation vor einer solchen Entwicklung gefeit wäre». So sehr ich seine Kritik und Warnung in diesem Punkt schätze, so wenig kann ich seine These unterschreiben, dass das Konzept des Nationalstaats historisch gescheitert sei. «Dass die demokratischen Staaten Westeuropas seit dem Ende des Zweiten Weltkriegs gelernt hätten, in Frieden zu leben, einen Patriotismus zu kultivieren, der Respekt für andere Völker nicht ausschließt, ihre gegenseitigen Grenzen anzuerkennen, Minderheiten föderalistisch zu integrieren sowie Klassenkonflikte durch soziale Kompromisse einzudämmen, ohne sie in die internationale Politik zu verlängern, (...) erscheint allzu optimistisch.»[21] Aber hier geht es nicht nur um Optimismus oder Pessimismus, sondern auch um unsere eigne Zukunft, die wir ja nicht nur abwarten, sondern auch mitgestalten. Da der Nationalismus, wie Yascha Mounk es ausgedrückt hat, ein «halb wildes, halb gezähmtes Tier» ist, sind hier immer verschiedene Möglichkeiten angelegt. Ob das Pendel in die eine oder andere Richtung ausschlägt, ist weniger Sache der Prognose als einer gemeinsamen Entscheidung und eines gemeinsamen Willens. Vor allem bedarf es der Aufklärung, der Festigung von Institutionen und vereinter Anstrengungen, um das wilde Tier zu zähmen und die Nation auf einem zivilen Kurs zu halten.

Nach dem Zweiten Weltkrieg ist die Zahl der Nationalstaaten erheblich gestiegen. Waren es 1950 noch 91, so waren es 1980 bereits 177 und nach dem Fall des Eisernen Vorhangs zählten die *Vereinten Nationen* (nomen est omen!) 193 Mitgliedstaaten. Mit ganz wenigen Ausnahmen, so Thiele, sei «der gesamte Erdball aktuell von (modernen) Nationalstaaten bedeckt». Das wertet der Autor aber nicht als Erfolg; im Gegenteil fügt er hinzu, dass die Idee des Nationalstaats «insgesamt als mehr oder weniger vollständig gescheitert angesehen werden muss». Wie er zeigt, sind Beispiele für ‹schlechte› Nationalstaaten Legion – und dazu gehören auch die meisten nach der Dekolonisierung entstandenen Staaten. Und ebenso wie Wimmer und Schiller stellt er fest, «dass dem bestehenden Nationalstaatssystem eine befriedigende Lösung der weltweiten Flüchtlingskrise nicht gelingt und zwar weder in Europa noch anderswo», weil sich «die Idee des Nationalstaats (…) mit einer umfassenden und gleichberechtigten Integration von Neuankömmlingen konzeptionell nicht verträgt».[22]

Es ist kaum verwunderlich, dass Thieles Urteil über den Nationalstaat so negativ ausfällt, denn er geht dabei – ohne dies irgendwo explizit zu vermerken – vom Standard eines illiberalen, ethnisch homogenen Nationalstaats aus. Es ist klar, dass in einem solchen Nationalstaat Angehörige anderer Ethnien den Status von Minderheiten erhalten und im besten Falle in ihren Rechten eingeschränkt und diskriminiert, im schlimmsten Falle verfolgt und vernichtet werden. Diese strukturell vorgezeichnete Steigerung der Gewalt ist mehrfach historisch umgesetzt worden, am offensichtlichsten in Deutschland: von der Idee der Nation in der ersten Hälfte des 19. Jahrhunderts über den Nationalismus des Kaiserreichs zum Nationalsozialismus des ‹Dritten Reichs›. Deshalb schlägt Thiele neben dem modernen Staat und dem Nationalstaat als einen dritten Typ den ‹demokratischen Verfassungsstaat› vor. Er gibt zu, dass derzeit noch alle demokratischen Verfassungsstaaten zugleich

Nationalstaaten sind, doch darin sieht er nur eine Übergangsphase. Die Zukunft, so seine These, gehört dem demokratischen Verfassungsstaat. Dieser unterscheidet sich vom Nationalstaat dadurch, dass in ihm nicht das Volk, die Mehrheit oder die Menschen die oberste Instanz bilden, sondern die Verfassung die Position des Souveräns einnimmt. Diese Staatsform beschreibt er als «gebändigten Leviathan» und stellt sie dem Nationalstaat als «gefräßigem Leviathan» gegenüber.

Thiele möchte den modernen Staat erhalten und ihn nicht in einer überstaatlichen Governance-Struktur aufgehen lassen nach dem Modell einer Europäischen Republik. Aber den Nationalstaat will er abschaffen: «die Denationalisierung der demokratischen Verfassungsstaaten ist eine der Aufgaben, denen sich eine moderne Allgemeine Staatslehre stellen sollte.» Denationalisierung ist etwas anderes als die behauptete nachnationale Existenzform. Denationalisierung bedeutet, Nation und Staat zu entkoppeln. Was seit dem 18. Jahrhundert verbunden wurde, soll nach Thiele im 21. Jahrhundert wieder getrennt werden. Nationen sollen dabei nicht aufgelöst werden, aber nicht mehr als zentrales Element des staatlichen Zusammenhalts definiert werden, sodass sich in einem Staatsgebiet «mehrere Nationen heimisch fühlen» können. Die Staatslehre soll das Alternativmodell eines denationalisierten Verfassungsstaats entwickeln, auch wenn dafür, wie der Autor einräumt, gegenwärtig wenig spricht. So, wie im Zeitalter der Säkularisierung die Religion zur Privatsache erklärt wurde, soll im denationalisierten Verfassungsstaat die Nationszugehörigkeit zu einer Privatsache erklärt werden.[23]

Thiele diskutiert die Nation als Nachfolgeinstitution der Religion und damit als den Hort, an dem das Heilige in der säkularen Welt überdauert hat. Folglich geht es ihm darum, «mit der Nation und dem Nationalismus die letzten sakralen Überreste aus dem Bereich des Staatlichen zu entfernen». Dass das leichter gesagt als getan ist, weiß er selbst. Er kann die Idee der Nation auch nicht ersatzlos streichen, weil sie erstens klärt, wer zum Staatsvolk gehört und wer nicht, weil sie zweitens der Legitimation dient, und weil sie drittens für Gefühle der Zugehörigkeit und Solidarität gebraucht wird. Er macht sich deshalb daran, eine «andere Identifikationsidee» zu entwickeln, die diese Aufgaben der Nation übernehmen kann. Die Geschichte, die in den nationalen Narrativen stets verfälscht wird, soll dabei in Zukunft keine Rolle mehr spielen. Damit ist schon mal der ganze Komplex der Geschichtspolitik und Erinnerungskultur vom Tisch. Die Legitimation des demokratischen Verfassungsstaats soll nicht mehr «aus dem Blick in die Vergangenheit» abgeleitet werden, sondern muss auf die Gegenwart und nahe Zukunft gegründet werden. Zugehörigkeit muss sich auf «erlernbare Merkmale» beschränken, damit über Fragen der Zuwanderung sachlich entschieden werden kann.[24]

Dieses Plädoyer läuft auf ein neues, nicht-nationales Narrativ hinaus, das in dem Wertefundament der gegenwärtigen politischen Ordnung besteht. Der Staatsrechtler spricht hier von einem «Zusammengehörigkeitsgeltungsgrund». Damit stellt sich Thiele in die Tradition des sogenannten Verfassungspatriotismus von Dolf Sternberger, Jürgen Habermas und Daniel Thym, um hier drei Generationen der westdeutschen Nachkriegsgesellschaft zu nennen.[25]

Weil «Wandel das Wesen der politischen Kultur ist», warnt Thiele davor, «‹die› Kultur einer Gesellschaft dauerhaft in der Vergangenheit zu fixieren, in Leitbildern festzuhalten und gewissermaßen in ihrem Status quo einzufrieren». Den Begriff der ‹kulturellen Wurzeln› lehnt er ebenfalls ab und empfiehlt, ihn durch die Leitmetapher des Fließens, der Veränderung und der Erneuerung zu ersetzen. Mit diesen Empfehlungen macht sich Thiele an die schwierige Arbeit des ‹Denationalisierens›. Gleichzeitig betritt der Jurist damit ein ihm weniger vertrautes kulturwissenschaftliches Terrain. Seine Metaphern und Begriffe stammen aus der Modernisierungstheorie, in die nicht nur ein bestimmtes Welt- und Menschenbild, sondern auch ein eigenes Zeitverständnis eingeschrieben ist.[26] In diesem Zeitverständnis gilt Vergangenheit als ‹vergangen› und wird als eine mögliche Ressource oder Orientierungsquelle konsequent durch die Zukunft ersetzt. Kein Wunder, dass die Vergangenheit für Thiele keine ernst zu nehmende Kategorie ist. Das Ausspielen einer erledigten Vergangenheit gegen eine fortschrittsversprechende Zukunft ist das Mantra der Modernisierungstheorie. Ich bezeichne diese unreflektierte Gegensatzkonstruktion als eine ‹Zwangsalternative›, ein Ausdruck, den ich von Reinhart Koselleck übernehme. Dieser war aber ebenfalls davon überzeugt, dass sich Vergangenheit und Zukunft gegenseitig ausschließen. Die Kultur der Moderne mit ihrem Imperativ zu brechen, zu erneuern, zu verändern und zu vergessen hat dazu geführt, dass sich ‹Erfahrungsraum› und ‹Erwartungshorizont› immer weiter voneinander entfernten. Im Zeitalter der Globalisierung und einer kultur- und gedächtniswissenschaftlichen Wende ist jedoch deutlich geworden, dass diese Normen der Modernisierung keineswegs universal sind, sondern selbst ihre partikulare Herkunft und Geschichte haben.

Die Arbeit des Denationalisierens sollte die Arbeit des Dekolonisierens des Westens mit einschließen. Was in den Kulturwissenschaften längst reflektiert und diskutiert wird, ist bei Alexander Thiele offenbar noch nicht angekommen. Deshalb kann der Jurist auf dem Reißbrett virtuos *tabula rasa* schaffen und die Welt nach seinen Prinzipien neu aufbauen. Statt aber kurzerhand alles im Stil der ‹liquid modernity› (Zygmunt Bauman) im Strom des Werdens und Vergehens aufzulösen, wären hier einige Differenzierungen angebracht. So gibt es eben Dinge, die der Veränderung unterliegen wie persönliche Einstellungen oder berufliche Perspektiven, und andere, die nun mal (eher) konstant sind wie Name, Geschlecht, Familie und Herkunft. Es ist richtig zu betonen, dass Kulturen stets in einem fortgesetzten Überlieferungs-, Vermittlungs- und Deutungsprozess existieren; die materiellen Grundlagen ihrer normativen Setzungen sind jedoch durchaus fixiert und es steht in der Verantwortung hochrangiger Institutionen, sie auch weiterhin zu sichern und zu bewahren. Dass angesichts dieser Mannigfaltigkeit kultureller Grundlagen «die Konstruktion ‹kultureller Identitäten› einen unzulässigen Akt der Willkür darstellt», ist für mich eine unverständliche Aussage. Die Kritik an einer etwas chaotischen Beispielliste (‹deutsche Leitkultur›, ‹jüdisch-christliche Wurzeln›, ‹Hitler als Nicht-Deutscher›) kann ich jedenfalls nicht als eine ernsthafte Auseinandersetzung mit diesem wichtigen und schwierigen Thema kultureller Erbschaften und Hypotheken erkennen. Hier räumt einer entschlossen, ungeduldig und überdrüssig mit altem Plunder auf, um den Leitsatz der Modernisierungstheorie noch einmal zu bekräftigen: «In jeder pluralistischen und mit Einwanderung konfrontierten Gesellschaft geht es daher immer auch darum, in regelmäßigen Abständen mit dem Gewesenen zu brechen und von einer ständigen, ‹vielleicht gar obsessiven Beschäftigung mit der Vergangenheit› abzusehen.» Was das konkret heißen soll, wird nicht weiter erläutert. Dazu nur ein paar (provokativ gemeinte) Fragen: Soll die Erinnerung an den Holocaust mit den letzten Überlebenden an dieser historischen Zeitzeugenschwelle verschwinden? Dafür gäbe es doch jetzt einen klaren und willkommenen Einschnitt! Sollte das Domid-Museum in Köln, in dem die größte Sammlung der türkischen Einwanderungsgeschichte aufbewahrt und bearbeitet wird, aufgelöst werden? Thiele sieht für den demokratischen Verfassungsstaat Feiertage wie den 23. Mai, den Tag der Verkündung des Grundgesetzes, vor. Schön und gut. Sollen aber alle Jahrestage, die historische, kulturelle oder religiöse Ereignisse aufrufen, aus dem nationalen Kalender gestrichen werden, damit sie das öffentliche Bewusstsein nicht länger belasten? Und was ist mit den Gedenkstätten? Sollen sie alle geschlossen werden? Oder die Stolpersteine – sollen sie entfernt werden? Erst wenn man sich der Problematik auf einer konkreten Ebene nähert, gewinnt das Thema an Komplexität, Brisanz und Ernst. Denn Denationalisierung, das wird hier deutlich, heißt automatisch auch Abbau von Kultur, Geschichte und Gedächtnis. All das soll – genauso wie die religiöse Zugehörigkeit – in den Status der Privatangelegenheit zurückgestuft werden. Um Barrieren der Zugehörigkeit zum Gemeinwesen abzubauen, möchte Thiele diese ausschließlich auf erlernbare Merkmale beschränken. Da die Kräfte der Inklusion immer auch die Gefahr der Exklusion mit sich bringen, ist das ein guter und verständlicher Ansatz. Allerdings wird die Kategorie der Zugehörigkeit dabei radikal ausgedünnt; sie wird auf rechtliche Prinzipien reduziert und verliert dabei ihre zeitliche Dimension. Der Jurist Thiele denationalisiert nicht nur, er kappt dabei auch alle transnationalen Bezüge. Von Europa und der EU ist in seinem Buch nicht die Rede. Sein demokratischer Verfassungsstaat hat weder eine Geschichte noch Verbündete. Damit bleibt aber eine unschätzbare Ressource zur Zähmung des Nationalstaats außerhalb seines Fokus.

Während Guérot und Menasse die Lösung des Problems der Nation in ihrer Abschaffung und ihrem Aufgehen in einer Europäischen Republik sehen, liegt für Thiele die Lösung des Problems in ihrer Denationalisierung und Ersetzung durch den demokratischen Verfassungsstaat. Ich möchte hier einen dritten und weniger radikalen Weg vorschlagen, der im Zuge der Erneuerung nicht erst einmal alles Bestehende vom Tisch räumen muss. Vielleicht gibt es ja auch positive Entwicklungen, die es lohnt, anzuerkennen und weiterzuentwickeln? Die Kritik und Sorge um den Nationalstaat als gefräßigen Leviathan, der gezähmt werden muss, teile ich absolut, doch sehe ich auch die Möglichkeit, ihn zu zähmen, ohne ihn gleich abzuschaffen. Denationalisierung scheint mir ein spezifisch deutscher Traum zu sein, der auf den spezifisch deutschen Albtraum des Nationalsozialismus antwortet. Gibt es auch eine andere Möglichkeit der Überwindung oder Zähmung des gefräßigen Leviathans, die die berechtigte Kritik am Nationalstaat berücksichtigt, ohne ihn abzuschaffen?

Das Gegenmodell: Die EU als Schutzschirm des Nationalstaats

Meine drei Europas

Die EU ist ein Projekt, das inzwischen 70 Jahre alt ist. Sie hat keine lineare Geschichte hinter sich, vielmehr hat der Staatenverbund aufgrund veränderter weltpolitischer Lagen und Kontexte in diesem Zeitraum mehrfach seine Form gewechselt. Aus meiner eigenen Perspektive möchte ich von drei verschiedenen Europas sprechen, in denen ich gelebt habe und lebe. Erst wenn ich zurückblicke, fällt mir auf, wie stark sie sich voneinander unterscheiden.

Das erste Europa, in das ich hineingewachsen bin, ist nach dem Zweiten Weltkrieg entstanden. Es währte von 1945 bis 1989. In diesem Europa war viel vom ‹christlichen Abendland› die Rede. Das sagte mir damals wenig; später wurde mit klar, dass diese Formel in Deutschland vor allem die Aufgabe hatte, historische Kontinuität zu beschwören und die NS-Zeit zu überdecken. Auch zu den eigentlichen Architekten dieses Europa hatte ich damals noch keinen Bezug. Robert Schuman hielt ich für einen Komponisten und den Namen René Cassin, der 1948 die Erklärung der Menschenrechte vorbereitet hat und 1968 den Friedensnobelpreis erhielt, habe ich erst viel später wahrgenommen.

Die Musik spielte für mich woanders, in den USA oder in England: die Bürgerrechts- und jugendlichen Protestbewegungen, Filme, Popmusik und die Beatles. Europa war ein Teil des Westens und Amerika verdanke ich meine geistige und kulturelle Initiation. Der Osten dagegen war zugesperrt, denn es herrschte der Kalte Krieg. Dieses erste Europa der *Polarisierung* wurde mithilfe der gegensätzlichen Ideologien des Kapitalismus und Kommunismus stabilisiert. Es gab aber auch Parallelen über beide Lager hinweg: Auf beiden Seiten erhoffte man sich alles von der Zukunft und vertrat einen technischen Fortschrittsoptimismus, der auf Raumfahrt setzte und zur Mondlandung führte. Die Vergangenheit war hüben und drüben vergessen, sie lag auf der anderen Seite des Mondes.

Die zweite Phase schloss sich von 1989 bis 2015 an. Ich nenne es das Europa der *Pluralisierung*. Mit dem Fall der Mauer und der Erosion des Staatssozialismus erschöpfte sich die Integrationskraft der Polarisierung. Die EU wurde für mich in dem Maße interessanter, wie der Osten Europas näher rückte. Heute spricht man im Westen schuldbewusst von ‹Osterweiterung›; für mich war das Ende des Kalten Krieges und was darauf folgte eine beispiellose Horizonterweiterung. Zwischen den Polen tat sich ein neuer Raum auf. Ich konnte plötzlich Grenzen überschreiten, Menschen begegnen und so vieles dazu lernen.

Nach vier Jahrzehnten Vergangenheitsvergessenheit kehrte in Europa auch die Geschichte der ersten Hälfte des 20. Jahrhunderts zurück, denn der Horizont erweiterte sich nicht nur im Raum, sondern auch in der Zeit. Osteuropäische Archive waren plötzlich zugänglich und eine neue historische Forschung kam in Gang. Die Überlebenden des Holocaust fanden endlich Gehör. Im Januar 2000 trafen sich in Schweden Vertreter*innen unterschiedlicher Nationen, darunter die USA, Israel und das wiedervereinigte Deutschland, um eine Holocaust-Erinnerungsgemeinschaft zu gründen. Es folgten neue Denkmäler, Museen und der Umbau von Gedenkstätten.

Zwischen ‹dem› Westen und ‹dem› Osten ist Europa 1989 also noch einmal neu entstanden als ein plurales Gebilde mit unterschiedlichen politischen Perspektiven, historischen Erfahrungen und Traumata. Es wurde in dem Maße vielstimmig, wie es sich aus dem Klammergriff des Westens wie des Ostens löste. So entstand ein Europa, das sich zwischen den Weltmächten behauptete und neue Akzente setzte. Es setzte dabei seinen westlichen Kurs der Friedenssicherung, der Demokratisierung und des wirtschaftlichen Wohlstands fort, ergänzte ihn aber um Rückbezüge auf vergessene und verdrängte Geschichte sowie um ein wachsendes Bewusstsein der gefährdeten Umwelt.

Das dritte Europa begann 2015 und dauert an. Es wurde durch die globale Migrationsbewegung ausgelöst, die viel weiter zurückreichende Ursachen hat, aber erst mit den Flüchtlingsströmen schlagartig ins allgemeine Bewusstsein drang und einen tiefen Einschnitt erzeugte. In dieser Phase der *Spaltung* nimmt die bindende und integrierende Kraft der EU rapide ab. Das plurale Europa wird überall auf eine harte Probe gestellt durch nationalistischen Gegenwind und aggressiv fremdenfeindliche Töne. Ideologische Gräben tun sich auf und Spaltungen werden manifest, nun nicht mehr *zwischen* den politischen Systemen, sondern *innerhalb* der Gesellschaften und Nationen. Das Feindbild des ersten polaren Europas war der Osten bzw. der Westen, das Feindbild des zweiten pluralen Europas waren Hitler und Stalin, das neue Feindbild des dritten polemisch gespaltenen Europas ist der Flüchtling und Fremde, der die Homogenität der Gesellschaft stört und die Einheit der Nation gefährdet.

Was hält die Sterne Europas zusammen? Der europäische Traum

Über lange Zeit schien der Verbund der EU so stabil und dauerhaft zu sein wie das Symbol des Sternenkreises auf der blauen Fahne. Das war einmal. Der britische Stern hat sich bereits verabschiedet, andere Sterne sind ins Schleudern geraten. Das Symbol auf der Fahne hat aus sich selbst heraus keinerlei Bindungskraft. Umso dringlicher stellt sich die Frage, was die Sterne Europas eigentlich noch zusammenhält.

Europa ist ein uferloses Thema, aber im Blitzlicht des aktuellen Schreckens kristallisierte sich für mich immer klarer das ‹Projekt› der EU heraus. Ich habe es den ‹europäischen Traum› genannt, dabei ist es sehr handfest und übersichtlich. Es besteht nämlich aus vier Lehren, die die Mitgliedstaaten gemeinsam aus ihrer Geschichte gezogen haben und die sie in der jetzigen Krise dringend brauchen.

Nach 1945 bestand die *erste* und wichtigste *Lehre* aus der Geschichte darin, den Krieg diesmal wirklich zu beenden. Das war nach dem Ersten Weltkrieg nämlich nicht gelungen, der zwar auf dem Schlachtfeld, aber nicht in den Köpfen und Herzen zu Ende gegangen war. Dieses Friedensprojekt ging von den Franzosen aus, die den Deutschen nach drei Angriffskriegen die Hand zur Versöhnung ausstreckten.[27] Sie verwandelten ‹Schwerter›, nämlich Kohle und Stahl als die wichtigsten Rohstoffe der Kriegsindustrie, in ‹Pflugscharen›, indem sie sie zur Grundlage einer transnationalen Wirtschaftsgemeinschaft machten. So wurden aus Todfeinden dauerhaft friedlich kooperierende Nachbarn. Die *zweite Lehre*, das Freiheitsprojekt, war nicht weniger wichtig; ehemalige Diktaturen wurden mit Unterstützung der Alliierten in Demokratien verwandelt. Die beiden Lehren der Friedenssicherung und der Demokratisierung kamen 1989 nach dem Sturz der Mauer und der Öffnung des Eisernen Vorhangs noch einmal zur Wirkung. Was aber weniger bekannt ist: Es kamen noch zwei weitere Lehren dazu. Als *dritte Lehre* bezeichne ich eine neue selbstkritische Erinnerungskultur, die das übliche Muster eines ausschließlich auf Ehre und Stolz ausgerichteten nationalen Gedächtnisses erweitert, indem sie auch historische Verbrechen einbezieht und mit den Opfern der eigenen Gewaltgeschichte eine positive Beziehungsgeschichte aufbaut. Die *vierte Lehre* ist die Aktualisierung der Menschenrechte, die in der Geschichte wiederholt erklärt wurden, aber auch immer wieder neu erkämpft werden mussten, wie zum Beispiel in Mittel- und Osteuropa durch die verschiedenen Demokratiebewegungen, die schließlich den Eisernen Vorhang öffneten.

Mit diesen vier Lehren, so meine These, wurde über die Jahre ein neuer Typ von Nation geschaffen, den es bisher in der Geschichte so noch nicht gegeben hat: ich nenne ihn die ‹zivile Nation›, die gemeinsam mit anderen Nationen aus einer verheerenden Geschichte gelernt und dafür gesorgt hat, dass sich die Voraussetzungen für eine Wiederholung dieser destruktiven und menschenverachtenden Gewalt nicht wieder ergeben. Diese Lehren aus der Geschichte – die Erhaltung des Friedens, die Festigung der Demokratie, die selbstkritische Erinnerungskultur und die Anerkennung der Menschenrechte – sind zugleich die Grundlagen des demokratischen Verfassungsstaats. Anders als selbstständige Nationen haben die Mitgliedstaaten in der EU ihre Erfahrungen und rechtlichen Grundlagen zusammengelegt, verwalten sie gemeinsam und schützen sie gegenseitig, womit sie gegen eigenmächtige Willkür und Eingriffe weit besser gewappnet sind. Obwohl die

Schweiz selbst nicht Mitglied der EU ist, können wir sie hier als Modell heranziehen, denn auch die vier Lehren aus der Geschichte haben das Zeug zu einer Eidgenossenschaft. Im Zentrum stehen dabei keine verschwommenen und abstrakt bleibenden ‹Werte›, sondern klar benennbare und verpflichtende Prinzipien auf drei Ebenen:

– auf der Ebene des *Staates* eine Rechtskultur der Demokratie mit Gewaltenteilung und gleichen Bürgerrechten (Grundgesetz),
– auf der Ebene der *Gesellschaft* ein Bekenntnis zur Vielfalt, zum Schutz von Minderheiten und eine Absage an ethnische Homogenität (Gesellschaftsvertrag),
– und auf der Ebene der *Nation* ein Konzept kultureller Eigenart, das historischen Wandel und Vielfalt ausdrücklich einschließt (kulturelle Identität).

Während sich Rechtsstaatlichkeit und Nationalismus ausschließen, sind Rechtsstaatlichkeit und Nationalität durchaus kompatibel.

Die Bedeutung der Nationen in der EU

Der besondere historische Verbund der EU hat auf den drei Ebenen der Staatlichkeit, der Gesellschaft und der Nation den neuen Typ der zivilen Nation hervorgebracht. Wie kostbar dieses Gut ist, wird – wie immer – erst in dem Moment wirklich sichtbar, wo wir es schon wieder zu verlieren drohen. Im ‹dritten Europa› ist nämlich der Konsens über das zerbrochen, was im ‹ersten Europa› etabliert und im ‹zweiten Europa› hinzugewonnen wurde. Wir haben täglich vor Augen, wie demokratische Prinzipien in Frage gestellt und abgeschafft werden – und das auf allen Ebenen: *Rechtsstaatlichkeit* wird in vielen Staaten abgebaut durch Medienmonopole und sogenannte ‹Justizreformen›, die die Richter in die Abhängigkeit von Politik und Parteien zwingen; der *Gesellschaftsvertrag* wird verraten durch völkisch-nationalistische Bewegungen, die gegen Migranten und Fremde mobilisieren; die *Nation* schließlich wird zur Beute nationalistischer Parteien, die ihre Geschichtsnarrative auf Stolz und Ehre gründen, die Opfer historischer Verbrechen verhöhnen, Fremde ausgrenzen und die EU selbst zu ihrem Feindbild machen.

Es ist dieser Rechtsruck, der gegenwärtig durch viele Mitgliedstaaten der EU geht und dazu führt, dass die Prinzipien der EU aufgekündigt werden. Im selben Maße, wie diese Prinzipien missachtet werden, zeigen die Nationen in Europa ihr anderes, ihr unziviles und nationalistisches Gesicht. Die Schlüsselfrage lautet nicht: Hat Europa versagt? sondern: Wie kann man diesem Trend etwas Wirksames entgegensetzen? Wie gesehen gehen viele Intellektuelle selbstverständlich davon aus, dass die Nation an sich und immer schon eine Brutstätte von Hass, Hetze und Gewalt ist. Sie berufen sich darauf, dass Nationen wie Deutschland in der ersten Hälfte des 20. Jahrhunderts auf traumatische Weise aus dem Ruder gelaufen sind und es auch noch am Ende des 20. Jahrhunderts – man denke an Nationen wie Serbien oder Ruanda – erschütternde Beispiele für Ausbrüche genozidaler Gewalt gegeben hat, die durch nationalistische und ethnische Ideologien verursacht wurden. Aus diesem Grund behandeln sie die Nation als ein Grundübel und ziehen keine begriffliche Grenze zwischen Nation und Nationalismus.

Für diese Intellektuellen gibt es zurzeit zwei Strategien. Die einen wollen die EU von diesem Übel befreien und fordern deshalb konsequenterweise die Abschaffung der Nationen und eine EU als Superstaat der Regionen. Die anderen stellen den Begriff der Nation unter Generalverdacht und glauben, ihn durch Nichtthematisierung aus der Welt schaffen zu können, oder empfehlen eine ‹Denationalisierung›, ohne zu erläutern, wie diese praktisch zu bewerkstelligen ist. An Universitäten gilt noch immer die Diskursregel, dass diejenigen, die von ‹Nation› sprechen, sich eines ‹methodologischen Nationalismus› schuldig machen. Hier geht man nämlich weiterhin davon aus, dass wir in einer kosmopolitischen Weltgesellschaft leben, in der sich Nationen über kurz oder lang von selbst auflösen werden und wir bereits in einer post- oder transnationalen Welt leben. Nationale und kulturelle Identitäten gelten in dieser Sicht als ein atavistisches Überbleibsel, das historisch überwunden werden muss und nicht mehr zeitgemäß ist.

Es steht außer Frage, dass die gegenwärtige Lage durch eine besondere Bedrohung gekennzeichnet ist. Nicht nur in Europa, sondern überall auf der Welt werden Nationen wieder nationalistisch, gewaltsam und brutal, und es ist alles andere als klar, wie es gelingen kann, sie in eine zivile Verfassung zurückzuholen. In dieser Situation erweist sich die gegenwärtige Konfrontation zwischen rechtsgerichteten Anwälten der Nation und linksgerichteten Kosmopoliten bzw. Universalisten, die die Nation ablehnen, als höchst gefährlich. In der EU ist zum Beispiel eine unheilige Allianz entstanden, die sich sehr effektiv transnational organisiert, um den alten Nationalismus mit neuen Mitteln, Methoden und Argumenten zu befeuern. Ihnen stehen jene Theoretiker gegenüber, die immer noch nicht wahrhaben wollen, dass sie durch ihre strikte Verneinung der Nation vielleicht selbst zur Verstärkung dieser alarmierenden Tendenzen beitragen.

Letztere übersehen etwas ganz Wesentliches, das für Unvoreingenommene eigentlich auf der Hand liegt: dass es nämlich auch zivile Nationen gibt, die wie in England, Frankreich, den USA oder Kanada demokratische Staaten hervorgebracht haben, die sich auf Rechtsstaatlichkeit und Menschenrechte verpflichten. In diese Tradition gehört auch die EU. Das Besondere an dieser Staatengemeinschaft ist obendrein, dass sie ihre Nationen mittels eines besonderen ‹Rütlischwurs› gegen den gefährlichen Nationalismus schützt.

Die EU als Eidgenossenschaft

Wenn ich von der EU «als Schutzschirm des Nationalstaats» spreche, denke ich an diesen Pakt, der die Nationen der EU-Eidgenossenschaft auf drei Ebenen stützt: auf der des Staates, auf der der Gesellschaft und auf der der Nation. In den 1990er Jahren lautete die Formel für die EU: Einheit in der Vielfalt. Deshalb nenne ich mein ‹zweites Europa› auch das Europa der Pluralität. Die Vielfalt der Nationalsprachen und -kulturen, die bereits für das erste Europa galt, hat sich durch die Aufnahme postsowjetischer Nationen mit ganz unterschiedlichen Geschichten und Erfahrungen enorm vergrößert. Die EU war für sie nicht nur als neuer Wirtschaftsraum attraktiv, sondern auch, weil in der EU die in der Sowjetzeit unterdrückten Nationalgeschichten und -kulturen endlich wieder ausgelebt und symbolisch ausgestellt werden konnten. Während wir in der EU noch mit der Integration dieser Vielfalt beschäftigt waren, entstand mit der Migrationskrise eine neue Konstellation, die die Integrationsbemühungen nicht nur unterbrach, sondern die Entwicklung obendrein in die Gegenrichtung trieb. Staaten, die im Begriff gewesen waren, sich innerhalb der EU als ‹zivile Nationen› zu rekonstituieren, änderten jetzt ihren Kurs, um zu ‹nationalistischen Nationen› zu werden.

Deshalb möchte ich angesichts der bestehenden und immer gefährlicher werdenden Zwangsalternative zwischen Nationalismus einerseits und Kosmopolitismus andererseits dafür plädieren, zwischen beiden Polen Platz zu schaffen für eine dritte Position. Denn die Nation hat zwei Gesichter. Sie ist nicht nur ein gefräßiger Leviathan, ein Monster, das über kurz oder lang sein hässliches und brutales Gesicht zeigt. Sie ist auch eine

Normalität. Auf der Erde leben inzwischen alle Menschen innerhalb von Nationen, weil es dafür noch keine praktische Alternative gibt. Es ist aber wichtig festzustellen, dass es unterschiedliche Typen von Nationen gibt. Nach 2000 haben sich zum Beispiel ehemalige Imperien wie Russland und China das Modell der Nation angeeignet, was diese Länder keineswegs freier und pluraler gemacht hat, im Gegenteil. Russland hat seine Revolutionsgeschichte und den Klassenkampf durch eine ethnische Nationalgeschichte ersetzt, die viel weiter in die Vergangenheit zurückreicht und auch die Geschichte der orthodoxen Kirche mit einschließt. Ähnliches gilt für China, wo die ethnische Abstammung von der Han-Dynastie dazu geführt hat, dass die Minderheit der Uiguren im Land jetzt ausgegrenzt, unterdrückt und in ihrer Existenz bedroht ist. Die Nation kann sich inzwischen mit allen denkbaren Regierungsformen von faschistischen Diktaturen und autokratischen Staaten bis hin zu linken Imperien und Demokratien verbinden. Deshalb empfiehlt es sich, die Gleichsetzung von Nation und Nationalismus aufzulösen und Nation konsequent in zwei Richtungen zu denken: als ethnisch homogene Nation, die sich in Richtung Nationalismus entwickelt, sowie als pluralistische Nation, die die Gleichheit aller Bürger unterschiedlicher Herkunft anerkennt und die Weltoffenheit der Gesellschaft zu ihrem Prinzip erklärt.

Einheit in der Vielfalt

Innerhalb der EU gilt ein doppeltes Programm: Während die rechtsstaatlichen Prinzipien zusammengelegt und in einem gemeinsamen Bekenntnis festgezurrt sind, behalten die einzelnen Nationen große Freiheiten bei der Gestaltung ihres kulturellen und historischen Selbstverständnisses. In den 1990er Jahren lautete die Formel dafür ‹Einheit in der Vielfalt›. Diese Formel wurde bald monoton, weil sie inflationär Verwendung fand und gedankenlos wiederholt wurde. Sie gewinnt heute wieder an Bedeutung, weil sie unter größerer Spannung steht und neu gewürdigt werden kann als historische Besonderheit und vielleicht auch Einzigartigkeit der EU. Die Formel drückt nämlich etwas aus, das die EU von anderen Großregionen wie den USA oder Kanada unterscheidet, und das ist ihre unhintergehbar plurale Verfasstheit als Zusammenschluss autonomer Nationen mit unterschiedlichen Sprachen und Überlieferungen, Geschichten und Landschaften. Autonom bedeutet nicht ‹souverän›, denn die politische Handlungsmacht ist ja vergemeinschaftet. Autonom bezieht sich auf die freie kulturelle Entfaltung und Selbstdefinition der Staaten jenseits rechtlich normierender Vorgaben. Als Einheit in der Vielfalt lässt sich das plurale Gebilde der EU deshalb auch nicht auf ein einheitliches und allgemein akzeptiertes Narrativ bringen. Deshalb sollten wir das fehlende europäische Narrativ durch vier verbindliche ‹Lehren aus der Geschichte› ersetzen und diese als die allgemein geltenden gemeinsamen Prinzipien anerkennen, auf die sich der Staatenbund einigt. Diese Einheit der verbindenden und verbindlichen demokratischen Grundsätze geht in der EU mit der manifesten Heterogenität der Nationen einher, die sich beim besten Willen auf keinen gemeinsamen Nenner bringen lässt. Das hat nicht zuletzt der lange Vorlauf im Haus der europäischen Geschichte gezeigt, wo man eben *kein* Europa-Narrativ zu sehen bekommt, man aber viel über kulturelle Verbindungen und Spannungen, Parallelen und Gegensätze auf einer konsequent transnationalen Ebene lernen kann.

Die sprachliche, historische und kulturelle ‹Einheit in der Vielheit› gehört ebenso zur DNA der EU wie die vier Lehren aus der Geschichte, die ich unter dem Begriff ‹der europäische Traum› zusammengefasst habe. Sie sind die gemeinsame

Grundlage für die irreduzible Differenz und Vielfalt der Nationen, die die EU prägen.

Dabei gilt es zwischen zivilen und unzivilen Nationen zu unterscheiden. Das Konzept der nationalistischen Nation gründet sich auf eine homogene, unveränderliche, essentialistische Identität und damit verbunden auf den Ausschluss von ‹Fremden› und einen rassistischen Patriotismus, der Stolz, Ehre, Opferbewusstsein und militante Kampfbereitschaft für die Eigengruppe mobilisiert. Während sich die unzivile Nation in Differenz, Abwehr und Ausschluss eines dämonisierten Anderen konstituiert, konstituiert sich die zivile Nation in Distinktion gegenüber Anderen und mit ihnen. Distinktion impliziert Grenzüberschreitungen und produktiven Austausch. Kulturen sind ebenso wenig einheitlich und in sich geschlossen wie Sprachen. Diese sind zwar unhintergehbar verschieden, wirken deshalb aber keineswegs als absolut trennend, weil es Mehrsprachigkeit und Übersetzungen gibt sowie sprachliche Anleihen, Vermischungen und Überlagerungen. Durch Austausch, Vielfalt und zeitlichen Wandel unterliegt die nationale Identität der zivilen Nation einer permanenten Veränderung. In diesem Sinne wirken die Grenzen Europas als kulturelle Kontaktzonen der Kommunikation und der Übersetzung, die die Muskeln Europas stärken.

Die Aufmerksamkeit richtet sich gegenwärtig aber weniger auf die europäischen Binnengrenzen als auf die Außengrenzen Europas, die im ‹dritten Europa› der Migration unter starken Druck geraten sind. Nationen haben ihre Außengrenzen in Zeiten militärischer Bedrohung schon immer gegen feindliche Invasion verteidigt. Übergriffe dieser Art finden leider immer noch statt, wie das Beispiel der völkerrechtswidrigen Annexion der Krim durch Putins Russland zeigt, die 2014 stattfand, als sich die europäischen Staaten gerade im Zeichen des Friedens an den Beginn des Ersten Weltkriegs erinnerten. Sie sind aber die Ausnahme. Demokratien führen untereinander keine Kriege mehr, sondern versuchen, ihre Probleme auf diplomatischem Wege zu lösen. Die Form der Invasion hat sich grundlegend geändert: An die Stelle bewaffneter Feinde sind inzwischen die hilflosen Kriegsflüchtlinge getreten, die an den Außengrenzen der EU um Einlass bitten, um ihr nacktes Leben zu retten und ihren eigenen ‹europäischen Traum› von Wohlstand und Staatsbürgerschaft zu verwirklichen. Im Rahmen der Globalisierung hat sich die Stellung der Nationen erheblich verschoben. Ihre wirtschaftliche und kulturelle Autarkie haben sie freiwillig zugunsten einer entschränkten Weltmarktpolitik und der Übernahme technischer Errungenschaften und der Digitalisierung aufgegeben. Gleichzeitig soll aber die politische und kulturelle Autonomie gegenüber den Flüchtlingen und Migranten gesichert und verteidigt werden. Während es also eine Freiheit für die Zirkulation von Geld, Waren und Rohstoffen gibt, hängen Menschen an Grenzen fest, wo sie ohne angemessene Hygiene, Gesundheitsversorgung und ohne Ausbildung, was so viel heißt wie: ohne jede Zukunftsperspektive, vegetieren. Diese Doppelmoral, die einerseits Solidarität verkündet und sich rhetorisch für Grenzüberschreitung ausspricht und andererseits einen Egoismus praktiziert, der Grenzen wieder aufbaut und befestigt, ist charakteristisch für europäische Nationalstaaten, die durch die Aufnahme von Migranten nicht nur wirtschaftlichen, sondern auch kulturellen Verlust und vor allem den Verlust politischer Legitimität befürchten. Die Vielfalt der EU wird sich durch Aufnahme der Migranten noch erheblich steigern, diesmal nicht mehr zwischen, sondern innerhalb der Mitgliedstaaten, deren nationales Selbstverständnis sich mit den neuen Erfahrungen und Perspektiven der Migranten verändern wird. Die kulturelle Identität der Nation wird im Zuge dieser Entwicklung entweder aufgerüstet und immer exklusiver, oder sie verändert sich, wird kritisch in Frage gestellt, erneuert und angereichert, ohne dabei einfach aufgehoben oder aufgelöst zu werden.

Die EU befindet sich derzeit an einem Wendepunkt, an dem wir noch nicht mit Sicherheit sagen können, wohin die Reise geht. Sicher ist aber, dass gegenwärtig alles, was seit 70 Jahren in der EU aufgebaut und weiterentwickelt wurde, auf dem Spiel steht. Die Entscheidung, ob die EU ein Verbund ziviler Nationen bleiben wird, der aus seiner gewalttätigen Geschichte gelernt hat und daraus die Orientierung für seine Zukunft gewinnt, oder ob sie sich in eine Festung Europa verwandeln wird, die sich gegen die selbstverschuldeten Effekte der Globalisierung stemmt und in nostalgischen Visionen von völkischer Einheit und Reinheit einmauert, ist noch offen. In eben dieser Situation könnte sich heute die EU erneut als «Schutzschirm des Nationalstaats» erweisen, wenn sie ihren Verbund nicht nur auf das Versprechen ökonomischen Erfolgs gründet, sondern auch auf den ‹europäischen Traum›. Denn als eine solche Eidgenossenschaft könnte die EU ihre Nationen schützen und klare Schranken errichten gegen die fortschreitende Nationalisierung von Nationalstaaten.

2. Zur Grammatik der Identitäten

Das Haus der Europäischen Geschichte in Brüssel

Mitte der 1990er Jahre entstand im Europäischen Parlament der Plan für ein ‹Haus der Europäischen Geschichte› in Brüssel. Dieses Projekt erwies sich als unerwartet schwierig. Nach zehn intensiven Jahren des Brainstormings wurde das erste Team wieder aufgelöst, weil man feststellte, dass es kein einheitliches Masternarrativ für Europa geben könne. Ein zweites Team war erfolgreicher; man einigte sich auf einen anderen Weg und konzentrierte sich auf europäische Entwicklungen, Bewegungen und den Einigungsprozess seit dem 19. und 20. Jahrhundert. Das Museum, das seine Türen 2016 öffnete, präsentiert europäische Kultur und Geschichte in einem bewusst transnationalen Rahmen und betont dabei die Pluralität der Erfindungen, Erfahrungen und Perspektiven.[1] Diese Botschaft wurde in den Medien sehr positiv aufgenommen. Die Besucher der Ausstellung waren beeindruckt von Bildern und Objekten, die mithilfe eines Tablets in 24 Sprachen erläutert werden.

Es blieb bei dieser Sicht der Dinge, bis sich im August 2017 eine Gruppe aus den Visegrád-Staaten auf den Weg nach Brüssel machte, um sich das Museum anzusehen. Die Delegation war nicht angetan von dem, was sie dort zu sehen bekam. Die Politiker kritisierten das Museum in den schärfsten Tönen, weil sie in Brüssel keinen Hinweis auf Nationen finden konnten. Was sie für das Wichtigste und Heiligste überhaupt hielten, nämlich ihre jeweilige Nation, kam in diesem Museum überhaupt nicht vor. Da sie sich nicht repräsentiert fühlten, kritisierten sie das Museum als Fälschung und Vernichtung von Geschichte. Der polnische Premierminister Mateusz Morawiecki hatte eine besondere Erklärung parat. Aufgrund der vollständigen Abwesenheit einer nationalen Perspektive unterstellte er dem Museum eine kommunistische Sicht. Er sah in der EU eine Neuauflage der Sowjetunion und die Polen abermals in der Opferrolle gegenüber einem ideologischen Feind. Die Ausstellung wertete er als Huldigung für den *homo sovieticus* – «ein Mensch ohne Nationalitäten in einer homogenen Masse identischer Nationen». Diese Kritik sagt mehr aus über Vorurteile und Paranoia als über das wirkliche Haus der Europäischen Geschichte in Brüssel. Für diese Besucher wurde das Museum zu einer Projektionsfläche für kollektive Obsessionen. Das Beispiel zeigt, wie eine unverarbeitete Geschichte sich wiederholt. Aus polnischer Sicht ist Brüssel das neue Moskau.[2]

Wenn wir über die Nation nachdenken, sind fraglos historische Erfahrungen und Gefühle im Spiel. Während in Polen der Schutz der Nation an oberster Stelle steht, haben in Deutschland viele Intellektuelle den Begriff der Nation aus ihrem Vokabular gestrichen, und zwar aus Gründen, die ebenfalls etwas mit historischer Erinnerung zu tun haben. Während der Nazi-Zeit hatte das Land eine Überdosis Nationalismus erlebt, als der Staat sich in das mörderische Regime des Nationalsozialismus verwandelte – mit schlimmsten Folgen für andere Nationen und die europäischen Juden. In Polen dagegen führte die historische Erfahrung zur umgekehrten Lehre: Nach feindlicher Invasion und Besatzung war das Land vollkommen von der Landkarte verschwunden. Und kaum war der polnische Staat nach dem Ersten Weltkrieg wiederaufgebaut, erlebte er lange Phasen der Verfolgung und Besatzung während des Zweiten Weltkriegs. Kein Wunder also, dass das Konzept der Nation in Polen eine andere Bedeutung hat als in

Deutschland. Während für Deutschland die EU eine willkommene Möglichkeit bot, sich in den Verbund der Staatengemeinschaft einzugliedern und die Frage der Nation einzuklammern nach dem Motto: ‹Ich bin kein Deutscher, ich bin Europäer›, wurde für andere Länder wie Polen die EU zum Garanten ihres Nationalstaats. Dieser Garant wiederum wurde in dem Maße zum Feind, wie liberale Werte und eine europäische Migrationspolitik die Souveränität der Nation in Frage stellten.

In Deutschland hat die Skepsis gegenüber der Nation negative Wirkungen. Eine davon ist, dass die rechten Parteien leichtes Spiel haben, dieses geräumte Terrain zu besetzen. Sie eignen sich den Begriff der Nation an und füllen ihn mit ihren Werten, Bildern, Emotionen und Versprechungen. Eine weitere negative Wirkung der Skepsis gegenüber dem Nationsbegriff ist, dass ein Land ohne klares Selbstbild und ein gewisses Maß an Gemeinsinn große Schwierigkeiten hat, neue Zuwanderer einzubürgern. Diese haben etwas hinter sich gelassen und erwarten am neuen Ort nicht nur Schutz und Arbeitsmöglichkeiten, sondern auch eine neue Heimat, zu der sie dazugehören und in der sie aufgefordert sind, sich mit ihren Erfahrungen und Fähigkeiten einzubringen und die Nation dabei mit- und umzuformen. Wenn die Nation jedoch eine Leerstelle bleibt, dann wird die Identifikation schwieriger, denn der Ruf der früheren Heimat bleibt die normative Instanz und neue Bande der Loyalität können sich kaum entwickeln. Wir müssen uns heute fragen: Gibt es positive Werte für eine liberale Demokratie und plurale Gesellschaft, die sich für eine individuelle und kollektive Identifikation anbieten? Und welche Rolle kann die Erinnerung dabei spielen?

Diese Fragen verdienen mehr Aufmerksamkeit und Erforschung, denn in Europa wird der Kampf gegen Migranten lautstark von rechten Parteien geführt, die auch bei Wahlen erfolgreich sind mit ihren Forderungen nach einfachen Lösungen, geschlossenen Grenzen und verantwortungslosen Führern. Dieser neue Nationalismus vergisst gerade die Lehren, die die EU aus ihrer Geschichte gelernt hat und die ihre Nationen über die letzten 70 Jahre erfolgreich domestiziert und demokratisiert haben. Wenn die Nation aber eine wichtige Ressource für Integration ist und Integration als ein gemeinsames Projekt von alten und neuen Bürgern eines Staates verstanden wird, wie können wir sie umdenken, damit sie diese wichtige Aufgabe bewältigen kann?

Die Begriffe ‹Nation› und ‹Identität› hängen nicht nur inhaltlich eng zusammen, sie haben auch eine erstaunlich parallele Rezeptionsgeschichte. Sie hängen inhaltlich zusammen, weil bei der Frage der Nation immer zugleich auch Fragen der kollektiven Identität angesprochen sind. Ob von einer solchen kollektiven Identität aber überhaupt gesprochen werden kann und darf, ist gegenwärtig Gegenstand einer intensiven Debatte. Die Haltung deutscher Intellektueller gegenüber dem Nationsbegriff und dem Identitätsbegriff ist dieselbe. Weil von diesen Begriffen für das Individuum und den liberalen Staat eine Bedrohung ausgeht, werden sie negiert, ignoriert, torpediert. Ebenso wenig wie der Nationsbegriff hat der Identitätsbegriff einen Platz in der Modernisierungstheorie. Wobei nicht jede Definition von Identität als problematisch gilt. Der Begriff hat eine lange Geschichte in der Philosophie, bevor er in den 1980er und 1990er Jahren eine neue Bedeutung angenommen hat. Diese neue Bedeutung bezieht sich auf Gruppen, die eine bestimmte gemeinsame Eigenart als Identifikationsressource entdecken und sie markieren, um von ihrem Umfeld nicht vereinnahmt zu werden. Diesen sozialen und politischen Kampf um die Anerkennung kollektiver Identitäten unterschiedlicher Reichweiten in der gesellschaftlichen Öffentlichkeit hatte zum Beispiel die legendäre Forschungsgruppe ‹Poetik und Hermeneutik› noch nicht im Blick, als sie sich im September 1976 zu einem Kolloquium über Identität versammelte und den 8. Band ihrer Reihe 1979 unter diesem Titel veröffentlichte. Damals bedeutete ‹Identität› noch das Gegenteil von ‹Differenz›, ‹Wandel›, ‹Unbeständigkeit› oder ‹Verwechslung› und bezog sich darüber hinaus auch auf feste soziale Rollen oder bestehende nationale Einheiten. Identität kam hier noch einmal in all ihren logischen, philosophischen und sozialen Facetten zur Sprache – vor Entstehung der späteren Identitätspolitik. Ähnliches gilt für die moderne Literaturwissenschaft. Sie war dominiert von einem Subjekt, das mit sich selbst nicht identisch ist und das Kafka zur Pathosfigur der Moderne erhoben hat. Nicht die Frage der Zugehörigkeit, sondern der Individualismus und die Frage, wie man mit der Zumutung von Zugehörigkeit umgeht, waren ein Leitmotiv dieser Literatur und ihrer modernisierungstheoretisch orientierten Wissenschaft.

Auf folgenreiche Weise spaltete die Zugehörigkeitsfrage schon die amerikanische Bürgerrechtsbewegung. Es gab in der schwarzen Bewegung Stimmen wie die von Martin Luther King oder James Baldwin, die nicht nur einen Platz in den vorderen Reihen der öffentlichen Busse, sondern auch ihren Platz in der Geschichte der amerikanischen Nation einforderten, sowie diejenigen, die wie Malcolm X auf Selbst-Exklusion setzten und ihre Wurzeln jenseits der USA in Afrika entdeckten. Auch Susan Sontag nahm in ihren Tagebüchern bereits in den 1960er Jahren den neuen Identitätsbegriff in Anspruch. Er steht bei ihr für die Entdeckung des Andersseins, für den Schutz ihrer lesbischen Identität gegenüber dem Mainstream. Eine weitere Form der Zugehörigkeit entstand aus einer historischen Wunde wie zum Beispiel die Post-Shoah-Identität in den letzten beiden Jahrzehnten des 20. Jahrhunderts als Ausdruck der Teilhabe am kollektiven jüdischen Trauma. Neue

Identitäten entstanden somit in der Situation des Protests und Widerstands, in der Nachwirkung von Genoziden, aber auch dort, wo alternative Lebensformen erfunden und bestätigt werden, die noch keine soziale Akzeptanz oder kulturelle Anerkennung genießen.

Trotz dieser vielfältigen Entwicklungen gab und gibt es immer noch ein starkes Misstrauen gegen den Identitätsbegriff. Das liegt daran, dass er in rassistischen Ideologien inzwischen immer häufiger als eine Schranke der politischen Ausgrenzung von Migranten oder als Instrument der Abwertung anderer eingesetzt wird. Tatsächlich ist der Begriff inzwischen so negativ aufgeladen, dass viele sich fragen, ob er denn überhaupt noch zu gebrauchen ist. Aber genau wie im Fall der Nation, den wir nicht den Nationalisten überlassen sollten, sollte man den Begriff der Identität nicht den Identitären überlassen. Deshalb hat dieses Kapitel zwei Anliegen: zum einen die Geschichte des Identitätsbegriffs zu rekonstruieren und zum anderen Kriterien für einen kritischen Umgang mit dem Begriff zurückzugewinnen.

Eine kurze Geschichte des Identitätsbegriffs

Ich stelle meinen Überlegungen zum Identitätsbegriff und seiner Geschichte eine Vignette voran. Dabei handelt es sich um eine künstlerische Arbeit von Christian Boltanski, die 1972 entstand, als das Thema ‹Identität› noch nicht in aller Munde war. Zu sehen sind zehn Fotos im Hochformat, die den Künstler als Kind und Jugendlichen zeigen. Die Einheit der Serie wird in diesem Fall aber gerade nicht durch die Identität des Abgebildeten verbürgt, sondern allein durch das Bildschema der Serie. Authentisch ist in diesem Falle überhaupt nur das letzte Bild, alle anderen sind an dieses angeglichen, indem die Körperhaltung des Motivs – stehende Person mit herabhängenden Armen – und vor allem der Hintergrund – sonnenbeschienener Weg mit Stufen im Grünen – übernommen wurden. Die zehn Bilder zeigen also nicht den Wandel einer einzigen Person durch unterschiedliche Altersstufen, sondern zehn verschiedene und zum Teil sehr unterschiedliche Personen, die im Rahmen eines kulturellen Bildschemas erscheinen, das sofort als ‹Einheit im Wandel› erkannt wird.

Zu den Bildern gehört die Beischrift: «10 portraits photographiques de Christian Boltanski 1946–1964». Der Zeitausschnitt legt eine exakte Chronologie nahe, könnte aber bei genauerer Betrachtung auch durch spielerische Umstellung der Zahlen 4 und 6 zustande gekommen sein. Die Beischrift ist hier ebenso wichtig wie die Bildserie selbst. Sie wird in ihrer Funktion als Leseanweisung und Blicklenkung ausgestellt, was dazu führt, dass die erheblichen Variationen und Differenzen zwischen den Bildern – in die Serie wurde auch ein blonder Jüngling aufgenommen – automatisch ausgeblendet werden. Die Rezeption von Fotografien, darauf macht uns Boltanski aufmerksam, wird von verschiedenen Faktoren gesteuert. Dazu gehören verinnerlichte Annahmen wie die über den dokumentarischen Wert von Photographien oder das kulturelle Bildschema ‹Identität im Wandel›, die in aller Regel fraglos übernommen werden.

Mit dieser künstlerischen Arbeit hat Boltanski grundlegende Fragen nach dem Zusammenhang von Bild und Zeit, Erinnerung und Identität angestoßen, deren philosophische Vorgeschichte bis ins 17. Jahrhundert zurückreicht. Damals haben Philosophen diesen Diskurs mit einigen Unterscheidungen begonnen. Gottfried Wilhelm Leibniz zum Beispiel unterschied zwischen ‹realer› und ‹personaler› bzw. ‹moralischer› Identität. Während reale Identität auf dem Nachweis gleicher Substanz beruht, gründet personale Identität auf bestimmten

Formen des Selbstbewusstseins, der Selbstvergewisserung und der Selbststeuerung. Dazu gehört die Fähigkeit, Wahrnehmungen miteinander zu verknüpfen, sich zu erinnern sowie Absichten und einen Willen zu entwickeln. «Die Fortsetzung und Verknüpfung von Perzeptionen macht das identische Individuum *real* aus, aber Apperzeptionen (d. h. wenn man sich vergangener Wahrnehmungen bewusst wird) beweisen auch eine moralische Identität, und bringen die *reale* Identität zum Vorschein.»[3] Zweimal ist hier von «real» die Rede, einmal in Bezug auf die substantielle Kontinuität der körperlichen Identität des Individuums (die in der Boltanski-Installation ja gerade nicht gegeben ist) und einmal in der psychischen Erzeugung einer Kontinuität des Selbst-Bewusstseins der Person über zeitliche Intervalle hinweg. Während die substantielle Identität sinnlich fassbar ist, ist personale Bewusstseinsidentität unsichtbar, denn sie wird durch mentale Akte hervorgebracht und tritt nur als deren Produkt in Erscheinung.

Idem-Identität und Ipse-Identität (Paul Ricœur)

Der Identitätsdiskurs beginnt in der Neuzeit mit der Unterscheidung zwischen zwei grundsätzlichen Formen von Identität: eine Identität in Bezug auf unbelebte Gegenstände oder Körper einerseits und eine Identität in Bezug auf belebte und ihrer selbst bewusste Personen. Der Philosoph John Locke zum Beispiel sah die Herausforderung darin, die personale Identität eines Menschen über seinen Wandel in der Zeit hinweg zu erklären. Was bleibt identisch, was hält sich durch im Wechsel der Erscheinungen? Lockes Antwort war die Erinnerung. Mithilfe dieses Brückenschlags über die Zeit baut das Individuum einen Selbstbezug auf und stellt damit seine Identität her. Die heutige Variante dieser Idee lautet: Wir sind die Geschichten, die wir von uns erzählen können. Lockes Landsmann David Hume sah in solchen Geschichten Konstruktionen, die er als ‹Fiktion› zurückwies. Boltanskis künstlerische Intervention steht, wenn man so will, in der Tradition des großen Skeptikers Hume, der zu Lockes Identitätsbegriff kritisch angemerkt hat: «Wir erfinden ein Kontinuum in unserer sinnlichen Wahrnehmung, um den Bruch zu kaschieren; wir erfinden eine Seele, ein Selbst, eine Substanz, um den Wandel unsichtbar zu machen.»[4] Dort, wo der eine auf die konstruktive Kraft des Bewusstseins hinwies, fokussierte der andere auf Differenz, Bruch und Wandel und eben nicht auf das Kontinuum, das er als Konstrukt und Erfindung zurückwies. Hume wollte nichts wissen von der positiven Kraft der Konstruktion und der imaginativen Rahmung eines autobiographischen Narrativs.

Autobiografisches Erinnern, so betonen Psychologen und Soziologen, ist eine Bewusstseinsleistung, die Menschen nicht naturwüchsig besitzen, sondern innerhalb von Kulturen in konkreten sozialen Kontexten erlernen. Sie sprechen in diesem Zusammenhang von ‹conversational remembering› oder ‹memory talk›, die in der spontanen oder rituellen Familienkommunikation so etwas wie ein ‹Familiengedächtnis› hervorbringen. Ein Familiengedächtnis ist etwas anderes als ein Familienarchiv; es nutzt das Archiv, entwickelt sich aber zu einem davon unabhängigen gemeinsamen imaginativen Konstrukt, das wir in Analogie zur Sprache der UNESCO auch als ‹immaterielles Familienerbe› bezeichnen könnten. Eine solche Familien-Identität wird zum Beispiel im Gespräch und Erzählen anhand von Fotoalben hergestellt. Der Aufbau dieses sozialen ‹Rahmens› ist eine konstruktive Arbeit. Fotos sind also immer schon gerahmt: aber eben nicht nur durch die ovale oder rechteckige Einfassung des Bildes, sondern auch durch eine Erzählung, die den Bildern erst ihren inneren Zusammenhang gibt. Es war genau dieser unsichtbare Rahmen der kohärenzstiftenden Erzählung, auf den uns Boltanski mit seiner pseudoautobiographischen Präsentation aufmerksam gemacht hat.

Eine neue Grundlegung des Identitätsdiskurses verdanken wir Paul Ricœur (1913–2005). Er hat die lange philosophische Identitätsdiskussion aufgearbeitet und auf eine einfache und griffige Formel gebracht. Für Ricœur ist der Identitätsbegriff durch eine innere Spannung gekennzeichnet, die man sich als eine Ellipse mit zwei Brennpunkten vorstellen kann. Diese Brennpunkte sind

– Identität als substantielle *Selbigkeit* (lat. *idem*) und
– Identität als mentale *Selbstheit* (lat. *ipse*)[5]

Bei dem Versuch, diese beiden Brennpunkte der substantiellen und personalen Identität miteinander in Verbindung zu bringen, geraten wir auf die Zeitebene, in der Identität als ‹Beständigkeit im Wandel› gelebt und erfahren wird. Auch hier gibt es wiederum zwei unterschiedliche Formen, Identität zu denken. Von Identität spricht Ricœur einerseits in Bezug auf etwas, *das sich in der Zeit durchhält.* Beispiele dafür sind ein angelernter Habitus, feste Charakterzüge, aber auch Vereinbarungen wie die Verbindlichkeit eines Vertrags oder Versprechens. Andererseits entsteht Identität durch *individuelle und kollektive Konstruktionsleistungen der Identifikation.* Unter diesen Umständen wird eine verbindliche Orientierung für Individuen und Gruppen durch die Bereitschaft erzeugt, sich mit bestimmten gemeinsamen Werten, Normen, Idealen, Vorbildern oder Helden zu identifizieren, was gleichzeitig die Möglichkeit eröffnet, sich in ihnen wiederzuerkennen. Identifikation ist somit eine wesentliche Voraussetzung für Identität, die eine Aneignung und Verinnerlichung von Werten stützt und damit Gefühle der Zugehörigkeit und Loyalitätsbeziehungen ermöglicht.

Nicht alle haben diese Ausweitung des Identitätsbegriffs

von der materiellen Selbigkeit zur mentalen Selbstheit lebender Personen in der Zeit mitgemacht. Ich habe schon Hume erwähnt, der den Begriff der «Identitätsillusion» eingeführt hat und alles als Fiktion zurückwies, was mit Einbildungskraft und Glaubensüberzeugungen zu tun hat.[6] Der Status dieser Konstruktionsleistungen, wie ich sie nenne, ist heute immer noch umstritten. Als Beispiel möchte ich auf die eingangs genannten Autoritäten des Nationen-Diskurses verweisen. Während Benedict Anderson kollektive Gebilde wie Nationen (ohne sie damit in Frage zu stellen) als «vorgestellte Gemeinschaften» definiert, die sich durch gemeinsame Werte, Praktiken, Symbole und Narrative konstituieren, kritisieren Eric Hobsbawm und Terence Ranger derartige Formen der Übereinkunft als «erfundene Traditionen». Das ist ein klarer Hinweis darauf, dass sich die Bedeutung kultureller Konstruktionen im Aufbau von personalen und kollektiven Identitäten noch nicht wirklich durchgesetzt hat. So wichtig es ist, das Wie dieser Konstruktionen kritisch zu durchleuchten, so naiv erscheint es mir aber, die Konstruktion als solche pauschal unter Verdacht zu stellen und als ‹Fiktion› zu entlarven. Denn es gibt gar keine personalen oder kollektiven Identitäten ohne einen Anteil kultureller Konstruktion. Um das näher zu erläutern muss ich kurz auf den Weltbildwandel in den 1990er Jahren zu sprechen kommen, der von der Modernisierungstheorie zur Kulturtheorie geführt hat.

Von der Modernisierungstheorie zur Kulturtheorie

Begriffsgeschichte ist ein Spezialgebiet der historischen Forschung. Nach dem Zweiten Weltkrieg wurde sie aktiv betrieben, weil man in den Geisteswissenschaften zuerst einmal das Medium des Forschens selbst, nämlich die Sprache, kritisch durchleuchten und diese nach Jahren der Verzerrung und des Missbrauchs durch die Nationalsozialisten auf eine neue Grundlage stellen musste. Besonders Reinhart Koselleck hat sich um die Begriffsgeschichte als innovatives und einflussreiches Projekt der Nachkriegszeit verdient gemacht. In den von ihm zusammen mit Otto Brunner und Werner Conze herausgegebenen *Geschichtlichen Grundbegriffen* werden auf über 9000 Seiten 122 Begriffe analysiert.

Bei meinen Überlegungen zur Geschichte des Identitätsbegriffs ist mir etwas aufgefallen, was in der Begriffsgeschichtsforschung noch nicht genügend berücksichtigt wird. Begriffe werden in aller Regel in Isolation voneinander untersucht; das Ergebnis ist dann eine von anderen Begriffen isolierte Geschichte, die als ihre historische Biographie rekonstruiert wird. Dem widerspricht jedoch die praktische Erfahrung, dass Begriffe in enger Verbindung mit anderen existieren, sich aneinander anlehnen und ihre Bedeutung historisch in gegenseitiger Beeinflussung aufbauen und verändern. Es lohnt sich, den Begriff der Identität aus seiner Isolation herauszuholen und ihn in diesem Sinne als Teil des dreigliedrigen Begriffsclusters *Identität*, *Gedächtnis* und *Kultur* zu betrachten. Dann fällt auf, dass alle drei der folgenden Begriffe in den 1990er Jahren gleichzeitig ihre Bedeutung verändert haben. Dabei geht es um weit mehr als kleine Bedeutungsverschiebungen, nämlich um eine strukturelle semantische Umbesetzung. Gemeinsam, gleichzeitig und in gegenseitiger Abhängigkeit haben sie ihre Bedeutung grundlegend verändert. Das Herausgeberteam der Historischen Grundbegriffe kannte diese Begriffstrias noch nicht. In ihrem Wörterbuch findet sich weder ein Eintrag zu ‹Identität› noch einer zu ‹Gedächtnis›. Das Stichwort ‹Kultur› taucht zwar auf, aber nur in seiner älteren Bedeutung als Hoch- oder Nationalkultur in Ergänzung zu ‹Zivilisation›.[7]

Die semantische Veränderung der drei Begriffe war einschneidend und führte zu ganz neuen Diskursfeldern. Der Begriff *Identität* zum Beispiel verlagerte seinen Schwerpunkt von der individuellen zur kollektiven Identität und wechselte damit von einem Gegenstand der Psychologie zu einem Gegenstand der Soziologie und Politik. Das Interesse an *individueller* Identität war zwischen 1950 und 1970 noch einmal durch die Studien Erik Eriksons erheblich angefacht worden. Das Modell dieses Psychoanalytikers galt den Krisen, Etappen und Stufen, die das Individuum in seiner Lebensspanne durchläuft, wobei Erikson die psycho-sexuelle Entwicklung mit der psycho-sozialen und psycho-historischen verknüpfte. Sein Identitätsbegriff war ganz auf das Individuum und seine unterschiedlichen sozialen Rollen ausgerichtet. Der Schlüsselbegriff dieses Identitätsdiskurses hieß ‹Entwicklung›, der in der Modernisierungstheorie westlicher Gesellschaften fest verankert war. Am Begriff *Gedächtnis* vollzog sich ein ähnlicher Wandel: Die Bedeutung wurde erheblich erweitert, weil der Begriff nun ebenfalls von Individuen auf Gruppen und ganze Kulturen übertragen wurde. Ohne sich von ihrem Ursprung in der Psychologie und Psychoanalyse zu lösen, drang die Gedächtnisforschung dabei in die Felder Geschichte, Gesellschaft, Politik und Kulturwissenschaft ein. Der Begriff *Kultur* schließlich wurde als Gegenstand einer neuen Kulturwissenschaft völlig umformatiert. Die enge Bedeutung von Hochkultur mit ihren Werten und Artefakten erweiterte sich nicht nur in Richtung Pop und Unterhaltungskultur, sondern gewann auch neue theoretische Prämissen. Dazu gehört zum Beispiel die Frage nach den Formen kultureller Wissensproduktion sowie der Macht und Gemachtheit von Konzepten, Diskursen und Symbolen. Das analytische Interesse richtet sich neben Symbolen und Diskursen auch zunehmend auf die Bedeutung von Inszenierungen und Performanzen sowie den Kampf um Aufmerksamkeit und Anerkennung in der Gesellschaft.

Die neue Begriffstrias hat die geisteswissenschaftlichen Fächer verändert. Die Wirkung ihrer koordinierten Bedeutungsverschiebung lässt sich in vier Schritten zusammenfassen. 1. Bei allen drei Begriffen haben sich nicht nur Bedeutungsanteile verschoben, vielmehr sind sie alle gemeinsam ‹mutiert›. 2. Die drei Begriffe überlappen und verschränken sich dabei. Sie sind fortan nicht mehr klar voneinander zu trennen, denn jeder stützt und erläutert den anderen. 3. Die drei Begriffe setzten sich in den 1990er Jahren mit einem Generationswechsel transnational durch und legten den Grund für neue Forschungsfelder und Disziplinen wie Genderforschung, Cultural Studies oder Memory Studies, die einen engen Bezug zur Identitätspolitik haben. 4. Die neuen Bedeutungen gewannen in der *academic community* eine globale Resonanz, ohne dabei ein einheitliches Paradigma zu entwickeln.

Um die Aufmerksamkeit für diesen Einschnitt in der Semantik unserer Begriffe zu schärfen, könnte man von einer ‹zweiten Sattelzeit› sprechen. Reinhart Koselleck markierte die *erste Sattelzeit* bekanntlich mit dem brillanten Hinweis auf die Singularisierung pluraler Begriffe. Aus den Geistern wurde der Geist, aus den Künsten die Kunst, aus den Geschichten die Geschichte. Dieser Wandel war für Koselleck mit einem epistemischen Sprung verbunden und leitete um 1770 die Epoche der Moderne ein. Entsprechend müssen wir heute konstatieren: Mit der neuen Begriffstrias Identität-Gedächtnis-Kultur hat eine *zweite Sattelzeit* begonnen. Ihr Merkmal ist die Übertragung von Begriffen von zunächst nur an Individuen erforschten Phänomenen auf kollektive Prozesse und, damit verbunden, eine Pluralisierung der singularisierten Begriffe – von der Kultur zu den Kulturen und von Geschichte zu den verknüpften Geschichten der Globalhistorie. Die neue Begriffstrias Identität-Kultur-Gedächtnis sprengt den Rahmen der Modernisierungstheorie, was zugleich bedeutet, dass sie in diesem

Denksystem keinen Platz finden kann. Die Modernisierungstheorie, die weiter existiert, kann die kulturwissenschaftlichen Prämissen ignorieren, negieren oder bekämpfen; aus dem Wege räumen kann sie sie nicht. Da sie sich nicht mehr alternativlos als universale Form der Betrachtung verstehen kann, enthält diese Einsicht die Möglichkeit der Selbst-Historisierung und der Selbstwahrnehmung als einer Form von Ideologie. Diese Ideologien sind allerdings keine politischen Programme im traditionellen Sinne mehr, sondern verweisen auf unterschiedliche Grundlagen unserer Welterfahrung und -verarbeitung. Deshalb sollten wir in diesem Zusammenhang lieber von einem Wandel der Welt- und Menschenbilder sprechen. Mit alten Kampfbegriffen wie ‹progressiv versus reaktionär› oder ‹modern versus postmodern› kann diese epistemologische Wende nicht mehr erfasst werden.

Kollektive Identitäten (Carolin Emcke, Lutz Niethammer)

Kollektive Identitäten ist der Titel der Dissertation von Carolin Emcke, die an der Universität Frankfurt beim Habermas-Schüler Axel Honneth entstanden ist. Mit diesem Thema reagierte sie unmittelbar auf die neue Erfahrung des Multikulturalismus und den damit verbundenen aktuellen anglo-amerikanischen Identitätsdiskurs der 1980er und 1990er Jahre. Ihr Buch, das 1998 im Campus-Verlag erschien, ist 2010 wiederaufgelegt worden, denn das Thema ist weiterhin hochaktuell.[8] Der neue Begriff der kollektiven Identität, der im Denkhorizont von Erik Erikson noch keine Rolle spielte, ist nicht mehr vorrangig auf die Zukunft des Einzelnen ausgerichtet und auf das, was er und sie aus ihrem Leben machen, sondern privilegiert neuerdings Persönlichkeitsanteile, die aus der Vergangenheit kommen wie genetische Erbschaften oder historische Traumata, sowie Merkmale sexueller Orientierung, die von der Norm des Mainstreams abweichen und nun als Formen von Gegenkultur selbstbewusst aufgewertet wurden. Dieser tiefgreifende Kulturwandel, der in den USA mit öffentlichen Demonstrationen und Diskursen seinen Anfang nahm, erweiterte einerseits die gesellschaftlich anerkannten Wahlmöglichkeiten für das Selbstbild von Individuen, führte aber auch in Gegenrichtung zum Freiheitspathos der westlichen Emanzipationsgeschichte zu einer freiwilligen Wiederherstellung einschränkender ethnischer oder religiöser Bindungen. Emcke gibt in ihrem Buch einen Überblick über diese aktuellen soziokulturellen Veränderungen und entwirft eine spannungsvolle Typologie zwischen selbstbestimmten und fremdbestimmten Identitäten. Die ‹selbstbestimmten Identitäten› entstehen durch Bestätigung eines kollektiven Selbstbilds mittels Identifikation eines Individuums mit den Werten einer Gruppe, die ‹fremdbestimmten Identitäten› entstehen dagegen durch Zuschreibungen in Form rigider Festlegungen, die von außen auf die Gruppe projiziert werden. Emcke hat also nicht nur die ermöglichende Perspektive der Identitätspolitik, sondern gerade auch die problematischen, sich verschärfenden Wechselwirkungen zwischen Individuen, Gruppen und medialer Öffentlichkeit im Blick. Das durchgängige Interesse, das sich durch diese Publikation wie durch alle ihre Schriften zieht, gilt dem Schutz des Individuums als einzelnem und verletzlichem Menschen. Diesen Schutz, den Individuen in Gruppen suchen, können sie nur in einer Demokratie finden, die von gegenseitiger Anerkennung, der Freiheit zur Differenz und einem Ethos der Angstfreiheit getragen ist.

Zwei Jahre später erschien ein Buch mit fast demselben Titel. Es erwähnt Emckes philosophische Dissertation nicht, denn es steht in einer ganz anderen Fachtradition, nicht in einer soziologischen und angloamerikanischen, sondern in einer historischen und deutschen. Es stammt von Lutz Niethammer, der bereits mit dem Untertitel seines Buches *Kollektive Identität. Heimliche Quellen einer unheimlichen Konjunktur* ein massives Unbehagen an diesem Begriff ausdrückt. Wie es sich für einen Historiker gehört, schreibt Niethammer nicht über die Gegenwart, sondern über die Vergangenheit. Er betreibt Begriffsgeschichte und möchte zeigen, dass die Geltung dieses Begriffs «nach 1980 etwas mit seiner Entstehung vor 1930 zu tun hat».[9] Auf den neuen Multikulturalismus der 1990er Jahre geht er nicht ein, sondern schreibt über den Gebrauch des Identitäts-Begriffs Anfang des 20. Jahrhunderts. Seine These ist, dass der Identitätsdiskurs und -begriff die Errungenschaften der Modernisierungstheorie untergräbt. Deshalb soll der Begriff kritisch entsorgt und der neue Fetisch Identität als eine Chimäre entlarvt werden. «Identität muss sein. Im Sprachgebrauch unserer Tage ist sie eine positive soziale Norm, welche die Stillstellung des Hungers auf Erlösung des Unidentischen der alltäglichen Erfahrung suggeriert. (...) Da es aber Identität – wie noch zu zeigen sein wird – im Sozialen in jedem strengen Sinn gar nicht gibt oder da – um mit Horst Eberhard Richter zu sprechen – derjenige, der von Identität redet, zeigt, dass er keine hat, schmeckt sie wie die Halluzinationen eines Hungernden.»[10] In seinem annähernd 700 Seiten langen Kompendium schreibt sich Niethammer die Finger wund und, wie es sich für einen kritischen 68er gehört, gegen alles an, was nach einer konservativen Aufrüstung eines ‹nationalen Wir› klingt. Mit seiner Kritik des ‹Plastikworts› (Uwe Pörksen) Identität richtet sich Niethammer gegen kollektivistische Mythen und Einheitsfiktionen, die das widerständige und sperrige Individuum im Namen irgendeiner Identität vereinnahmen wollen.

Niethammer ist in diesem Buch aber nicht nur kritisch,

aversiv und meinungsstark, sondern zugleich auch ein hervorragender Historiker, der sehr präzise eine sich synchron vollziehende tiefgreifende geistige Wende dokumentiert. Die entscheidenden Passagen dazu finden sich nicht im Haupttext, wo er den Kampf gegen den Identitätsbegriff aufnimmt, sondern in den Anmerkungen, wo er seine aufwändigen Recherchen zusammenfasst und Fakten protokolliert. Im soeben begonnenen Zeitalter der Onlinerecherche kam Niethammer auf die gute Idee, sich aus dem Bibliothekskatalog der Public Library in New York eine Liste mit 500 Buchtiteln mit dem Begriff ‹Identity› auszudrucken. Bei der Durchsicht dieser Seiten konnte er zwei Dinge feststellen: 1. dass die meisten der Titel «Varianten kollektiver und kultureller Identität gewidmet waren» (und nicht, wie er vermutet hätte, personaler oder psychologischer) und 2. «dass fast zwei Drittel allen möglichen Aspekten jüdischer Identität (…) gewidmet waren oder von Autoren jüdischer Herkunft stammten».[11] Dieser Befund wird ein paar Seiten später noch ergänzt durch einen Blick auf die deutschsprachige Bücherproduktion. Gab es in den 1970er Jahren knapp 200 Titel mit diesem Begriff, ist die Zahl in den 1990er Jahren auf 1700 gestiegen. Niethammer kann nicht umhin, anzumerken: «die Verdopplung der Neuerscheinungen zur Identität pro Jahrzehnt weist diesem Thema doch eine einzigartige Stellung zu.» Diesen für mich vielleicht wichtigsten Satz seines Buches hat er auf Seite 21 in einer langen Fußnote vergraben.

Eine Frage stellt sich Niethammer in seinem Buch nicht: Wie erklärt sich diese auffallende Konjunktur des Identitätsbegriffs? Was sind die Ursachen für den so plötzlich gesteigerten Gebrauch dieses Wortes? Meine tentative Antwort kann hier nur einige Aspekte aufzählen, die an meine vorangegangenen Thesen zur Begriffsgeschichte anschließen. Der Begriff Identität ist im Verbund mit Gedächtnis und Kultur zu einem disziplinen- und nationenübergreifenden Schlüsselbegriff geworden. Die Konjunktur dieses Begriffs hält offensichtlich an. Innerhalb der Universitäten verlor der wissenschaftliche Deutungsrahmen der Modernisierungstheorie mit seinem Fokus auf das freistehende Individuum, sowie auf Werte wie Innovation, Fortschritt oder zunehmende und unausweichliche Versachlichung der Lebensverhältnisse an Überzeugungskraft. An seine Stelle trat in den 1990er Jahren die Kulturwissenschaft mit neuen Fragen, Begriffen und Aufgaben. Außerhalb der Universitäten hat die Konjunktur des Begriffs ‹Identität› etwas mit der Auflösung politischer Ideologien nach dem Ende des Kalten Krieges und der Suche nach neuen Formen von Zugehörigkeit im Zeitalter der Globalisierung zu tun. Denn ganz offensichtlich sind wir noch nicht in der kosmopolitischen Weltgesellschaft angekommen, die uns die Modernisierungstheoretiker versprochen haben, solange es noch Menschen gibt, die sich dafür entscheiden, religiöse, soziale, nationale, ethnische und kulturelle Traditionen und Bindungen zu stärken statt sie aufzulösen. ‹Unheimlich› ist die Konjunktur des Identitätsbegriffs also vor allem für Modernisierungstheoretiker, die mit dieser Wende nicht gerechnet haben. Keine Frage, dass uns das Erstarken von Identitätspolitik vor schwierige Aufgaben stellt. Nur eines ist dabei sicher: Die damit verbundenen Probleme werden sich nicht dadurch lösen lassen, dass wir das Thema tabuisieren, die Evidenz ignorieren oder den Begriff ‹dekonstruieren›. Niethammer hat eine beeindruckende ideologiekritische Auseinandersetzung mit dem Identitätsbegriff vorgelegt. Folgende wichtige Fragen hat er aber anderen überlassen: Warum wird der Begriff Identität gebraucht, wie wird er gebraucht und welche Potentiale und Gefahren sind mit ihm verbunden?

Kollektive Identität als Kompensation – das DHM in Berlin

Wenn wir über Fragen der nationalen Identität um die Millenniumswende sprechen, ist es Zeit für ein weiteres konkretes Beispiel. Hinter Niethammers Buch stehen auch intensive Identitätsdebatten um die deutsche Nation in den 1980er und 1990er Jahren, auf die er nicht eingeht. Während die USA von gesellschaftspolitischen Identitätsdebatten erschüttert wurden, standen im Vor- und Nach-Wende-Deutschland Debatten um staatliche Identitätspolitik im Mittelpunkt. Eine davon betraf den Umzug der Hauptstadt von Bonn nach Berlin. Zur Bonn-Nostalgie gehörte die Anhänglichkeit an das Provisorium der Nachkriegszeit, verbunden mit der Absage an staatliche Symbole und internationale politische Verantwortung. Nach dem Umzug nach Berlin erfolgte die Prussifizierung der deutschen Nation mit dem Sinnbild der Rekonstruktion des Schlosses in der Hauptstadt. Große kulturgeschichtliche Wenden vollziehen sich aber nicht unbedingt zeitgleich mit den sichtbaren Zäsuren historischer Ereignisse. Diese geistige Umorientierung hatte nämlich bereits in den frühen 1980er Jahren begonnen. Das lässt sich an der Gründung des Deutschen Historischen Museums in West-Berlin zeigen. Die DDR besaß bereits ein Nationalmuseum, und der Historiker auf dem Kanzlerthron, Helmut Kohl, hatte das Bedürfnis, hier gleichzuziehen. Er tat dies in einem Westdeutschland, wo Intellektuelle identitätsabstinent lebten und sich etwas darauf zugutehielten. «Unsere Universität ist identitätsfrei!» hörte ich Heinz Dieter Kittsteiner einmal mit der ihm eigenen Ironie über die Universität Viadrina in Frankfurt/Oder sagen. Nach dem damals geltenden Habermas-Kohlberg-Schema, einem Theorem der Modernisierungstheorie, galt es, sich universal und kosmopolitisch auszurichten. Die damit verbundene Norm forderte, dass man einen immer abstrakter werdenden Weltbezug entwickelte und dabei fortwährend Grenzen der Zugehörigkeit überschritt. Der atavistische Begriff der Identität, der an verbindlichen kollektiven Merkmalen festhielt, stand dieser Entwicklungsdynamik wie ein Bremsblock entgegen.

Der Konsens der Intellektuellen war einstimmig: Ein Geschichtsmuseum, wie Helmut Kohl es sich wünschte, wurde als unvereinbar mit demokratischer Freiheit empfunden. Man befürchtete ein von oben verordnetes Geschichtsbild nach dem Muster Ost-Berlins. Die Konturen seines Projekts erläuterte Kohl in einer Regierungserklärung am 4. Mai 1983 mit folgenden Worten:

> [W]ir, die Deutschen, müssen uns unserer Geschichte stellen, mit ihrer Größe und ihrem Elend, nichts wegnehmen, nichts hinzufügen. Wir müssen unsere Geschichte nehmen, wie sie war und ist: ein Kernstück europäischer Existenz in der Mitte des Kontinents. Der jungen Generation muss die deutsche Geschichte in ihren europäischen Bezügen und Bedingungen wieder geistige Heimat werden.[12]

In jener Zeit, in der alle Zeichen auf Zukunft gestellt waren, erwartete man sich nichts von der Vergangenheit. Der Diskurs über die Geschichte galt als eine Sache professioneller Historiker und hatte sich Anfang der 1980er Jahre aus dem öffentlichen Raum weitgehend verabschiedet. Das stellte jedenfalls Bundespräsident Walter Scheel beim Historikerkongress 1976 fest, wo er eine Öffnung der Themen mit Blick auf die Gesellschaft anmahnte. Tatsächlich war die Strukturgeschichte nach Bielefelder Muster nichts, womit sich die Deutschen identifizieren konnten, und auch an den Schulen war sie schwer zu vermitteln. Sie war eben ein identitätsabstraktes Produkt der

Modernisierungstheorie. Anschauung, Ideale und Identifikationen ließen sich von dieser Forschungsrichtung ebenso wenig gewinnen wie aus der französischen Annales-Schule, worauf in Frankreich der Historiker Pierre Nora – genau zeitgleich – mit seinem Großprojekt der *Lieux de mémoire* reagierte, auf das ich noch zurückkomme. Auch Kohl wollte die Geschichte für Politik und Gesellschaft zurückerobern und sowohl in Berlin im Deutschen Historischen Museum (DHM, 1987) als auch in Bonn im Haus der Geschichte der Bundesrepublik (HDG, 1994) verankern. Das erste Museum sollte die christlich-abendländischen Grundlagen der deutschen Kulturgeschichte vom ersten vorchristlichen Jahrhundert bis in die Gegenwart enthalten, das zweite sollte die politische Geschichte der Bundesrepublik nach 1945 zeigen. In beiden Fällen ging es um nationale Aneignung von Geschichte im Sinne einer neuen Identitätspolitik. Wichtig war dabei für Kohl, aus dem Schatten des Zweiten Weltkriegs und des Nationalsozialismus herauszutreten und die kurze und destruktive Geschichte der deutschen Nation in einen langen Vergangenheitshorizont einzupassen, der von positiven Begriffen wie Abendland, Christentum und Europa dominiert wurde. Das Ziel des Museums wurde 1985 mit einer traditionellen Identitätsrhetorik legitimiert: «Es geht um die Schaffung einer Stätte der Selbstbesinnung und der Selbsterkenntnis, wo nicht zuletzt junge Bürger unseres Landes etwas davon spüren können (…), woher wir kommen, wer wir als Deutsche sind, wo wir stehen und wohin wir gehen werden.»[13]

Dieses Identitätsprojekt wurde den Westdeutschen damals mit einem Seitenhieb gegen die DDR als sachlich und «ideologiefrei» verkauft.[14] Dennoch schlugen die Wogen der westdeutschen Kritik damals hoch. Man warf dem Projekt «Relativierung und Verherrlichung von NS-Zeit und Holocaust» vor und argumentierte, das geplante Museum verordne «ein konservatives, einheitliches Geschichtsbild zur unkritischen nationalen Identitätsstärkung».[15]

Kohl kam damals etwas in die Quere, was er nicht geplant hatte: der sogenannte Historikerstreit, in dem westdeutsche Historiker 1986/87 um die Frage stritten, ob die NS-Verbrechen irgendwann einmal im historischen Archiv verschwinden dürfen oder ob der Holocaust eine singuläre neue Rolle im öffentlichen Geschichtsbewusstsein und für die Identität der Deutschen spielen solle. Dieser Historikerstreit löste einen ganz anderen Diskurs der «Selbstbesinnung und Selbsterkenntnis»[16] aus, als ihn Kohl im Sinn gehabt hatte. Die Frage nach dem Stellenwert des Holocaust im Bewusstsein der Deutschen, über die bis zur Eröffnung des zentralen Denkmals für die ermordeten Juden Europas knapp zwei Jahrzehnte öffentlich erbittert gestritten wurde, war die von Kohl säuberlich ausgesparte Seite des deutschen Identitäts-Themas.

Der Historiker Helmut Kohl war also weniger an Geschichte und Forschung als an Gedächtnis und Identität interessiert. Er bediente sich dabei eben jener Identitätsrhetorik, die Niethammer 15 Jahre später kritisch ins Visier genommen hat. Hier noch einmal ein Zitat aus der Eröffnungsrede im DHM 1987, in der alle einschlägigen Topoi des nationalen Identitätsdiskurses recycelt werden:

> Erst durch die Auseinandersetzung mit unserer Geschichte werden wir fähig, Gegenwart zu begreifen und Zukunft zu gestalten. Wir können weder den früheren noch den künftigen Generationen gerecht werden, wenn wir nicht wissen, woher wir kommen, wenn wir die Geschichte des eigenen Volkes nicht kennen oder sie uns nicht vergegenwärtigen – in ihren Höhen wie in ihren Tiefen. Zur Ehrlichkeit gehört, dass wir uns der ganzen Wahrheit und damit der ganzen Geschichte stellen. Nur so finden wir zu uns selbst (…).[17]

Es geht bei diesem Identitätsprojekt um Selbstbewusstsein und Selbsterkenntnis, um langfristige historische Bezüge, um Vollständigkeit, um Höhen und Tiefen. Das bedeutet zugleich: Es geht darum zu vermeiden, dass die deutsche Geschichte auf die zwölf Jahre der NS-Zeit reduziert wird. In einer annähernd 2000-jährigen Geschichte soll diese Geschichte zu einem unbedeutenden Nebenschauplatz schrumpfen.

Ich möchte hier noch das Wort «vergegenwärtigen» aufgreifen und zur Erläuterung den Philosophen Hermann Lübbe zu Wort kommen lassen. Seine Überlegungen können auch als Kommentar zum Museumsprojekt Helmut Kohls herangezogen werden. Lübbes Beitrag erschien 1979 im Band der Forschungsgruppe ‹Poetik und Hermeneutik› mit dem Titel ‹Identität›. Lübbe gehört wie sein Kollege Odo Marquard zu den sogenannten ‹Kompensationstheoretikern›. Ein Kompensationstheoretiker ist ein Modernisierungstheoretiker, der die Probleme der Modernisierung klar diagnostiziert, sie aber nicht bloßstellt oder kritisiert, sondern durch entsprechende Maßnahmen ‹kompensiert›. Eine solche Maßnahme ist die Verordnung von Identität; sie entsteht für Lübbe durch das Sichtbarmachen symbolischer Zeichen, die Einheit, Beständigkeit und Zusammenhalt verbürgen. In diesem Sinne war für Lübbe die «Identitätspräsentationsfunktion der Geschichte» eine Kompensation für den fortschreitenden Mangel an Traditionen in der Moderne und die Unsicherheit des Individuums in einer immer unübersichtlicher werdenden Welt. Sein Fazit lautete: «Gesteigerte Unsicherheit über die deutsche Ortsbestimmung in neuester Zeit führt zur Suche nach Befestigung politischer und gesellschaftlicher Identität, und hier kommt der Geschichte eine wichtige Aufgabe zu.»[18]

Geschichte versus Gedächtnis (Pierre Nora)

Eine ähnliche Wende von einer identitätsabstrakten Geschichtsforschung zu einer identitätskonkreten Form der Geschichtspräsentation fand in den 1980er und 1990er Jahren in Frankreich statt. Hier ging der Impuls von einem Historiker aus, dem auffiel, dass sich die Publikationen seiner Zunft immer mehr von den Interessen und Belangen der Franzosen entfernten. Pierre Nora wollte ebenfalls die «Identitätspräsentationsfunktion der Geschichte» stärken, doch reagierte er nicht wie Kohl mit einem neuen Museum, sondern mit einem neuen originellen Publikationsprojekt, das Geschichte wieder sinnlich anschaulich, konkret und nicht zuletzt: memorierbar machen sollte. Sein Konzept der ‹lieux de mémoire› (Erinnerungsorte) umfasste nicht nur geographische Orte, sondern auch Ereignisse, Personen, Riten, Bauten, künstlerische Werke und kulinarische Spezialitäten, die für Franzosen eine hohe symbolische und emotionale Resonanz haben und daher nicht, wie die Geschichte selbst, vergangen sind, sondern weiterhin zur Grundlage ihres nationalen Selbstverständnisses gehören. In sieben Bänden hat Nora solche Topoi gesammelt und damit den Franzosen einen reichhaltigen Katalog nationaler Besonderheiten zur Identifikation angeboten. Der große Erfolg seiner Publikation machte sehr bald deutlich, dass Nora auf diese Weise das französische nationale Gedächtnis nicht nur erforschte, sondern auch zu dessen Reflexion, selbstbewusster Stabilisierung und Erneuerung beitrug. Und nicht nur das französische nationale Gedächtnis wurde durch diesen Erinnerungsforscher wiederaufgelegt; Nachfolgeprojekte entstanden in Italien, den Niederlanden, Österreich, Belgien, Polen, der Schweiz, Ungarn, Russland und Zentraleuropa. In Deutschland haben sich die beiden Historiker Hagen

Schulze und Étienne François um die *Deutschen Erinnerungsorte* (3 Bände 2001) besonders verdient gemacht. Nicht zufällig war es auch hier ein Franzose, der dieses Konzept über die Grenze trug und es in bi- und transnationalen Kontexten weiterentwickelte. Unter geteilten Erinnerungsorten versteht François «eine symbolische Schnittstelle zwischen zwei Kulturräumen, (...) die aber für diese benachbarten Länder und Gedächtniskulturen gleichermaßen bedeutend sind».[19]

In den 1990er Jahren entstanden an mehreren Orten Forschungen zum kulturellen und nationalen Gedächtnis als neuer Zweig der Geschichtsschreibung. Der Historiker Pierre Nora gilt als Pionier dieser Richtung. Es gab auch andere Fächer, die sich an dieser neuen Form von Gedächtnisforschung beteiligten wie Archäologie, Kulturgeschichte, Literaturwissenschaft, Soziologie oder Medientheorie. Während ein Teil der Historiker diese Erweiterung um eine «Geschichte zweiten Grades» durch das Medium der Erinnerung als Bereicherung empfand, wehrt sich ein anderer Teil der Zunft weiterhin gegen diesen neuen Spross der historischen Forschung. Diese Kollegen halten die neue Gedächtnisforschung für unvereinbar mit strengen wissenschaftlichen Prämissen und distanzieren sich klar von Gedächtniskonstruktionen und Identitäten als legitimen Gegenständen historischer Forschung. Unabhängig von ihrer globalen Verbreitung, öffentlichen Anerkennung, thematischen Diversität und starken Nachfrage in der jüngeren Generation behielt die Gedächtnisforschung deshalb ihr Legitimationsdefizit innerhalb der Institutionen. In den 1990er Jahren bündelte sich die professionelle Kritik an der Gedächtnisforschung in dem polemischen Gegensatz ‹history versus memory›. Erinnerung wurde von der Geschichtsforschung nicht als Partner und Gehilfe anerkannt, sondern als Gegner identifiziert.

Kritik an der Gedächtnisforschung gab es aber nicht nur

von außen, sondern auch von innen. Mit Beginn des 21. Jahrhunderts kam es zu einer transnationalen Wende in der Gedächtnisforschung. Pierre Nora fiel in Ungnade unter den *memory scholars*, weil er mit seinen Erinnerungsorten das nationale Gedächtnis der Franzosen stärkte und sich damit eines ‹methodischen Nationalismus› schuldig gemacht hatte. Diese Kritik war allerdings etwas voreilig, wie sich bald herausstellte, weil man das Konzept der Erinnerungsorte auch in den Dienst des Trans-Nationalen stellen konnte, wie die erfolgreichen Publikationen über deutsch-polnische oder europäische Erinnerungsorte zeigten. Der neue Gegensatz hieß nun nicht mehr ‹history versus memory›, sondern ‹nationale versus transnationale Erinnerungsforschung›. Diese Wende geht auf die Publikation *Erinnerung im globalen Zeitalter. Der Holocaust* zurück, die 2001 erschien. Am Beispiel des Holocaust wiesen die Autoren Daniel Levy und Natan Sznaider überzeugend nach, wie diese Erinnerung aus dem «Container des Nationalstaats» ausbrach und sich in einer globalen Arena ausgebreitet hat.[20] Das Medium dieser Ausbreitung sind die populären Massenmedien sowie die digitalen Kanäle selbst, die neue Verbindungen zwischen Menschen herstellen, aber auch transnationale Akteure und Netzwerke, die die globale Welt von oben und von unten umbilden.

In einem Aufsatz mit dem programmatischen Titel «Travelling Memory» hat Astrid Erll den «methodischen Nationalismus» in der kulturellen Gedächtnisforschung kritisiert und dafür plädiert, doch lieber zu untersuchen, wie Erinnerungen jenseits des nationalen Rahmens bzw. Containers produziert und zirkuliert werden.[21] Ihr Konzept des ‹travelling memory› ist auf eine Welt der Kommunikationsflüsse und migrantischen Mobilität ausgerichtet. Da Medien und Menschen unentwegt in Bewegung sind, sieht auch Ann Rigney neue Möglichkeiten in einer Forschung, die sich auf Formen einer post-nationalen Staatsbürgerschaft konzentriert und neue Linien der Solidarität in einer globalen Öffentlichkeit erforscht.[22] Erll und Rigney antizipieren ein Szenario, in dem die Zwänge eines ethnischen Nationalismus überwunden sind und an seine Stelle ein universales Gedächtnis von Weltbürgern tritt. Die transnationale Wende in der Erinnerungsforschung war wichtig und bleibt eine produktive Perspektive. Die globale Sphäre gegen die nationale auszuspielen ist aber nicht unproblematisch, weil dieser Schritt vieles von dem überspringt und verdeckt, was weiterhin Gegenstand einer kritischen Gedächtnisforschung sein könnte.

Seit der Jahrtausendwende tauchen Begriffe wie ‹Identität› und ‹Nation› im bildungspolitischen Alltag und den Lehrplänen zum Geschichtsunterricht wieder auf. 2007 empfahl die Kultusministerkonferenz den Schulen die Förderung des europäischen Bewusstseins. Es gehe darum, «nicht nur Wissen zu Europa zu vermitteln, sondern auch *identitätsbildend zu wirken* und den Schülern zu ermöglichen, sich mit europäischen Traditionen und Werten positiv auseinanderzusetzen».[23] Und soeben haben zwei Professoren für Deutsch als Fremdsprache eine Intervention veröffentlicht, in der sie den verabschiedeten Begriff der Nation für den Schulunterricht reklamieren. Darin setzen sie sich erwartungsgemäß mit dem Globalisierungsnarrativ von Ulrich Beck auseinander, dem «methodischen Nationalismus» und der «Container-Theorie der Gesellschaft». Mit ihrem Konzept des kulturbezogenen Lernens, das zur Diskurskompetenz und Diskurspartizipation befähigen soll, haben sie die Ebene der Nation wiederentdeckt. «Auch als Konstrukte haben Nationalstaaten v. a. im 19. und 20. Jahrhundert eine Wirkmächtigkeit erfahren, die deutlich bis in die Gegenwart hineinreicht. Und die Entwicklung in den letzten beiden Jahrzehnten lässt trotz globalisierungsbedingter kultureller Angleichungsprozesse noch nicht erkennen, dass die Nationalstaaten in Zukunft ausgedient hätten.»[24] Die Realität des Nationalstaats zu ignorieren halten sie für voreilig und zitieren Carlos Kölbl, der empirische Analysen zum Geschichtsbewusstsein von Jugendlichen mit und ohne Migrationshintergrund in Deutschland durchgeführt hat. Kölbl ist überzeugt, dass «auch in Zeiten zunehmender internationaler Verflechtung (…) von einem Bedeutungsverlust des Nationalen keineswegs immer und überall die Rede sein kann». Gerade in Einwanderungsgesellschaften könne das Zugehörigkeitsgefühl zu einer «bestimmten Nation von herausgehobener Bedeutung» sein. Sie rehabilitieren auch Pierre Noras Erinnerungsorte für den Schulunterricht, die sie als wichtige Kristallisationspunkte kulturellen Wissens und als «Verdichtungen und Knoten des gesellschaftlichen Diskurses» begreifen.[25] Was die transnationale Erinnerungsforschung ausgemustert hatte, wird an den Schulen wieder eingefordert: ein dynamisches und leicht zugängliches Konzept von Erinnerungsorten im Horizont einer kritischen nationalen Selbstverständigung.

Es gibt keine kulturelle Identität (François Jullien)

Wie wir gesehen haben, gelten im akademischen Diskurs Nation und Identität als Begriffe, die unbedingt vermieden oder dekonstruiert werden müssen. Eine solche fundamentale Identitätskritik ist kürzlich noch einmal von dem französischen Gräzisten und Sinologen François Jullien mit großer Leidenschaft vorgetragen worden. 2017 erschien sein Buch mit dem Titel *Es gibt keine kulturelle Identität.*[26] Die Pfeile, die in dieser plakativen Streitschrift gegen das Konzept ‹Identität› abgeschossen werden, kommen ausschließlich aus dem Köcher der Modernisierungstheorie. Die Wiederholung dieser Geste 16 Jahre nach Lutz Niethammer zeigt vor allem eines: dass nach der geistigen und akademischen Orientierungswende um das Jahr 2000 der Denk- und Deutungsrahmen der Modernisierungstheorie als ein selbstverständliches, normatives und universales Deutungsmuster weiterhin Geltung hat. Dieses Denkmodell hat ja durchaus Potentiale, die ich hier keineswegs verwerfen oder abwerten möchte. Meine Kritik richtet sich aber gegen die Blindheit, mit der dieses Modell als universal proklamiert wird, und die mangelnde Bereitschaft, seine historischen und kulturellen Grenzen anzuerkennen. Wenn ich im Folgenden die Konturen der Modernisierungstheorie als ein westliches Erklärungs- und Diskursmodell sichtbar mache, mag das so wirken, als würde ich Ideologiekritik betreiben. So verstehe ich mein Anliegen jedoch nicht. Ideologien haben und brauchen wir alle. Es ist unergiebig, sie gegeneinander auszuspielen oder Ideologie immer nur den anderen zu unterstellen. Wir brauchen in der globalisierten Welt einen neutralen Begriff von Ideologie, der mit der Verpflichtung zur selbstkritischen Beschränkung der eigenen Position einhergeht und die kognitive Fähigkeit zur Umperspektivierung und Anerkennung anderer Denkweisen einschließt. Sich selbst auch mit den Augen der anderen zu sehen heißt ja nicht, das Eigene aufzugeben, und auch nicht, auf Maßstäbe der kritischen Bewertung zu verzichten. Es heißt aber, hegemoniale Ansprüche einzuschränken und dabei vielleicht auch geistig flexibler, empathischer sowie weniger überheblich und bevormundend zu werden.

Jullien hat sich für sein Buch zwei Begriffe aus der oben genannten Begriffstriade ausgewählt: Kultur und Identität. Diese beiden Begriffe möchte er ent-essentialisieren. Damit liegt er voll im Trend. Die Frage ist nur: Wogegen wendet er sich? Sehr plausibel wäre für mich die Gefahr der Einsperrung kultureller Identität in nationale Grenzen. Während Nationen klare territoriale Grenzen haben, entwickeln sich Kulturen entlang von Sprachgrenzen über Nationen hinweg. Sie sind ebenso wie Sprachen ineinander übersetzbar, wobei sie vieles voneinander aufnehmen und sich stets überlappen. All das gilt auch für kulturelle Identitäten. Warum darf es sie nicht geben?

Jullien schreibt ein Buch darüber, wie man richtig mit Kultur umgehen soll. Dafür ersetzt er die geläufige Vorstellung von ‹Kultur als Kapital› im Sinne von Pierre Bourdieu oder auch als Besitz und Bestand durch ein Denken von ‹Kultur als Ressource›. Das ist ein sehr schöner Gedanke, dem gewiss niemand widersprechen wird. Der Begriff verweist auf das Potential, das in Kulturen steckt und das erst in einer aktiven Beschäftigung und Auseinandersetzung mit kulturellen Inhalten freigesetzt wird. Man muss in eine Sache eindringen, etwas lernen und verstehen, bevor man Texte oder Bilder, Traditionen oder Aufführungen wirklich erfahren, genießen und wertschätzen kann. Das wussten schon die Rezeptionstheoretiker. Jullien geht aber sehr viel weiter; ihm schwebt etwas viel Radikaleres vor. In seinem Buch erklärt er seinen Leser*innen, wie sie Kultur-als-Ressource zu gebrauchen haben. Der Kontakt mit Kultur spitzt sich bei Jullien auf eine außerordentliche, exponierte, weltverändernde Begegnung mit einem großen Denker zu. Platon und Parmenides sind seine Beispiele für solche Kulturheroen, die aus der Ewigkeit her zu uns sprechen und deren Lektüre und Rezeption absolut innovative Antworten erfordern, die unsere Existenz und Welt verändern. Kultur als Ressource heißt bei ihm, diese Texte so zu lesen, dass eine Begegnung auf Augenhöhe mit den großen Klassikern der Philosophie stattfindet, die radikal neue Ideen generiert. Der Umgang mit den Geistesgrößen hat dieses einzige Ziel, das darin besteht, unmittelbar Innovationen und Veränderungen anzustoßen. Der weite Begriff Kultur reduziert bzw.

radikalisiert sich bei Jullien auf diesen Kontakt von Genie zu Genie und die Interaktion von Geistesblitz zu Geistesblitz. Dergleichen Sternstunden möchte man ja nicht ausschließen; aber diese Form des gedanklichen Höhenflugs, des Zurufs von einem Riesen zum anderen, wie Nietzsche es ausgedrückt hat, zu einer verbindlichen Norm zu erheben, wirkt wie eine maßlose Übertreibung.

Julliens Argumentation ist überspannt. Warum? Weil er explizit ausschließen, ja verbieten möchte, dass der Bezug zu einer Kultur, Tradition oder Lebensform die Identität eines Menschen irgendwie unterstützen und stärken könnte. Kultur darf hier vor allem eines nicht: eine Verbindung mit Identität eingehen. Erst dadurch erklärt sich die besondere Betonung seines Begriffs der Ressource: «Die Kultur, verstanden als Ressource, zielt schließlich auf das Gegenteil ab: eine Förderung der *existenziellen* Fähigkeiten des Subjekts, vor allem jener der *Loslösung*, aus der das Bewußtsein/Gewissen (conscience) erwächst. Diese Förderung des Subjekts besteht gerade darin, dass es durch die Kultur in die Lage versetzt wird, die Begrenzung seines Ichs zu überwinden, die Integration in eine Welt hinter sich zu lassen und sich folglich ‹aus› (ex) einer Unterwerfung herauszuziehen, um zu einer Freiheit zu gelangen – also, wie ich es nennen würde, im eigentlichen Sinne zu ‹ex-istieren›.»[27]

Das klingt ja super, ist in seiner Wirklichkeitsferne aber auch erschreckend. Das zeigt sich in dem radikalen Gegensatz zwischen ‹Unterwerfung› und ‹Freiheit›. Identität wird überall mit Unterwerfung gleichgesetzt, Kultur dagegen mit Freiheit. Dieser Gegensatz produziert und reproduziert eine ‹Zwangsalternative›, die hier als Norm und hoher moralischer Anspruch auftritt. Das ganze Buch ist von diesem Gegensatz zwischen ‹guter Kultur als Ressource› und ‹schlechter Kultur als Identität› beherrscht. Was bedeutet das für die Begriffe

Kultur und Identität, und wie ist die Freiheit zu verstehen, um die es Jullien geht?

Kultur wird von Jullien durchgängig mit Bewegung assoziiert, während Identität – man ahnt es schon – mit Stasis und Stillstand konnotiert ist. Was nicht Bewegung und Freiheit ermöglicht, führt automatisch zur Abschottung und Einsperrung in ein stahlhartes Gehäuse. Bewegung entsteht, wie wir hören, durch Loslösung, durch Innovation und Bruch mit bekannten Positionen. Kultur als Ressource ist nichts für Fußgänger und die Allgemeinheit, denn sie stellt die allerhöchsten Ansprüche. Der entscheidende Impuls gilt weniger der Beförderung eines «Individualismus mit seinem beschränkten *Selbst*, als vielmehr des Subjekts als eines ‹Ich›, das seine Stimme erhebt und, davon ausgehend, in der Welt die Initiative ergreift und somit ein Projekt anstößt, das angetan ist, die Begrenztheit dieser Welt aufzubrechen. Es stellt sich damit ‹außerhalb› dieser geschlossenen Welt und beginnt so im eigentlichen Sinne zu ‹ex-istieren›.»[28]

Man mache sich einmal klar, welcher Anspruch hier im Namen der Kultur an das Individuum gerichtet wird: Es soll sein beschränktes Selbst hinter sich lassen und aus allen sozialen Banden aussteigen. Erst in dieser Unmittelbarkeit als freistehendes, emanzipiertes und autonomes Subjekt kann es dann die Welt aus den Angeln heben. Dieses Subjekt hat dabei einen einzigen Auftrag, und der lautet: Du musst die Welt durch Innovation beständig in Bewegung halten. Denn nur, was «von der Norm, vom Erwartungsgemäßen und Üblichen abweicht» und «permanente Erneuerung» in Gang setzt, ist für die Kultur relevant.[29]

Jullien arbeitet offenbar mit einem ganz anderen Begriff von Kultur, als er seit den 1990er Jahren in Gebrauch ist: Kultur als Ensemble von Lebensformen und Praktiken, Ideen und gemeinsamen Erfahrungen, die Menschen überall auf der

Welt als ihre spezifische Umwelt miteinander aufbauen. Er schließt auch alles aus, was wir mit der Idee des kulturellen Gedächtnisses verbinden: die aktive Arbeit der Erhaltung eines materiellen und symbolischen kulturellen Erbes und Repertoires. Damit übergeht er stillschweigend jene zentralen Institutionen des kulturellen Gedächtnisses und Tradierens, die damit beauftragt sind wie Archive, Bibliotheken und Museen. Auch die Voraussetzungen des Lesens und Deutens von Texten werden radikal ausgeblendet. Hinter ihnen stehen ja Prozesse der Auswahl und Kanonisierung, des Bewahrens und Weitergebens, des Lernens und Aneignens, um nur einige Aspekte zu nennen. Aus Angst vor Berührung mit dem Unwort ‹Identität› wird Kultur als Ressource aus diesen Kontexten und Praktiken herausgelöst. Das führt zu einer radikalen Engführung des Kulturbegriffs.

Julliens Argumente sind nicht neu; er nimmt Forderungen der Modernisierungstheorie wieder auf, die sich durch das gesamte 20. Jahrhundert ziehen. In Deutschland zum Beispiel hat Anfang des 20. Jahrhunderts Ernst Troeltsch das Konzept eines ‹existentiellen Historismus› erfunden, um eine produktive Auseinandersetzung mit einer ‹toten› abgelebten Geschichte zu verurteilen. Er fordert wie später Jullien eine lebendige Kultur, die die «konventionelle Geschichte immer von neuem, wenn sie sich gebildet hat, zertrümmern» muss. Diese Erneuerung, die eine Individualität in einem Kraftakt vollbringt, muss dann «wieder aus dem gleichen Grunde zertrümmert und ersetzt» werden. «Da ist kein bloßes Spiel beliebiger Individualitäten und eine schließliche Ausgleichung aller in einem Durchschnitt möglich, sondern wird ein Kampf gefordert.»[30] Ende des 20. Jahrhunderts hat der Literaturkritiker Harold Bloom in seinen Lektüren der Klassiker Shakespeare oder Milton einen ähnlich kämpferischen Begriff von Kultur und Kunst vertreten. Auch ihm geht es um eine Revitalisierung überkommener Traditionen durch Brechen und Zertrümmern. «Die heiligen Wahrheiten stürzen» ist seine Formel für den Originalitäts- und Geniekult der westlichen Kultur, den er von Nietzsche übernimmt: «Jeder große Hellene gibt die Fackel des Wettkampfs weiter; an jeder großen Tugend entzündet sich eine neue Größe».[31] Es ist unübersehbar, wie männlich die Teilhabe an Kultur bei Troeltsch, Bloom oder Jullien geprägt ist.

Julliens Beschreibung und Anspruch könnte ich durchaus folgen, wenn er nicht von ‹Kultur›, sondern von ‹Kunst› spräche. Er beschreibt nämlich sehr genau die Dynamik des ‹Systems moderner Kunst›, wie es in den ersten Jahrzehnten des 20. Jahrhunderts etwa von Juri N. Tynjanow oder T. S. Eliot formuliert worden ist. Theoretiker der künstlerischen Moderne entwickelten damals die Konzeption eines dynamischen Traditionsbegriffs, in dem jeder wirklichen künstlerischen Innovation die Kraft eines umfassenden Systemwandels innewohnt. Jullien steht fest auf dem Boden dieser ästhetischen Moderne – das ehrt ihn –, aber er macht den Fehler, diesen sehr eingeschränkten Kunstbegriff zu verallgemeinern und mit Kultur gleichzusetzen. Das führt zu einer grotesken Verzerrung. Von der globalen Wende der Begriffstrias Kultur-Identität-Gedächtnis in den 1990er und 2000er Jahren hat er offensichtlich nichts mitbekommen oder kämpft weiterhin verbittert und entschlossen wie einstmals Niethammer gegen die Windmühlen der Identität.

Ich möchte betonen, dass mir viele Beschreibungen und Thesen des Buches von Jullien sehr vertraut und durchaus sympathisch sind. Wogegen ich mich jetzt aber immer entschiedener wende, ist der universalistische Anspruch, mit dem hier die Grundsätze der westlichen Modernisierungstheorie vertreten werden. Ich sehe darin einen fundamentalen Mangel an Selbstaufklärung. Hier fehlt die selbstkritische Einsicht in die historische Kontingenz und geographische Beschränktheit des eigenen Verständnisses von Kultur. Die Reichweite des autonomen und emanzipierten Subjekts der Freiheit, wie es Jullien noch einmal stark macht, frei von allen Banden und Bindungen der Nation, der Ethnie und des Geschlechts, ist realistischerweise doch sehr beschränkt. Der Autor wettert gegen einen ideologischen Gebrauch von Identität, ohne zu ahnen, dass sein eigener Begriff von Kultur äußerst ideologiegesättigt ist. Was er als universale Norm einfordert, kann nicht für alle Menschen akzeptabel oder geeignet sein. Wir haben seit den 1980er und 1990er Jahren dazugelernt und wissen, dass der westliche Sonderweg der Modernisierung und Selbstbefreiung, der Beschleunigung und des Fortschritts nicht mehr als universale Weltformel taugt.

Plädoyer für eine ‹Grammatik der Identitäten›

In der Theorie des Identitätsbegriffs spielen Gegenüberstellungen eine wichtige Rolle, die teils zur Differenzierung, teils zur polemischen Abwehr eingesetzt werden: ‹idem versus ipse› / ‹individuell versus kollektiv› / ‹Unterwerfung versus Freiheit›. Als ein weiteres Begriffspaar möchte ich hier den Unterschied ‹selbstkritisch versus selbststeigernd› hinzufügen. Kollektive nationale Identität, so befürchtete Lutz Niethammer, artet automatisch in Chauvinismus und ein übersteigertes Wir-Gefühl aus. Dazu hat das von Helmut Kohl eingesetzte und von Christoph Stölzl eingerichtete Deutsche Historische Museum entgegen allen Befürchtungen nicht beigetragen. In einer Demokratie, wo eine kritische Reflexion der Selbstbestimmung und Selbsterkenntnis gepflegt wird, muss von einem solchen Museum keine unmittelbare politische Bedrohung ausgehen.

Es gibt aber derzeit Länder, in denen die Entwicklung in eine andere Richtung geht. Für die Aufrüstung des Nationalismus haben wir in den europäischen Nachbarländern reiche Anschauung. Die kroatische Schriftstellerin Dubravka Ugrešić zum Beispiel registriert in ihrem Land einen bedrohlichen nationalen Identitätsboom. Identität, so schreibt sie in einem biographischen Essay, sei ein Wort, auf das sie inzwischen allergisch reagierte. Der Grund ist, dass sie in ihrer Heimat einer Überdosis Identität ausgesetzt war und sie dieses Wort wie Pollen eingeatmet hat, was zu physischen Beschwerden und einer massiven Identitäts-Allergie geführt hat:

> In meiner Heimat hat man mit diesem Wort lange und beharrlich meine Gehörgänge und Trommelfelle attackiert und mich damit geprügelt. Kein Wunder, dass sich bei mir eine chronische Aversion entwickelt hat. Meine eigenen Landsleute haben zur Verteidigung ihrer Identität so viel geschrien und gejammert, so viel gebellt und geknurrt und mit ihren Hundehalsbändern gefunkelt. Anfangs (...) respektierte ich ihr Streben nach Identität. Ich selbst habe keine, und sie fehlt mir auch nicht. Dann aber gingen sie im Namen ihrer Identitäten wie die tollen Hunde aufeinander los. Auch mir zeigten sie die Zähne. Wie kannst du ohne Identität leben, knurrten sie. Danke, ich brauche keine, macht was ihr wollt, aber ich bin allergisch, antwortete ich höflich. Es half nichts, sie gingen mit Stempeln auf mich los, wollten mir sogar ein Hundehalsband anlegen (...), doch ich entkam zum Glück irgendwie.[32]

Ein anderes europäisches Land, in dem der nationale Identitätsdruck bedrohlich gestiegen ist, ist Polen. Hier geht die Repression gerade deutlich von oben aus. Die Regierung hat am 1. Februar 2018 ein Gesetz verabschiedet, das jede Form von Geschichtsschreibung verbietet, die die Polen als mitwirkend am Holocaust darstellt. Damit wird das Thema ‹Kollaboration› offiziell tabuisiert, unter Strafe gestellt und die Geschichte bereinigt. Die Politik der konservativen Partei Recht und Gerechtigkeit (PiS) sieht ihre Aufgabe darin, ein kollektives nationales Selbstbild zu schaffen, das ausschließlich auf Stolz, Ehre und andere positive Gefühle gegründet ist und nicht durch selbstkritische historische Aufklärung ‹verunreinigt› werden darf. Die Identität der Nation wird damit pseudo-religiös aufgeladen und zu etwas Heiligem gesteigert. Das Heiligtum der Nation muss geschützt werden, Formen der Selbstkritik werden als unpatriotisch, ja als Blasphemie geahndet. Doch nicht Identität als solche ist das Problem, sondern die Art und Weise, wie sie in einer Gesellschaft mit fatalen Folgen für die Demokratie und die Minderheiten im Land gebildet, präsentiert, verordnet und praktiziert wird.

Um mit den Problemen, mit denen wir konfrontiert sind, differenzierter umgehen zu können, sollten wir aufhören, Identität als solche zu dämonisieren. Das hat zu einer unproduktiven Verengung und Verzerrung des Identitätsbegriffs geführt. Identität ermöglicht Selbstreflexion und Orientierung; deshalb ist sie als Selbstbezug und Arbeit des Bewusstseins und der Imagination als Entwurf, Angebot, Projekt oder Rahmen für Individuen wie für Gruppen unverzichtbar. Individuelle und kollektive Identität schließen sich dabei keineswegs aus. Wie wir mit Identitäten immer schon verbunden sind, zeigt sich bereits an den Namen, die wir mit uns herumtragen. Der Vorname verweist auf das unverwechselbare Individuum, der Nachname auf die Gruppe, in die wir genetisch hineingeboren und in der wir historisch verortet sind. Diese Identitäten werden mit unserer Geburt von anderen festgelegt, was wir später daraus machen, ist unsere eigene Sache. Über Familie und Freunde hinaus erweitert und vervielfältigt sich unsere Identität durch Zugehörigkeit zu regionalen, nationalen, transnationalen, kulturellen oder religiösen Gruppen. Ob wir es wissen oder nicht, ob wir es wollen oder nicht, sind wir Teil immer größerer Wir-Gruppen, die, überkommen oder selbstgewählt, unser Leben bestimmen, indem sie Besonderes mit Allgemeinem und Individuelles mit Gemeinsamem verbinden.

Sicherlich müssen wir neben den Potentialen und Chancen der Identität auch ihre Probleme und Gefahren genauer diagnostizieren. Dafür müssen wir ihre Geschichte besser verstehen und ihre unheilvollen Auswirkungen genauer untersuchen. Unter welchen Voraussetzungen und von wem wird eine Identität überhaupt anerkannt oder aberkannt? Wie wird das, was lediglich eine Form der Zugehörigkeit war, zu einer Waffe im politischen Kampf um Stimmen, Macht und andere Ressourcen? Wann kippt Identität als Mittel der Inklusion um in ein Mittel zur Ausgrenzung, Verfolgung und Vernichtung von Minderheiten? Auf welchen Emotionen und Erfahrungen ist eine Identität aufgebaut? Welche Bedürfnisse und Aufgaben erfüllt sie? Wer kann von ihr profitieren? Und vor allem: wer leidet unter ihr wie die kroatische Schriftstellerin Dubravka Ugrešić? Wir brauchen ein Inventar von kritischen Fragen und verallgemeinerbaren Standards, kurz: wir brauchen eine ‹Grammatik der Identitäten›, um diese Probleme auf einer differenzierteren Ebene zu diskutieren.

3. Zur Grammatik nationaler Narrative

Während sich in Europa die Nationalisten der historischen Narrative bemächtigen, ist in den USA das Gegenteil zu beobachten. Hier hat eine selbstbezügliche Identitätspolitik zur Auflösung des nationalen Zusammenhalts geführt. Die Gründungsmythen sind brüchig geworden und haben ihre verbindende Kraft verloren. Der Traum, Amerikaner zu werden, hatte seine größte Wirkung zur Zeit der großen Immigrationswelle zwischen 1880 und 1920, als das Land pro Jahr fast eine Million Einwanderer aufnahm. Zu diesen neuen Einwanderern gehörten insbesondere jüdische Migranten aus osteuropäischen Gebieten, die im orthodoxen Zarenreich religiöser Verfolgung ausgesetzt waren und dort weder an der Bildung noch an der wirtschaftlichen Entwicklung ihres Landes teilhaben konnten. Sie fanden im ‹Gelobten Land› der Vereinigten Staaten eine neue Zukunft, wo sie die Chance hatten, in einem Schmelztiegel zu echten Amerikanern zu werden. Der Ausdruck *melting pot* stammt von einem dieser jüdischen Einwanderer namens Israel Zangwill (1908). Die Formel vom ‹amerikanischen Traum› wiederum hat eine Generation später, 1931, der Historiker James Truslow Adams erfunden.[1] Sie versprach allen Amerikanern jenseits von Herkunft und sozialem Status bei entsprechender Leistung eine bessere Zukunft und wirtschaftlichen Erfolg. Dieser Traum hat ehrgeizige weiße Einwanderer besonders angesprochen, aber begünstigte nicht den afroamerikanischen Teil der Bevölkerung. Als der Zusammenhalt der amerikanischen Nation in den letzten Jahrzehnten des 20. Jahrhunderts von einer neuen Identitätspolitik ausgehöhlt wurde, verlor auch das Versprechen der Assimilation abrupt an Anziehungskraft. Damit änderte sich das Bild grundlegend. Die Bindung an Familie und Herkunft, von der sich in der Modernisierungskultur das Individuum emanzipiert hatte, wurde gestärkt; Ethnien, historische Erfahrung und kulturelle Traditionen wurden wiederentdeckt und aufgewertet. Gleichzeitig beanspruchten Gruppen, die von der Gesellschaft aufgrund ihrer sexuellen Orientierung und anderer Merkmale ausgegrenzt, marginalisiert und lange entrechtet worden waren, Aufmerksamkeit, Sichtbarkeit, Anerkennung und rechtliche Gleichstellung. Diese Verschiebung von Lebensformen, Bindungen und rechtlichen Forderungen führte dazu, dass die Unterschiede in der Gesellschaft plötzlich wichtiger wurden als die Gemeinsamkeiten.

Identität und Thymos (Francis Fukuyama)

Francis Fukuyama gehörte einst zu den überzeugten Modernisierungstheoretikern, die davon ausgegangen waren, dass nach dem Zusammenbruch des Kommunismus nicht nur die Nation verschwinden, sondern mit ihr auch gleich noch die Geschichte an ihr Ende kommen würde. Dreißig Jahre nach seinem Bestseller *The End of History and the Last Man* (dt. *Das Ende der Geschichte*) sah sich der Politologe aus Stanford vor der Herausforderung, seine Prämissen zu überdenken. In seinem neuen Buch *Identity. Contemporary Identity Politics and the Struggle for Recognition* (2018, dt. *Identität. Wie der Verlust der Würde unsere Demokratie gefährdet*) wendet er sich neuen Entwicklungen zu und macht die Krise der amerikanischen Nation zu seinem Thema.[2] Fukuyama revidiert dabei seine an Hegel und Alexandre Kojève orientierte Geschichtsphilosophie und erkennt an, dass Modernisierung und

Globalisierung nicht automatisch auf eine friedliche Weltgesellschaft von Weltbürgern hinauslaufen, sondern im Gegenteil eher auf eine Vervielfältigung von und einen Kampf um Identitäten. Denn nicht die Anerkennung der Würde des *Einzelnen* erwies sich inzwischen als Zielpunkt der geschichtlichen Entwicklung, sondern die Anerkennung der Würde unterdrückter, diskriminierter und nicht beachteter *Gruppen*. Er stellt fest, dass die Gründungsformel ‹e pluribus unum› (aus Vielen eins) ihre Bindungskraft verloren hat und es immer weniger gibt, was die Vielfalt selbstzentrierter auseinanderstrebender Gruppen noch zusammenhalten kann.[3] Seine Diagnose lautet: Der nationale Konsens ist fragmentiert und ausgehöhlt durch eine forcierte Identitätspolitik. Sie hat das Land zerrissen in einem Dauerstreit um soziale Anerkennung. Dabei ist den Bürger*innen der USA der Blick auf etwas Einigendes und Übergreifendes abhandengekommen.

Wie viele andere verwischt Fukuyama den wichtigen Unterschied zwischen individueller und kollektiver Identität und führt beide in der wiederholten Formel der ‹Identitätspolitik› zusammen. «Identitäten», so schreibt er, «können sehr unterschiedlich sein, je nachdem, ob sie sich auf Nation oder Ethnizität, auf sexuelle Orientierung oder Genderfragen beziehen. Sie sind aber allesamt Variationen eines gemeinsamen Phänomens, nämlich der Identitätspolitik». Diese Identitätspolitik wird, so Fukuyama, von Emotionen angetrieben. An dieser Stelle führt er einen neuen Begriff ein, den es in der Modernisierungstheorie nicht gab und den er nun als Schlüsselbegriff für menschliche Motivation überhaupt begreift, nämlich ‹Thymos›. Fukuyma hat den platonischen Thymos-Begriff aus der neo-konservativen Leo-Strauss-Schule in Chicago übernommen. Der Terminus stammt aus der altgriechischen Seelenlehre, die von drei unterschiedlichen Kräften ausgeht: *logos* steht für Vernunft, *eros* für Begehren und *thymos* für ein ganzes

Bündel von Affekten wie Mut und Tatkraft, Zorn und Wut. Mit der Aufnahme des Begriffs ‹Thymos› in die politische Theorie verändern sich ihre Koordinaten und ihre Ausrichtung. Sie trennt sich radikal von der Prämisse der Modernisierungstheorie, die auf eine enge Definition des Menschen als rationales und egoistisches Wesen gegründet war, das ausschließlich auf Nützlichkeitsdenken und Gewinnmaximierung ausgerichtet ist. Mit dem Thymos-Begriff kommen erstmals auch starke kollektive Affekte zum Tragen. Sie stammen in diesem Fall aus einer heroischen Kriegerkultur, die männlichen Mut, Enthusiasmus und Patriotismus hochschätzt, weil sie die Voraussetzung für das höchste kollektive Gut, nämlich herausragende Heldentaten, sind. Diesen historisch verankerten Begriff übersetzt Fukuyama in eine allgemeine Psychologie und überträgt ihn unvermittelt in unsere Gegenwart: «Thymos ist die Grundlage für Zorn und Stolz. Heute ist er der Motor der Identitätspolitik.»[4]

Die Erinnerungsforschung hatte schon immer mit Emotionen zu tun, aber es hat eine Weile gedauert, bis Philosophen, Ökonomen, Politologen und Historiker auf diesen Zug aufsprangen und begannen, sich für die Rolle der Emotionen im menschlichen Denken, Bewerten, Handeln und Entscheiden zu interessieren. Fukuyamas Einführung des Begriffs ist deshalb interessant und vielversprechend. Allerdings ist sein kurzer Weg von der griechischen Antike zur heutigen Identitätspolitik auch problematisch, weil er den Begriff ‹Thymos› als Passepartout benutzt, das Differenzierungen nivelliert und von historischen Kontexten absieht. In seiner Definition wird die Tugend einer heroischen Männergesellschaft zu «einem universalen Aspekt der menschlichen Person, die Anerkennung einfordert», und dieser «Wunsch nach Anerkennung (liegt) in der Seele jedes Menschen». Anerkennung wird damit bei Fukuyama zum zweiten Grundkonzept, das sich sowohl auf *megalo-thymia* erstreckt, d. h. die Forderung nach Anerkennung herausragender heroischer Taten in einer adeligen Kriegergesellschaft, als auch auf *iso-thymia*, d. h. die Forderung nach Anerkennung in liberalen Demokratien, wo alle grundsätzlich als gleich anerkannt werden. Mit seiner Verknüpfung von Thymos und Anerkennung glaubt Fukuyama einen Schlüssel gefunden zu haben, mit dem er die Probleme der Identitätspolitik aufschließen kann: «Heutige Identitätspolitik wird angetrieben von Gruppen, die von ihren Gesellschaften marginalisiert wurden und die jetzt die Forderung nach gleicher Anerkennung stellen. Aber dieser Wunsch nach gleicher Anerkennung kann leicht umkippen und zur Forderung nach Anerkennung der Überlegenheit jener Gruppe führen.»[5]

Fukuyama kritisiert mit Recht Formen einer Identitätspolitik, bei der sich eine Gruppe auf Kosten der anderen breit macht und den Blick aufs Ganze der Nation und ihrer Gesellschaft verliert. Gefährlich ist auch die der Identitätspolitik innewohnende Tendenz, wasserdichte Grenzen um sich zu ziehen, die es schwierig machen, miteinander zu kommunizieren und zusammenzuarbeiten. Fukuyama hat den Begriff ‹Erlebnis› des deutschen Philosophen Wilhelm Dilthey aufgenommen, als ‹lived experience› übersetzt und in den Identitätsdiskurs eingeführt.[6] Wenn dieses Konzept fetischisiert wird, ist nicht mehr wichtig, was gesagt wird, sondern nur noch wer es sagt.[7] Die ‹gelebte Erfahrung› marginalisierter und entrechteter Gruppen anzuerkennen ist eine Sache; Mauern um sie zu ziehen und ihre Erfahrungen als unantastbar, unverständlich und unübersetzbar zu definieren, ist jedoch problematisch, denn diese Schranke vereitelt Kommunikation, Kunst, Empathie, geteilte Werte und gemeinsame Projekte.

Problematisch an Fukuyamas Umgang mit dem Thymos-Begriff ist, dass er drei Traditionen vermengt, die historisch nichts miteinander zu tun haben:

1. den griechischen Thymosbegriff, der auf den agonalen Kampfgeist einer alten Kriegerkultur zurückgeht;
2. das frühmoderne Konzept eines autonomen inneren Selbst, das in der Reformation und ihrer Kultur des Buchdrucks großen Auftrieb erhielt und zur Wertschätzung des Individuums geführt hat;
3. das Konzept menschlicher Würde, das auf die Aufklärung im 18. Jahrhundert zurückgeht und zur Grundlage der Menschenrechte geworden ist.

‹Thymos› bedeutet wörtlich Eifer, Mut und Tatendrang. Ich will hier keineswegs bestreiten, dass sich diese Tugenden einer frühgriechischen Kriegerkultur auch mit Gewinn auf moderne Verhältnisse anwenden lassen, insbesondere auf Nationen und Gruppen, die mit Emotionen wie Ehre und Schande, Stolz und Zorn, Kraft und Mut ihren Kampfgeist beschwören, Massen mobilisieren und einen starken Gruppenzusammenhalt erzeugen. Die Anerkennung eines inneren Selbst kann dagegen nicht auf Kollektive angewendet werden. Im Gegenteil ermächtigt dieses Selbst Individuen gegenüber der Gesellschaft und ihren Institutionen wie zum Beispiel Kirche und Staat. Beim Konzept der Würde wiederum haben wir es mit einer ethischen Norm zu tun, nämlich der moralischen Verpflichtung, eine gemeinsame Menschlichkeit in allen Individuen zu entdecken und zu schützen, unabhängig von Geschlecht, Rasse, Status, Nationalität und anderen Gruppenzugehörigkeiten.

Aufgrund dieser konzeptuellen Schieflage verwischt Fukuyama durchgehend den Unterschied zwischen Stolz und Würde. Das eine ist eine Emotion, das andere ist ein ethisches Prinzip. Nationalstolz braucht nichts anderes als Anerkennung durch Unterstützung und Teilhabe unter den Mitgliedern des eigenen Kollektivs. In gesteigerter Form immunisiert sich der Nationalstolz gegen die Perspektiven anderer Gruppen. Aus diesem Grund spricht Jan Assmann mit Blick auf die Wirkung nationaler Mythen auch treffend von ‹Mytho-Motorik› und Peter Sloterdijk von ‹Auto-Hypnose›. Während der Stolz ein anthropologisches Grundbedürfnis ist und überall auf der Welt Individuen stärkt und Kollektive aufbaut, ist die Anerkennung einer bedingungslosen Würde aller Menschen eine späte Errungenschaft und gehört als Wert zu den Grundlagen einer Demokratie. Kodifiziert in den Menschenrechten und im Grundgesetz ist sie nach dem Zweiten Weltkrieg zu einem allgemeinen Standard ziviler Nationen geworden. Stolz und Würde pauschal als Formen der ‹Identitätspolitik› zu bezeichnen, die den Rahmen einer demokratischen Gesellschaft sprengen, ist deshalb äußerst irreführend.

Fukuyama macht den Thymos als Motor für eine neue Form linker Identitätspolitik verantwortlich, die in einer weitgehend gleichförmig gewordenen Gesellschaft neue Ungleichheiten betont, indem sie auf Defizite hinweist und über Anerkennungskämpfe einen neuen Ehrgeiz anstößt. Der fortschreitende Anerkennungsbedarf von Minderheiten und immer neuen benachteiligten Gruppen führt nach Fukuyama unweigerlich zu einer Zersplitterung der Gesellschaft. Am Ende seines Buches macht Fukuyama wichtige Vorschläge für eine Neubestimmung nationaler Identität im Zeitalter von Identitätspolitik und einem neuen Tribalismus. Auf der Suche nach Impulsen für eine Gegenbewegung der Identifikation in Richtung größerer Einheiten schlägt Fukuyama den Begriff der ‹Bekenntnisnation› (*creedal national identity*) vor.[8] Wie kann man die Bande stärken, die das Individuum nicht nur mit seiner diskriminierten Opfergruppe teilt, sondern auch wieder mit dem Ganzen der Gesellschaft und der Nation verbindet? Eine Antwort auf den fortschreitenden Solidaritätsverlust in der Diversitätsgesellschaft ist die Integration mithilfe einer westlichen ‹Leitkultur›. Diesen Begriff übernimmt er aus dem deutschen Diskurs, allerdings nicht in der von Friedrich Merz oder Thomas de Maizière vorgeschlagenen Form, sondern von dem Politologen Bassam Tibi, der ihn 1998 als Erster einführte. Der syrische Migrant hatte sich für eine demokratische, laizistische Leitkultur ausgesprochen, die sich am europäischen Wertekonsens orientiert. [9]

Mit Blick auf die USA beruft sich Fukuyama auf zwei weitere Ressourcen: die Verfassung und den Nationalstolz. Neue Einwanderer zum Beispiel sollten sowohl auf die liberalen Grundsätze und Werte der Verfassung eingeschworen werden als auch die Mitgift eines positiven kollektiven amerikanischen Selbstbilds erhalten, wie es sich in einer langen erfolgreichen Einwanderungsgeschichte entwickelt und bewährt hat. «Amerikanisch zu werden beruhte auf Glaubenssätzen und einer Lebensform, nicht auf einer ethnischen Identität.» Er möchte diese Glaubenssätze erneuern und der Vision des Amerikanischwerdens ihre Strahlkraft zurückgeben: «Die Bekenntnisnation, die nach dem Bürgerkrieg entstanden ist, muss heute wiederaufgebaut und gegen rechte und linke Angriffe verteidigt werden.» Das Bekenntnis zur amerikanischen Identität ist für ihn das Bekenntnis zu Rechtsprinzipien wie der Verfassungsgrundlage, dem Rechtsstaat und dem Postulat der Gleichheit der Menschen. Das Land habe zwar von Diversität profitiert, aber Diversität dürfe nicht zu einer absoluten Norm erhoben werden. Deshalb setzt sich Fukuyama für eine Assimilationspolitik ein, die sich an einer klaren und positiven Norm des ‹Amerikanischen› ausrichtet. Den Nationalismus der Rechten mit ihrer rassistischen Ideologie weißer Überlegenheit hält er für ebenso «un-amerikanisch» wie die Behauptung der Linken, «dass Rassismus, Gender-Diskriminierung und andere Formen systematischer Exklusion ein intrinsischer Teil der amerikanischen DNA» seien. Zwischen der Skylla rechter Parteien, die sich gegen Migranten zur Wehr setzen, und der Charybdis linker Gruppierungen, die alle Einwanderer einfach durchwinken möchten, sieht er die Zukunft der USA und der Einwanderer in einem dritten Weg, dem Weg der Bekenntnisnation.[10]

Es gibt für Fukuyama also zwei Wege zur Identität: den Irrweg des Thymos, der die Identitätspolitik antreibt, und den Weg einer von oben verordneten Assimilationspolitik und amerikanischen Leitkultur, der die Bekenntnisnation stützt. Die Einheit der Nation kann für den Politologen nur durch Befriedung und Verordnung erreicht werden, nicht aber durch gesellschaftliche Debatten und Auseinandersetzungen, die die Anliegen einer diversen Gesellschaft formulieren. Fukuyamas Blick auf das Problem des nationalen Zusammenhalts ist der des Einwanderers. Deshalb kann er überzeugende Perspektiven für diesen Teil der Bevölkerung entwickeln, nicht aber für diejenigen, die bereits vor den weißen Einwanderern wider ihren eigenen Willen als Sklaven in die neue Welt verschleppt wurden. Das historische Trauma der ‹Middle Passage›, der Raub, die Deportation und die Ausbeutung von zwölf Millionen Afrikanern durch weiße Europäer seit dem 16. Jahrhundert und was darauf folgte, findet in seinem Amerika keinen Platz. Die Mythen der amerikanischen Einwanderer gehen an den Erfahrungen und Geschichten dieses großen Teils der amerikanischen Gesellschaft vorbei.

Es gibt kein nationales Narrativ (Jill Lepore)

Wie wir im Kapitel über den ‹methodischen Nationalismus› gesehen haben, besteht ein enges Verhältnis zwischen Nationsbildung und Einwanderungspolitik. Illiberale Nationen haben Probleme mit Einwanderern, liberale Nationen profitieren von ihnen, und Nationen, die selbst auf Einwanderer zurückgehen, brauchen sie dringend. Fukuyamas Großeltern sind in die USA eingewandert; dasselbe gilt für Jill Lepore, Historikerin an der Harvard Universität, die sich wie Fukuyama Gedanken über den bröckelnden Zusammenhalt in der amerikanischen Nation macht. Ihr Buch *Dieses Amerika. Manifest für eine bessere Nation*, das ein Jahr nach Fukuyamas Publikation erschien, hat Lepore ihrem Vater gewidmet: «Im Gedenken an meinen Vater, dessen Einwandereréltern ihm 1924, in dem Jahr, in dem der Kongress ein Gesetz verabschiedete, das Einwanderer wie sie aussperrte, den Namen *Amerigo* gaben.»[11]

Mit dieser Widmung sind wir schon mitten in der komplexen Einwanderungsgeschichte, die Lepore erzählt. Während der Politologe Fukuyama mit seiner Unterscheidung zwischen ‹amerikanisch› und ‹un-amerikanisch› die Geschichte der USA begradigt und ganz auf den positiven Mythos des ‹American Dream› hin stilisiert, breitet die Historikerin die Fakten dieser Geschichte aus und legt sie, sperrig wie sie sind, offen nebeneinander. Lepore ist eine kritische Historikerin, die nicht nur Geschichte schreibt, sondern sich auch für die Geschichte der Geschichtsschreibung in den Vereinigen Staaten interessiert. Dabei ist ihr ebenfalls aufgefallen, dass das Thema Nation seit den 1970er Jahren durch das Raster des akademischen Diskurses gefallen ist. Sie zitiert den Historiker Carl Degler, der 1986 einen Vortrag in Chicago hielt, in dem er auf diese Lücke hingewiesen hat. Er konstatierte, dass seine Kolleg*innen aus Abscheu vor dem Nationalismus die amerikanische Nation von ihrer Agenda gestrichen hätten. Das sei aber sehr gefährlich, denn ein Nationalstaat könne auf eine nationale Geschichtsschreibung nicht verzichten. Deshalb warnte er seine Kollegen: «Wenn wir Historiker es versäumen, eine national definierte Geschichte anzubieten, werden uns andere, die nicht so kritisch und weniger sachkundig sind, diese Aufgabe abnehmen.» Deglers Rede fand im selben Jahr wie der deutsche Historikerstreit statt. Sie hätte einen amerikanischen Historikerstreit auslösen können. Dazu ist es aber nicht gekommen, weil das intellektuelle Klima so beschaffen war, wie es Fukuyama in seiner Studie vom *Ende der Geschichte* präsentierte: Man hielt die Nation für ein obsoletes Relikt, das seine Existenzberechtigung in der modernen Welt verloren hatte und von selbst aus der Geschichte verschwinden würde. Mehr als drei Jahrzehnte später hat Deglers Warnruf Jill Lepore erreicht, die nun einen zweiten Weckruf an die eigene Zunft richtet. Die Worte, die sie dafür findet, sind stark und eindringlich: «Nationen brauchen, wenn sie sich selbst einen Sinn geben wollen, eine Art von Vergangenheit, auf die man sich einigen kann. Sie können das von Wissenschaftlern bekommen, oder sie können sich an Demogogen halten, aber sie werden so etwas bekommen. (...) Der Nationalismus stirbt nicht ab, wenn Wissenschaftler schon vom Versuch absehen, eine gemeinsame Geschichte für ein Volk zu schreiben. Stattdessen verschlingt er den Liberalismus.»[12]

Historiker*innen sollten sich also mit der Nation beschäftigen, wenn sie sie vor den Nationalisten retten wollen. Aber was ist das für eine Nation und wie kommt man zu einer von ihren Bürgern gemeinsam getragenen Geschichte? Lepore wählt einen anderen Weg als Fukuyama, der für ein affirmatives liberales Narrativ der Nation plädiert. Sie setzt sich im Gegenteil selbstkritisch mit der Geschichte des nationalen Diskurses in den USA auseinander. In ihrem Überblick kommt deshalb alles zur Sprache, das ‹Amerikanische› ebenso wie das ‹Unamerikanische›. Wir lernen die Narrative der progressiven Nordstaaten und der rassistisch orientierten Südstaaten kennen, wir hören von weißen Siedlungen und der Vertreibung der indianischen Stämme durch die Armee der Nordstaaten, von einer neuen Rassenwissenschaft in der zweiten Hälfte des

19. Jahrhunderts, von der liberalen Einwanderungspolitik zwischen 1880 und 1920 und dem Rückschlag von Rassismus, Faschismus, Antisemitismus und weißen Kolonisierungsphantasien sowie von Roosevelts multikultureller Weltoffenheit. Lepore registriert ein ständiges Hin und Her in den gegensätzlichen Visionen der Nation zwischen den Versprechen der Verfassung und dem Bruch dieser Versprechen. Von einer Geschichte der Nation oder gar einem Narrativ, das die Nation stützt, kann für sie nicht die Rede sein. Die Vielfalt und Widersprüchlichkeit der nationalen Diskurse erlauben für sie keine klare Antwort auf die Frage: ‹Wer sind wir?›. Ihr Buch zeigt vielmehr, dass und wie diese Frage im Laufe der Geschichte immer wieder anders beantwortet wurde – sowohl exklusiv als auch inklusiv, sowohl liberal als auch illiberal, sowohl rassistisch als auch kosmopolitisch.

Unter den Nationalstaaten spielen die USA eine Sonderrolle, weil in diesem Land die Entwicklung nicht von einer Nation zum Staat, sondern vom Staat zur Nation ging. Den eingewanderten Amerikanern war es verwehrt, sich wie andere europäische Nationen als ethnischer Verbund mit einer gemeinsamen Herkunft und einer langen Geschichte zu imaginieren. Als Nationen im strengen Sinne können in den USA allein die indigenen Indianerstämme gelten, die in der amerikanischen Selbstdefinition als problematische Rivalen auftreten, wenn es um das Territorium und Landrechte geht. Die Legitimität dieser Nation ruht deshalb auf zwei anderen Säulen: auf dem Unabhängigkeitskrieg gegen das Mutterland, der in das Schema der nationalen Selbstbefreiung passt, und auf der Verfassung, die sich die unterschiedlichen Staaten als Grundlage ihres Bündnisses gegeben haben. Aus diesen Ereignissen sind die USA hervorgegangen.[13] Lepore referiert die amerikanische Geschichtsschreibung und einige ihrer Mythen, die vom 17. bis 20. Jahrhundert die Geschichte der Nation gestützt und geformt haben: den kolonialen Eroberungsmythos der schicksalhaften Landgewinnung (*manifest destiny*), den kosmopolitischen Mythos vom liberalen Einwanderungsland, das sich der Verfolgten dieser Erde annimmt und ihnen Schutz gewährt (*the asylum of refuge*, *melting pot*) und den Mythos vom Einwanderungsland, das jedem neuen Staatsbürger wirtschaftlichen Aufstieg verspricht (*American dream*).

Auch Lepore gründet die Nation auf ein Bekenntnis zur amerikanischen Verfassung, aber nicht auf die amerikanische Geschichte. Mit Mythen will die Historikerin ebenso wenig zu tun haben wie mit Nationalgeschichten. Sie weiß genau, dass Historiker seit dem 19. Jahrhundert die wichtigsten Dienstleister im Gewerbe des Nation Building waren und, mit den Worten Hobsbawms, den Drogensüchtigen ihren Mohn lieferten. Wann immer die Nation eine neue Geschichte brauchte, erfüllten die Historiker diese Aufgabe und legten eine neue Sinngebung der Geschichte als Rechtfertigung der Gegenwart vor. Diejenigen, die aus diesen Geschichten ausgeschlossen blieben, hatten, wie James Baldwin anmerkte, den Mythen nie geglaubt. Er forderte stattdessen eine «ehrliche Aufarbeitung» (‹an honest reckoning›) der Geschichte und damit eine Berücksichtigung der lange zum Schweigen verurteilten Stimmen.[14] Dieser Aufgabe hat sich Jill Lepore in einem weiteren Buch gestellt.[15] Auf 1100 Seiten hat sie eine Geschichte Amerikas geschrieben, die über mehr als 500 Jahre hinweg von der Entdeckung durch Christoph Columbus bis zur Regierung Donald Trumps reicht und danach fragt, was die Nation unter den schwierigen Bedingungen eines fortschreitenden Evidenz- und Konsensverfalls überhaupt noch eint. Es sind «Diese Wahrheiten», so der Titel ihres monumentalen Geschichtsbuchs, die sie in den Gründungsdokumenten der amerikanischen Demokratie findet, also in der Unabhängigkeitserklärung von 1776 und der Verfassung von 1787.

Diese Kernsätze der amerikanischen Dokumente legt sie ihren Landsleuten erneut vor, weil sie fest von der anhaltenden Relevanz, der normativen Kraft und damit auch der dauerhaften ‹Wahrheit› dieser Grund-Sätze überzeugt ist.

Als Motto über diesem Buch könnte ein Satz des Theologen und Kämpfers gegen die Sklaverei Theodor Parker stehen: «Leider ist die Nation eine Verräterin ihrer großen Idee, dass alle Menschen gleich geboren und mit unveräußerlichen Rechten ausgestattet sind.»[16] Lepores Geschichtsbuch demonstriert nicht nur die nachhaltige Gültigkeit dieser Leitsätze für die amerikanische Demokratie, es zeigt zugleich, dass diese Leitsätze in der Geschichte der Vereinigten Staaten immer wieder gebrochen wurden. Es erzählt von den vergessenen Helden und Heldinnen, die sich als Amerikaner*innen auf den Boden der Verfassung stellten und für die Emanzipationsgeschichte ihres Landes kämpften, bislang aber noch kaum Gehör fanden. Damit arbeitet sie den Kampf gegen Rassismus und Segregation als ein zentrales nationales Anliegen der gesamten Gesellschaft heraus in Übereinstimmung mit den Grundsätzen der Gründerväter. Denn für Lepore ist das Entscheidende, dass der Verrat an diesen in der Verfassung garantierten Grundrechten die USA nicht zerstört hat, weil er zugleich auch Zeugen dieser Wahrheiten und den Kampf um die Demokratie hervorgebracht hat. Für Lepore ist es dieses Bekenntnis, das die Nation in Zeiten trennender Identitätspolitik noch zusammenhält. Die Geschichte der Nation ist für sie letztlich nichts anderes als der anhaltende Kampf um «diese Wahrheiten».

Verfassungspatriotismus

Jill Lepore befindet sich in einem Dilemma. Einerseits ist sie davon überzeugt, dass Nationen ein Einverständnis über ihre gemeinsame Vergangenheit brauchen und dass sich die Historiker darum kümmern müssen, weil sonst die Demagogen und Nationalisten dieses Thema an sich reißen. Andererseits versteht sie sich als engagierte Aufklärerin. Ihr Wahrheitsbegriff in Zeiten von alternativen Fakten und digitaler Datenmanipulation orientiert sich an Naturwissenschaft, Rechtskultur, Faktenjournalismus und wissenschaftlicher Geschichtsschreibung. Sie hält deshalb nichts vom üblichen Typ des Nationalstaats, in dem sich die Bürger*innen «als Menschen mit einer gemeinsamen Vergangenheit (imaginieren), die meist mythisch überhöht wird». Ein solches Narrativ einer gemeinsamen Vergangenheit kann und will die Historikerin nicht produzieren, denn die historischen Fakten, die sie zusammenträgt, lassen sich beim besten Willen nicht zu einer einheitlichen amerikanischen Geschichte zusammenbinden.

Ihr Ausweg aus diesem Dilemma ist deshalb sehr verständlich. Sie votiert wie Alexander Thiele für einen Verfassungspatriotismus und stützt sich dabei ausschließlich auf die Rechtstexte der amerikanischen Gründungsväter. Sie bezeichnet ihre Position als ‹zivilen Patriotismus› und setzt ihn polemisch vom Nationalismus ab. Letzterer hat «weniger mit einer Liebe zum eigenen Land, sondern mit einem Hass auf andere Länder und ihre Bewohner und einem Hass auf Menschen im eigenen Land zu tun, die nicht der ethnischen, rassischen oder religiösen Mehrheit angehören». Der Unterschied ist für sie glasklar: «Patriotismus ist von Liebe beseelt, Nationalismus von Hass. Das eine mit dem anderen zu verwechseln bedeutet, Hass zur Liebe zu erheben und Furcht zum Mut.»[17]

Diese Unterscheidung ist weit verbreitet. Ähnlich hat sich

der französische Präsident Emmanuel Macron in einer Rede geäußert: «Patriotismus ist das genaue Gegenteil von Nationalismus!» Macron hielt diese Rede nicht irgendwann und irgendwo, sondern am 11. November 2018, dem neben dem 14. Juli höchsten französischen Nationalfeiertag, und 100 Jahre nach dem Ende des Ersten Weltkriegs am Denkmal des unbekannten Soldaten am Pariser Triumphbogen auf den Champs-Élysées, also an einem hochsymbolischen Tag und Ort. Seine Patriotismus-Rede war also national gerahmt; ein Bewusstsein von der Geschichte und Kultur der Nation muss nicht gleich mit ‹Nationalismus› gleichgesetzt werden. Diese Begriffe und Gegensatzpaare sind hinderlich, denn man kann aus der nationalen Symbolik und Geschichte seines Landes ja nicht so einfach aussteigen, die durch Bauten und Denkmäler der Vergangenheit präsent sind und durch Jahrestage immer wieder neu vergegenwärtigt werden. Dieser Symbolik ist man jedoch auch nicht einfach ausgeliefert, denn man hat die Freiheit, das eigene Verhältnis zur Vergangenheit immer wieder kritisch zu überprüfen und in wechselnden historischen Konstellationen neu zu definieren, ohne dabei die Fakten zu verändern. Genau das hatte Macrons Vorgänger François Hollande vier Jahre zuvor getan, als er ebenfalls am 11. November in der Nähe der nordfranzösischen Stadt Arras das neue Gefallenendenkmal des Ersten Weltkriegs ‹Ring der Erinnerung› eröffnete, das unterschiedliche nationale Gedächtnisse in einem übergreifenden europäischen Gedächtnis zusammenfasst. Auf dem Gelände nationaler Soldatenfriedhöfe um Verdun und dem daran gebundenen nationalen Gedenken hat er ein transnationales Symbol der Beendigung nationalistischer Feindschaft geschaffen.

Für Verhaltensforscher wie Irenäus Eibl-Eibesfeldt oder William Graham Sumner sind die Liebe zur Eigengruppe und der Hass auf die Fremdgruppe nur zwei Seiten einer Medaille.

Doch weder die Ebene anthropologischer Generalisierung löst das Problem, noch die Gegensatzbildungen, die sich immer wieder einstellen. Wichtig ist vielmehr die Einsicht, dass es heute Nationalstaaten gibt, die nicht mehr auf eine ‹Politik der Feindschaft› gegründet sind, wie Achille Mbembe die Konstruktion des gewalttätigen Nationalismus nennt.[18] Nationalstaaten können durchaus kompatibel sein mit Demokratien, und Demokratien führen, wie man statistisch festgestellt hat, keine Kriege gegeneinander.[19] Wir kommen hier nicht ohne die Unterscheidung zwischen demokratischen und antidemokratischen Nationalstaaten aus. Leider fehlt diese Unterscheidung in Lepores Buch, was ihren Denkraum unnötig verengt.

Wie Alexander Thiele bezieht sich Lepore ausschließlich auf Rechtstexte der Verfassung und schließt andere Legitimations- und Identifikationsquellen für die Nation kategorisch aus. Während der Jurist Thiele jedoch die Vergangenheit als eine mögliche Ressource für die Nation umgeht und ihre Legitimation ausschließlich auf die Gegenwart gründen möchte, hat die Historikerin Lepore ein pralles amerikanisches Geschichtsbuch geschrieben, das einen klaren normativen Rückverweis auf die gemeinsamen nationalen Gründungstexte enthält, aber kleine glatte und runde Erfolgsgeschichte ist, wie sie Fukuyama im Sinn hat. Während sein Narrativ auf Bestätigung, Fortschritt und Stolz ausgerichtet ist, kommen bei Lepore gerade auch die Stimmen der Ausgeschlossenen zu Wort. Ihre Form der Geschichtsschreibung nähert sich damit der Form des ‹honest reckoning› an, wie es James Baldwin gefordert hat, d. h. einer ehrlichen Auseinandersetzung mit der eigenen Geschichte, ihren Höhen und Tiefen, ihren Rückschlägen, Erfolgen und Misserfolgen. Lepores Geschichtsschreibung stellt die rechtlichen und moralischen Grundlagen der US-Demokratie nicht nur in den Mittelpunkt der Erzählung, sie macht sie auch zum Maßstab der Geschichtserzählung selbst.

Lepores Geschichtsbuch, das den Amerikanern nicht nur die Grundsätze der amerikanischen Verfassung nahebringt, sondern ihnen auch den unabgeschlossenen Kampf um diese Grundsätze vor Augen führt, könnte Teil eines neuen nationalen Narrativs werden. Dafür müsste es allerdings um eine Darstellung der schwarzen Geschichtserfahrung ergänzt werden, wie sie zum Beispiel ihr Kollege, der Harvard-Historiker Khalil Muhammad, gerade mit seinem Buch *The Condemnation of Blackness* vorgelegt hat.[20] Darin beschreibt er den engen Zusammenhang zwischen Rasse und Verbrechen als einen mentalen Reflex und ein schädliches ‹Mem› der amerikanischen Vorstellungswelt. Er untersucht das Image der Schwarzen in den Augen der weißen Bevölkerung in den Städten des amerikanischen Nordens, die die Schwarzen in scharfem Gegensatz zu den europäischen Immigranten als potentiell kriminell und gefährlich wahrnehmen, was bis heute zu einer überproportionalen Zahl von Schwarzen in weißen Gefängnissen geführt hat. In einem Interview hat Muhammad auch davor gewarnt, die Gründungsväter der Nation, die mit zeittypischen Vorurteilen behaftet waren, zu fetischisieren und heilig zu sprechen.[21] Statt die USA weiterhin als die Erfinder der Demokratie zu glorifizieren, fordert er, die Grundsätze der amerikanischen Verfassung zu überholen und den europäischen Standards anzugleichen. Das wäre eine besondere List der Geschichte: Amerika soll sich an europäischen Staaten orientieren, die heute dafür dankbar sind, nach 1945 die Demokratie von den Amerikanern gelernt zu haben!

Zusammengenommen könnten beide Zugänge zur amerikanischen Geschichte eine komplexe Konflikt- und Beziehungsgeschichte abbilden und damit den Zusammenhalt der Gesellschaft stärken. Sie könnte die Anerkennung und Partizipationschancen der schwarzen Amerikaner verbessern und die weißen Amerikaner dazu befähigen, die eigene Gewaltgeschichte besser kennenzulernen und Maßstäbe zu gewinnen, um sich von Mythen der Gewalt und Überlegenheit kritisch zu distanzieren. Anders als Thiele, der die Vergangenheit insgesamt für erledigt hält und nur für die Gegenwart Raum lässt, sehe ich in der Kenntnis der Geschichte eine wichtige nationale Ressource. Denn Zukunft beginnt mit Erinnern. Im Gegensatz zu einer Nation, die sich auf Mythen, Lüge und Hass stützt, könnte die demokratische Nation eine auf Freiheit und gleiche Bürgerrechte gegründete Erfahrungs-, Erinnerungs- und nicht zuletzt Lerngemeinschaft sein, die darüber wacht, dass die Grundsätze der Verfassung durchgesetzt werden und das Gut der Freiheit nicht denen vorenthalten wird, die eine andere Hautfarbe haben.

Der Begriff des Verfassungspatriotismus baut einen klaren Gegensatz auf zwischen der Rechtsgrundlage des Staates und der Geschichte der Nation. Dass dieser Gegensatz zwischen Recht und Geschichte problematisch ist, habe ich von meinem Kollegen Jay Winter gelernt. Er zitiert in diesem Zusammenhang den englischen Rechtshistoriker Robert Carver: «Keine Rechtseinrichtung oder Vorschrift kann unabhängig bestehen von den Erzählungen, die sie begründen und ihnen Bedeutung geben. Zu jeder Verfassung gehört ein Epos.»[22] Dieser Gedanke lässt sich auf nationale Narrative ausdehnen: Das Gesetz ist die Verfassung als Grundlage des Staates, die Geschichte der Nation ist das Epos, in dem erzählt wird, wie dieser Grund der Gesetze gelegt wurde, wie er in der Geschichte eingesetzt wurde, und wie er erneuert werden muss, um seine ausschließende Wirkung zu überwinden.

Israel – ein Land mit drei Narrativen

Das folgende Kapitel verlagert den Blick vom transatlantischen Westen in den Nahen Osten und befasst sich mit drei Narrativen, die dem politischen Konflikt zwischen dem Staat Israel und den Palästinensern zugrunde liegen. Eines dieser Narrative ist der Holocaust, zwei weitere beziehen sich auf Erinnerungen an den Krieg von 1948, der nicht nur zur Gründung des israelischen Staates geführt hat, sondern auch zu zwei gegensätzlichen Narrativen, die als Geschichte der Sieger und der Verlierer unversöhnlich nebeneinander stehen. Im Folgenden werfen wir einen Blick auf Praktiken des Vergessens und Erinnerns, sowohl um zu verstehen, wie die gegensätzlichen Narrative den Konflikt im Nahen Osten weiter schüren, als auch, um neue Perspektiven aufzuzeigen, die das Potential haben, eine komplexere und umfassendere nationale Erinnerung an die Geschichte von 1948 zu entwickeln.

Vorangestellt sei eine einfache begriffliche Unterscheidung zwischen ‹Raum› und ‹Ort›, mit der sich unterschiedliche Perspektiven, Strategien und Interessen im Umgang mit einem gegebenen Territorium beschreiben lassen. In diesem praktischen Sinne ist ‹Raum› etwas, das von Generälen, Kolonialoffizieren und Politikern geformt wird mit Waffen, Landkarten oder Grenzpfählen, aber auch von Architekten und Investoren, die Kapital einsetzen und den Auftrag haben, menschliche Geographien auf friedliche Weise nach ihren Vorstellungen zu transformieren. Derselbe Raum kann andererseits von Stadtbewohnern, Denkmalschützern und der Tourismusindustrie als ‹Ort› und damit als eigenständige Einheit mit einem Namen, einer Qualität und einer Geschichte aufgefasst werden. Während der Begriff des ‹Raumes› eher «auf Instrumente und Ziele, auf Mittel und Zwecke»[23] gerichtet ist, sind

‹Orte› in der historischen Kontinuität von Zeitschichten immer schon bewohnt, erlebt, erhalten, zerstört, transformiert und umgestaltet worden. Diejenigen, die von ‹Raum› sprechen, betrachten ihn als vorwiegend formbar und veränderbar, während diejenigen, die ihn als ‹Ort› betrachten, dazu neigen, emotionale Bindungen zur gebauten und möglicherweise verlorenen Umwelt zu erhalten.

Radikale Brüche wie Kriege und der Wechsel politischer Systeme können dazu führen, die Spuren der Geschichte zu verwischen. Ein paradigmatischer Fall sind die palästinensischen Dörfer und Hinterlassenschaften, die nach dem Krieg von 1948 von der israelischen Landkarte verschwunden sind. Die politische Vision des Staates Israel lässt sich in Begriffen des ‹Raums› umreißen: Das Projekt besteht darin, ein Gebiet von vorherigen Markierungen zu befreien und als eine Fläche für eine neue Inschrift in Besitz zu nehmen. Die offizielle Version dieser Wahrnehmung lautet: «ein Land ohne Menschen für ein Volk ohne Land». Der Begriff ‹Ort› hingegen lässt sich hier auf die Versuche beziehen, das Bewusstsein für die ausgelöschten und vergessenen Orte innerhalb der israelischen Gesellschaft zu schärfen. Dieser langsame, aber nachhaltige Bewusstseinsprozess könnte eine Veränderung der historischen Sensibilität einleiten und neue Zukunftsperspektiven für die beiden auf demselben Territorium lebenden Bevölkerungsgruppen der Israelis und Palästinenser eröffnen.

Vertikale Verbindungen zwischen Geschichte und Gegenwart

Jerusalem ist eine multireligiöse Stadt, die von Juden, Christen und Muslimen bewohnt wird. Jede Gruppe lebt in dieser Stadt in ihrem eigenen Raster, ignoriert oder negiert die anderen, während Touristen und Pilger durch ein heiliges

Land ziehen, das die Projektion christlicher Geschichten ist. In der Region Palästina haben sich viele Geschichten abgespielt, die bis in die ferne Vergangenheit reichen. «Nur wenige Meter unter der Oberfläche», schreibt Eyal Weizman, ist «ein Palimpsest aus 5000 Jahre altem Schutt, eine vertikale chronologische Schichtung von Kulturen und Leben, Erzählungen, Kriegen und Zerstörung in Erde und Stein komprimiert worden».[24] Israelische Archäologen interessieren sich jedoch nicht für die vielschichtige Sedimentierung der Geschichte an sich, sondern ausschließlich für die tieferen Schichten der Bronze- und Eisenzeit, die die biblische und talmudische Geschichte der ersten vier Jahrhunderte nach Christus repräsentieren. Unter Umgehung muslimischer und osmanischer Zeiträume konstruierten die Archäologen die Geschichte des neuen Staates als eine eindeutige Herkunftsgeschichte. Die Archäologie begann in den 1950er und 1960er Jahren als ein säkulares nationales Projekt, heute wird sie als ein religiös-nationalistisches Projekt fortgesetzt. Archäologische Projekte, die oft von Generälen im Ruhestand durchgeführt wurden, setzten mit Spaten fort, was mit Waffen begonnen hatte. Das Freilegen der biblischen Schicht der Geschichte war eine Möglichkeit, das Land als nationales und kulturelles Eigentum zu beanspruchen.[25] In einer Landschaft, die mit historischen Spuren gesättigt ist, wird die Archäologie als Beweismittel für die Konstruktion unterschiedlicher religiöser Identitäten und politischer Narrative herangezogen. Was für die Ausgrabung und Bewertung ausgewählt wird, hängt dabei jeweils von den leitenden religiösen Mythen und nationalen Narrativen ab. «Israelische Archäologen, Profis und Amateure graben nicht nur nach Wissen und Objekten, sondern auch nach der Vergewisserung der Wurzeln, die sie in den alten israelitischen Überresten finden, die über das ganze Land verstreut sind.»[26]

Vom Ort zum Raum: Die Schaffung einer tabula rasa *nach 1948*

Das Verhältnis des israelischen Staates zu den historischen Schichten seines Territoriums ist ambivalent. Es ist gekennzeichnet durch ein starkes affektives Verhältnis zu seiner fernen Vergangenheit und eine ebenso starke Abneigung gegen seine jüngste Vergangenheit. Es gibt zwei praktische Optionen, um diese unerwünschte Vergangenheit auszulöschen: «Entweder man gräbt oder man baut!»[27] Nach dem Krieg von 1948, dem Sieg der israelischen Armee und der Unabhängigkeit vom britischen Mandat wurde ein neuer Staat gegründet, für den ein neues Territorium in der identischen geographischen Landschaft geschaffen werden musste. Die unter diesen Umständen verfolgte Strategie entsprach der altbewährten kulturellen Praxis der ‹kreativen Zerstörung›, die in der europäischen Geschichte der Eroberung und Kolonisierung, aber auch bei Modernisierungsprojekten umgesetzt wurde.[28] In Israel markierte der politische Sieg von 1948 einen radikalen Neubeginn, eine ‹Stunde Null› der Geburt der israelischen Nation, die zum ersten Mal in der Geschichte seit 135 n. Chr. durch die Gründung eines eigenen Staates wieder eine politische Identität erlangte. Mit 1948 begann eine neue Chronologie. Dafür brauchte man eine *tabula rasa*, auf der man eine neue Zukunft aufbauen konnte. Auf diese Weise konnten jungfräuliches Land und eine formbare Landschaft in einen zusammenhängenden Raum mit neuen Symbolen, Namen, Entwürfen und Möglichkeiten verwandelt werden.

Da viele der neuen israelischen Staatsbürger bereits seit Jahrzehnten als ‹palästinensische› Juden im Land lebten, war ihnen sehr wohl bewusst, dass das Land bereits vor der Eroberung durch die israelische Armee von palästinensischen Arabern bewohnt worden war. Dies waren die Nachbarn, mit denen sie gelebt hatten, die sie gekannt hatten und auf deren Bauernhöfen sie als Kinder gespielt hatten. Nach der Zäsur des Krieges und der Vertreibung der palästinensischen Araber aus ihren Häusern, Städten, Dörfern und Bauernhöfen musste diese frühere Periode des Zusammenlebens in Palästina abrupt und kollektiv vergessen werden. Vergessen bedeutete in diesem Fall, ihre Spuren zu löschen und sie aus dem Gespräch zu verbannen. Die unbrauchbare Vergangenheit passte nicht mehr in das Narrativ des neuen Staates und musste deshalb verschwinden. Während sich die Sieger aufs Vergessen konzentrierten, konzentrierten sich die Besiegten aufs Erinnern.

Die Eroberung des Territoriums wurde durch moderne Architektur und neue Siedlungen vorangetrieben, die nicht selten an den Orten zerstörter palästinensischer Siedlungen errichtet wurden. Gleichzeitig wurde die israelische Geschichte in neuen Gebäuden, Gedenkstätten und Straßennamen verankert. Ein Namenskomitee war für die Hebraisierung der Geographie Palästinas zuständig. «Die Enteignung ging einher mit der Umbenennung der Orte, (die der Staat) beschlagnahmt, zerstört und nun neu geschaffen hatte.»[29] Auf diese Weise verschwand die Geschichte der Palästinenser aus dem Blickfeld.

Ein Land, drei Erzählungen: Holocaust, Unabhängigkeitskrieg, Nakba

1948 folgte Israel dem Muster westlicher Nationen und schuf als «verspätete Nation» einen modernen Nationalstaat. Zum Nationalstaat gehört ein nationales Narrativ. In nationalen Gedächtniskonstruktionen werden mentale Bilder zu Ikonen und Erzählungen zu Mythen, deren wichtigstes Merkmal ihre affektive Mobilisierungskraft ist. Solche Mythen lösen die historische Erfahrung aus ihren Kontexten und formen sie um in ein zeitloses Narrativ, das das Selbstbild der Gruppe unterstützt und von Generation zu Generation weitergegeben wird. Die Wirkung dieser Narrative hängt nicht davon ab, ob sie wahr oder falsch sind (sie sind immer und notwendig selektiv), sondern ob sie gebraucht werden, d. h. ob sie die politischen Interessen einer Gruppe stützen oder nicht. Erst wenn sie als dysfunktional erkannt werden, können sie transformiert und durch dialogischere und selbstkritischere Narrative ersetzt werden.

Der Krieg von 1948 steht in engem Zusammenhang mit zwei anderen Ereignissen, von denen eines, der Holocaust, drei bis sechs Jahre zuvor in Europa stattfand, während das andere, die Nakba, ein anderer Name für denselben Krieg ist. Der Holocaust, die Ermordung der europäischen Juden, machte das zionistische Projekt, ein Territorium zu finden und einen neuen Staat zu gründen, in dem Juden ein freies und geschütztes Leben führen können, zu einer Angelegenheit von äußerster Dringlichkeit und existentieller Bedeutung. Der Krieg von 1948 hat deshalb zwei Gesichter: Für Juden und Israelis ist es der Krieg der Befreiung und des Triumphs, für Palästinenser bedeutet er die Erfahrung von Niederlage, Vertreibung, materiellem Verlust und anhaltendem Trauma. Der Krieg von 1948 ist nicht einfach ein weiterer Krieg, der Sieger und Verlierer produziert, sondern ein Gewaltereignis, das zwei Traumata umfasst. Es hat eine Vorgeschichte, die von den Palästinensern nicht anerkannt wird – den Holocaust –, und es hat eine Nachgeschichte, die von den Israelis nicht anerkannt wird – die Nakba, die «Katastrophe» der Palästinenser. Es ist nicht leicht, die Ereignisse zu entwirren, die in einem gordischen Knoten miteinander verstrickt sind. Um diesen Komplex besser zu verstehen, reicht es nicht aus, den Holocaust und die Nakba nebeneinanderzustellen. Die Ereignisse müssen wie mit einem Teleskop zeitlich entkoppelt, entfaltet und erweitert werden, um eine umfassendere Perspektive auf die drei Dimensionen dieses Komplexes und ihre Wechselwirkungen zu ermöglichen:

I Holocaust (1942–45)	II Israel.-paläst. Krieg (1948)	
	IIa Unabhängigkeits- krieg	IIb Nakba
Die Ermordung von sechs Millionen Juden durch die Deutschen und ihre europäischen Helfer	Die «Wiedergeburt» der verfolgten und leidenden Juden in ihrem eigenen Staat	Die Vertreibung der arabischen Bevölkerung aus ihren Häusern und Städten

Die israelische Nation ist auf zwei Gründungsmythen aufgebaut. Der eine ist das heroische Narrativ des *Triumphs*, das sich auf den Unabhängigkeitskrieg und die Geburt des neuen Staates konzentriert, der andere ist das Narrativ des *Traumas*, das sich auf den Holocaust und die sechs Millionen Juden bezieht, die der deutschen Vernichtungspolitik zum Opfer fielen. Nach dem Eichmann-Prozess rückte das Trauma-Narrativ ins Zentrum des kollektiven Selbstbilds der israelischen Nation. Der Aufbau der kollektiven Opfererfahrung in Yad Vashem begründete einen universalen Ort der Erinnerung an jüdisches Leiden, der die Welt über den nationalsozialistischen Zivilisationsbruch des Holocaust informieren sollte. Denn dass dieses Menschheitsverbrechen in einem so schockierenden Ausmaß umgesetzt werden konnte, hatte auch etwas damit zu tun, dass der Rest der Welt weggeschaut oder mehr oder weniger passiv zugesehen hatte. Der Aufbau dieser starken nationalen Erinnerungskultur hatte unmittelbare Auswirkungen auf das Verhältnis Israels zu seinen Nachbarn. Sie machte es den Israelis doppelt schwer, das Leiden der Palästinenser anzusprechen und anzuerkennen; zum einen, weil das heroische Gründungsnarrativ von 1948 nicht durch Reue gedämpft werden sollte, zum anderen, weil das eigene Trauma wie ein Schutzschild gegen das Trauma der anderen wirkte.

Die israelische Topographie ist überreich an biblischen Resonanzen, aber Spuren des Verbrechens des Holocaust kann sie nicht liefern. Diese europäische Gedenklandschaft wurde erst in den letzten Jahrzehnten symbolisch wiederhergestellt und brachte Tausende von israelischen Touristen sowie jüdische und nicht-jüdische Besucher aus der ganzen Welt nach Auschwitz und in andere Gedenkstätten ehemaliger nationalsozialistischer Todeslager und an Erinnerungsorte in Polen und Osteuropa. Während die historischen Spuren des Traumas des Holocaust außerhalb des Staates Israel liegen, liegen die historischen Spuren des Traumas der Nakba innerhalb der territorialen Grenzen Israels, wo sie vernachlässigt, vertuscht, ausgelöscht und geleugnet werden. Dies hat zu einer problematischen Asymmetrie geführt, die durch die gegensätzlichen Perspektiven auf dieselben historischen Ereignisse entstanden ist. Der Abgrund zwischen den beiden kollektiven Erfahrungen, Narrativen und Deutungen dieser verstrickten Gewaltgeschichte könnte nicht tiefer sein.

Alon Confino hat die beiden Begriffe «Holocaust» und «Nakba» aufgegriffen, um Parallelen und Unterschiede zu kommentieren. Er stellt fest, dass diese Begriffe für zwei traumatische Grundereignisse stehen, die für zwei nationale Kollektive den wichtigsten Wendepunkt in ihrer jeweiligen Geschichte und Opferidentität darstellen. Während jedoch der Holocaust für die Juden ein abgeschlossenes Kapitel der Geschichte ist, setzen sich die Bedingungen und Folgen der Nakba weiterhin fort und bestimmen die Gegenwart. Die Palästinenser sind für das historische Trauma der Juden nicht verantwortlich, aber die israelischen Streitkräfte und die anhaltende Besatzungspolitik ist für das Trauma der Vertreibungen sowie die weitere Zerstörung und Aneignung palästinensischen Eigentums verantwortlich. Die Tragödie der Palästinenser anzuerkennen und sie in das israelische Gedächtnis aufzunehmen wäre kostspielig und folgenreich, denn es würde bedeuten, einen politischen Wandel einzuleiten und die anhaltende Repression zu beenden. Das erklärt, warum die Israelis die Alternative des Vergessens gewählt haben. Doch das ist leichter gesagt als getan. Confino beschreibt die paradoxen Anstrengungen des Verdrängens. Denn um die Nakba zu verdrängen, muss sie immer wieder ins israelische Bewusstsein zurückgebracht werden: «Die Nakba ist Teil ihrer Geschichte, und zwar ein wichtiger Teil: Die Israelis erinnern sich an die Nakba, ob sie sie leugnen oder in Prosa und Poesie erzählen. Allein der Versuch, die Erinnerung an die Nakba auszulöschen, ist das Ergebnis einer immensen Mobilisierung politischer, wirtschaftlicher und kultureller Anstrengungen. Die Auslöschung der Erinnerung ist das Ergebnis eines außerordentlich lebendigen Bewusstseins. Die Juden sind in gewissem Sinne dazu verurteilt, der Palästinenser, die ihre Heimat und ihr Heimatland verloren haben, zu gedenken und diese Geschichte auf verschiedene Weisen zu erzählen, weil sie untrennbar mit der Art und Weise verbunden ist, in der sie selbst ihre Heimat und ihr Heimatland gewonnen haben.»[30]

Die israelische Nation hat sich heldenhaft aus dem britischen Empire befreit, aber sie trägt einen Geburtsfehler: die Vertreibung von 700 000 palästinensischen Arabern. Daher sind mit dem Jahr 1948 zwei widersprüchliche Erzählungen verbunden, die sich weiterhin gegenseitig herausfordern: die triumphalistische Gründungserzählung des neuen Staates Israel und die traumatische Erzählung vom Verlust der Heimat, der Kultur, der Existenz und der Identität der Palästinenser. Der Holocaust hatte eine doppelte Folge: den Unabhängigkeitskrieg, der die Leidensgeschichte der Juden beendete, und die Nakba, die die Leidensgeschichte der Palästinenser einleitete. Diese historisch miteinander verflochtenen Ereignisse sind Gegenstand zweier nationaler Narrative, die jeweils eine entscheidende Phase des Komplexes ausklammern: Die Palästinenser vernachlässigen oder verleugnen die *Vorgeschichte* des Konflikts (den Holocaust), die Israelis verleugnen oder vernachlässigen die andauernden *Nachwirkungen* des Konflikts (die Nakba und die Besatzung). Auf diese Weise leben zwei ethnische Gruppen im selben Land, deren wechselseitige Wahrnehmung der Geschichte des anderen durch blinde Flecken behindert wird.

Es gab ein kurzes Zeitfenster, als es schien, dass diese Probleme endlich angegangen und Israelis und Palästinenser einander näherkommen würden. Das war 1998, im Jahr eines doppelten Jahrestags. 50 Jahre nach der Gründung des Staates Israel und der Nakba gelang es der palästinensischen Führung zum ersten Mal, die Nakba auf eine höhere Agenda zu setzen. Ein globaler Appell der palästinensischen Nation wurde verfasst und am 14. Juni 1998 von Mahmud Darwish in Ramallah nach einem Gedenkmarsch verlesen. Er forderte das Recht auf Geschichte und Souveränität in einem säkularen, pluralistischen und demokratischen palästinensischen Staat und verband die Hoffnung auf Freiheit und Frieden mit der Forderung nach gegenseitiger Anerkennung der jeweiligen historischen Traumata: «Während wir bereit sind, das unaussprechliche Leid der Juden während des Schreckens der Shoah mit Empathie anzuerkennen, können wir nicht akzeptieren, dass das Leiden unserer Nation geleugnet oder verharmlost wird.»[31] Zwei Monate zuvor hatte eine Gruppe von palästinensischen und israelischen Historikern eine Erklärung verfasst, in der sie das Recht der palästinensischen Nation auf Existenz, Souveränität und Unabhängigkeit einforderten. Paragraph 5 enthält die Notwendigkeit einer gegenseitigen Anerkennung des historischen Traumas der jeweils anderen Gruppe. «Antisemitismus in Europa, die Verfolgung der Juden und die Vernichtungslager der Nazis gehören zu den schrecklichsten Verbrechen und schlimmsten Formen der Barbarei in der Geschichte der Menschheit. Aber es wird keinen Frieden geben, solange das kollektive Gedächtnis der Palästinenser ausgelöscht wird. Israel muss beginnen, seine Verbrechen gegen die palästinensische Nation im Jahre 1948 anzuerkennen: Massaker, Vertreibungen, die Zerstörung von Dörfern und den Austausch der Namen bestehender Städte und Dörfer.»[32] Auf beiden Seiten begann ein vielversprechender Dialog mit diesen «neuen Historikern». Sie gehörten zu einer neuen Generation, die sich von der Väter-Generation des Krieges distanzierte und bereit war, das Schweigen zu brechen und die nationalen Mythen selbstkritisch zu überprüfen. Doch dieses Zeitfenster schloss sich bald wieder, und inzwischen sind die Fensterläden verrammelt.

Zochrot – Erinnerungsarbeit im Medium von Führungen

Neben archäologischen Ausgrabungen, aktivem Abriss und passivem Vandalismus hat der israelische Staat eine vierte Strategie zur Auslöschung der jüngsten Vergangenheit eingesetzt. Das ist die Land- und Forstwirtschaft. Nach dem Sechstagekrieg 1967 wurden vom Jüdischen Nationalfonds im ganzen Land neue Nationalparks errichtet. Ilan Pappe kommentiert: «In diesen Wäldern ist die Verleugnung der Nakba so allgegenwärtig und wurde so effektiv erreicht, dass sie für palästinensische Flüchtlinge, die an den unter ihnen begrabenen Dörfern hängen, zu einem Hauptkampfgebiet geworden sind.»[33] Grüne Parks mit dichten schattenspendenden Wäldern sind die grünen Lungen und beliebte Erholungsgebiete des Landes. Was als Stolz des Staates und des israelischen Tourismus präsentiert wird, verdeckt gleichzeitig bedeutende historische Stätten. Der Biriya-Wald zum Beispiel «ist der größte von Menschenhand geschaffene Wald in Israel und ein sehr beliebtes Gebiet».[34] Die Website dieses Touristenorts lenkt die Aufmerksamkeit auf die Wunder und Attraktionen der Natur und von der Tatsache ab, dass unter den Wurzeln der Bäume die Dörfer Dishon, Alma, Qaddita, Amqa, Ain al-Zaytun und Biriya begraben liegen. An solchen Orten wird Geschichte in Natur verwandelt. Das Dorf Ain al-Zaytun zum Beispiel, der Ort eines Massakers im Jahr 1948, wird als «der attraktivste Ort innerhalb des Erholungsgebiets» angepriesen, «da er große Picknicktische und ausreichend Parkplätze für Behinderte beherbergt».

Einer, der in diesen Parks als Fremdenführer gearbeitet hat, war Eitan Bronstein-Aparicio. Anstatt sich nur auf die Natur zu konzentrieren, wurde er zunehmend sensibel für die Dimensionen von Raum und Ort und die Geschichte, die an diesen Stätten ausgelöscht wurde. Als Führer machte er es zu seinem Projekt, auf historische Spuren hinzuweisen und an das zu erinnern, was hier verborgen ist und vergessen wurde. «Ich zeigte Canada Park auf eine kritische Weise, wie er eine Landschaft für Israelis konstruierte und die Geschichte der Palästinenser dabei auslöschte oder zum Schweigen brachte. (...) Es gibt Hunderte von Orten in Israel, an denen man Schilder aufstellen kann, nicht nur von 1967, sondern auch von 1948.»[35]

Im Jahr 2002 wurde Bronstein zum Gründer der israelischen NGO Zochrot. Diese Gruppe machte es sich zur Aufgabe, das israelische Bewusstsein für die palästinensische Nakba zu schärfen. Dafür entwickelte sie Strategien, die historischen Spuren und die Palimpsest-Struktur der israelischen Landschaft freizulegen. Eine der Leiterinnen und Mitbegründerin der NGO, Norma Musih, erklärt den hebräischen Namen der Gruppe: «Zochrot bedeutet der Akt des Erinnerns in der Form des weiblichen Plurals: Wir erinnern uns. Im Hebräischen muss man sich zwischen männlichem und weiblichem Geschlecht entscheiden. Normalerweise entscheiden sich die Menschen für das Maskulinum ‹Zachor›. Das ist die unmarkierte Standardform. Wir haben uns für ‹Zochrot› entschieden, weil wir eine andere Art des Gedächtnisses fördern wollten. Es geht nicht nur um die Erinnerung an Kriege und heroische Helden. Es ist der Ort, wo andere Geschichten erzählt werden, zum Beispiel die Geschichte der Nakba.»[36] Das Logo der Organisation könnte nicht symbolischer sein: Es ist ein Türschloss. Dieses Bild ergänzt das zentrale Symbol der Palästinenser, die die Schlüssel ihrer zerstörten Häuser zu ihrem Relikt und zur Ikone ihres Gedenkens gemacht haben.

Um Bronsteins Kampf gegen das Vergessen in der israelischen Gesellschaft zu verbreiten, bietet die Gruppe regelmäßig Führungen in Jerusalem und anderen Städten an. Auf diese Weise ist im Laufe der Jahre eine neue kulturelle Gedächtnispraxis entstanden. Diese Gedenkspaziergänge sind nicht als politische Demonstrationen, sondern als «Performance-Kunst» konzipiert.[37] Yifat Gutman hat den künstlerischen Charakter dieser Exkursionen unterstrichen.[38] Die Idee hinter den Führungen und Wanderrouten ist die Wiederherstellung von Orten, die ausgelöscht und aus offiziellen Karten getilgt wurden. Nach dem Besuch eines bestimmten Ortes stellt die Gruppe ein Schild neben dem neuen hebräischen Ortsnamen mit seinem früheren arabischen Namen auf. Auf diese Weise hoffen die Erinnerungsaktivist*innen, das Bewusstsein für die ausgelöschte palästinensische Vorgeschichte der heutigen israelischen Städte und Dörfer zu schärfen. Diese Erinnerungswanderungen betonen Sinnlichkeit und Emotionalität. Sie schließen Erinnerungen von palästinensischen Vertriebenen ein und regen durch Lieder, Geschichten und Vorträge zur Auseinandersetzung mit der ausgelöschten Geschichte des Landes an. Diese Spaziergänge haben das Ziel, die Wahrnehmung zu verändern und damit den Grund für eine gemeinsame Zukunft im gemeinsamen geographischen Raum zu legen.[39]

An diesen Exkursionen nehmen bis zu 100 Besucher teil. Israelische Juden und Palästinenser treffen sich bei diesen Touren. Auf diese Weise entstehen persönliche Kontakte in der eher segregierten Gesellschaft und das Wissen über die Nakba verbreitet sich in der Gesellschaft. Dies sind bemerkenswerte Schritte, aber es bleibt die Frage, wie diese Erinnerungsarbeit in ein größeres politisches Projekt überführt werden kann, um einen mentalen, sozialen und politischen Wandel einzuleiten. Leider gibt es derzeit kaum Anzeichen dafür, dass die weiteren Schritte dieses Friedensprojekts auch realisiert werden. Die Entwicklung geht im Gegenteil in eine andere Richtung. Im März 2011 verabschiedete die Knesset ein ‹Nakba-Gesetz›, das den israelischen Nationalmythos bestätigte und die Erinnerung an die Vertreibung der Palästinenser unter Strafe stellte. Auch das Nationalstaatsgesetz von 2018 machte deutlich, dass die politische Identität des Staates eine Neuverhandlung des Gründungsmythos nicht zulässt. Das Ergebnis ist, dass in der Öffentlichkeit über Kriegsverbrechen wie die Massaker in Deir Yasin im Nordwesten Jerusalems, in Galiläa oder im Dorf Tantura nicht gesprochen werden darf. Auch wissenschaftliche Forschung wird unterbunden; Ausdrücke wie Nakba, «palästinensische Flüchtlinge» oder «jüdische Siedlungen» sind verboten.[40] Fakten und Fragestellungen, die im nationalen Diskurs keinen Platz haben, werden auf diese Weise entsorgt.

Es gibt allerdings auch Anzeichen, die zeigen, dass die jüngere Generation neue Fragen stellt. Ein Beispiel dafür ist der

Dokumentarfilm *Mirror Image* von Danielle Schwartz,[41] der auf internationalen Festivals mehrere Preise gewonnen hat. Es ist ein Film über Geheimnisse und Schweigen in einer israelischen Drei-Generationen-Familie. Die Filmemacherin zeichnet darin ein Interview mit ihren Großeltern auf, in dem sie versucht, das Rätsel um die Herkunft eines riesigen Spiegels zu lösen, der ein markantes Element unter den Möbeln in der Wohnung ihrer Großeltern ist. Eines ist klar: Der Spiegel ist kein Erbstück. Die Großeltern, die als junge Menschen aus Europa fliehen mussten und Anfang der 1930er Jahre nach Palästina kamen, hatten offensichtlich keine großen Möbelstücke im Gepäck. Auf die Frage nach diesem Spiegel im Rahmen einer informellen ‹Inquisition› erzählt der Großvater die Geschichte dieses Spiegels als Fund in dem palästinensischen Dorf Zarnuqa, das er 1948 erreichte, ohne weitere Einzelheiten zu nennen. Wir erfahren auch, dass der Großvater als Kind in der Nähe eines palästinensischen Bauernhofs aufwuchs, wo er gerne Zeit verbrachte und mit den Tieren und Kindern spielte. Das Gespräch über den Spiegel wird zu einer bemerkenswerten Kommunikation über das Familiengeheimnis der ganzen Nation. In diesem generationenübergreifenden Austausch bemühen sich Enkel und Großeltern darum, eine gemeinsame Sprache zu finden, um zu einer gemeinsamen Version der tabuisierten Geschichte zu gelangen. Wurde der Spiegel nach dem Krieg legal erworben oder wurde er geraubt? Worte wie «rauben», «plündern», «nehmen», «kaufen» werden ausprobiert und bleiben als Optionen der Erzählung nebeneinander stehen. «Nehmen klingt besser als plündern», interveniert die Großmutter. «Wir können die Sache zwar nicht ableugnen, aber wir hatten damit nichts zu tun.» In diesem Gespräch wird etwas, das zutiefst vergessen und zum Schweigen gebracht worden war, nach Jahrzehnten in die Familien-Kommunikation zurückgeholt.

Auch die Überwindung des fortdauernden und sich weiter verschärfenden Konflikts hat etwas mit der Veränderung der nationalen Narrative und ihrer gegenseitigen Annäherung zu tun. Dies «erfordert die Bereitschaft der Palästinenser, etwas über den Holocaust zu lernen. (...) Und es erfordert die Bereitschaft der Juden, etwas über die Nakba zu lernen.»[42] Durch Annäherung der beiden Perspektiven an die traumatische Gewaltgeschichte könnte das Trennende überwunden werden und zur Grundlage für eine friedlichere Zukunft werden. Hartnäckiges einseitiges Vergessen und leidenschaftliches Erinnern auf der anderen Seite verfestigen jedoch das Unrecht und vertiefen damit das Trauma der Opfer. Die Absicht der Gründer von Zochrot war keineswegs, der eigenen Nation zu schaden, sondern ihr zu dienen. «Wer den inzwischen siebzigjährigen arabisch-israelischen Konflikt beobachtet, wird schnell davon überzeugt sein, dass dieser solange ungelöst bleiben wird, wie die jeweiligen Parteien sich nicht vorbehaltlos und vollständig anerkennen».[43]

Es geht nicht ohne die Anerkennung der jeweils anderen Geschichte. Das würde bedeuten, dass das nationale Narrativ inklusiver und komplexer wird. In einem dialogischen Gedächtnis, das die Perspektiven beider Seiten des Konflikts zusammenbringt, könnte ein gegenseitiges Verständnis für die ganze Wahrheit der Geschichte des Ortes gewonnen werden, der von zwei Nationen geerbt und bewohnt wird. Das erfordert aber einen politischen und kulturellen Kontext, der gegenseitiges Vertrauen stärkt und eine solche Annäherung unterstützt. Da die Deutschen mit ihrer Geschichte Teil des gordischen Knotens der drei ineinander verflochtenen Narrative sind, haben sie eine klare historische Mitverantwortung an dieser Geschichte. Während die Verantwortung für die Schuld am Holocaust zentraler Teil der deutschen Identität ist, wissen die Deutschen bislang kaum etwas über die Nakba und ihre Folgen. Die Verantwortung muss sich erweitern und darin bestehen, dass die Staatsräson, die dem Staat Israel ein Recht auf Existenz zuspricht, durch eine zweite Staatsräson ergänzt wird, die den Palästinensern ebenfalls ein Recht auf Existenz in einem Staat zuspricht. Denn als Deutsche sind wir Teil eines ‹moralischen Dreiecks›, wie Sa'ed Atshan und Katharina Galor das nennen.[44]

Konstruktion und Transformation nationaler Narrative

Für Alexander Thiele sind Nationen «keine belegbaren Tatsachen, sondern in ihrem Kern geistige Schöpfungen und Legenden.»[45] Auch Jill Lepore war schon immer klar, «dass der Nationalismus eine Erfindung ist, ein Artefakt, eine Fiktion».[46] In der Literatur spielt die Fiktion eine bedeutende Rolle, aber auch außerhalb der Kunst bedeuten Fiktionen nicht automatisch Lüge und Täuschung. Die Philosophien des Als-ob und des Pragmatismus haben gezeigt, dass Menschen in der Geschichte von Kultur und Politik auf Konstruktionen angewiesen sind, mit deren Hilfe sie ihre Umwelt und Zivilisation aufbauen. Obwohl im Wort ‹Nation› die Bedeutung ‹geboren werden› enthalten ist, ist sie weder etwas Naturgegebenes noch Universales, sondern unter bestimmten historischen Bedingungen entstanden. Wichtiger als der Nachweis der Konstruktion wäre eine Diskussion darüber, wie diese Konstruktion jeweils beschaffen ist, was sie so gefährlich macht und was sie ermöglichen kann.

Mein Zugang zu diesem Themenkomplex ist die Frage nach der Konstruktion nationaler Narrative. Die nationale Erinnerungsforschung versteht sich als eine Forschung über Konstruktionen, denn genau das sind Erinnerungen, sobald sie in

Erzählungen eingehen, die den Zusammenhalt von Gruppen stärken, ihr Selbstbild begründen, ihre Werte veranschaulichen und ihre Ziele festlegen. Die Konstruktion nationaler Mythen und Narrative, die aus der Perspektive von Juristen und Historikern pauschal als Fiktionen und Lügen verworfen werden, gelten der Erinnerungsforschung als ernsthafter historischer Gegenstand, weil ihre Wirkungen in der Geschichte äußerst folgenreich sind. Sie halten Ereignisse der Vergangenheit gegenwärtig und legen mit der Deutung dieser Ereignisse auch den Normenkanon der Gesellschaft fest. Eine weitere Prämisse dieser Forschung ist, dass Staaten eine solche Selbstverständigung über ihre Vergangenheit durchaus brauchen können, weil damit eine Orientierung über gemeinsame Werte und Ziele der Gesellschaft verbunden ist. Die dritte Prämisse ist, dass die Standardlogik nationaler Narrative für eine pluralistische Gesellschaft problematisch ist, weil sie in der Regel das eigene Kollektiv selbsterhöhend aufwertet und sich damit gegen eine selbstkritische Betrachtung und die Möglichkeit historischer Veränderung abschirmt.

Das Interesse der Erinnerungsforschung gilt also der kritischen Bewertung nationaler Narrative und der Frage, ob und wie sie umgebaut werden können, um ausgrenzende Gewalt zu vermeiden und einen positiven und integrativen Zweck zu erfüllen. Woher bezieht eine zivile Nation eigentlich ihre Kraft, ihre Ideen, ihre Erinnerungen, Werte und Bilder? Wenn Nationen, wie Benedict Anderson es vorschlägt, als ‹vorgestellte Gemeinschaften› existieren, warum sollte dieses imaginierte Selbstbild nur auf nationalistische Ziele eingestellt sein und nicht auch Visionen einer pluralen Zivilgesellschaft ermöglichen? Welche Möglichkeiten für die Nation als Solidaritätsgenerator könnte es hier geben, die bislang noch kaum genutzt wurden?

So wie wir eine Grammatik der Identitätskonstruktionen

brauchen, brauchen wir auch eine Grammatik nationaler Narrative, um besser beurteilen zu können, ob sie die Nation in Richtung Nationalismus treiben oder die Demokratie stärken. Die spezifische Kultur der liberalen Demokratie müsse «mehr herausgestellt und höher gewertet werden, als solche Kulturen, die demokratische Werte ablehnten», schreibt Karl Adam in einer Rezension des Buches von Fukuyama.[47] So gut die liberale Demokratie darin ist, für die Produkte ihrer Wirtschaft zu werben, so wenig tut sie, um ihr eigenes Image zu pflegen und ihre Werte auszustellen und zu verteidigen. Wie könnte das aussehen? Gibt es neben dem ausgrenzenden Thymos auch einen positiven Thymos, der nicht Feindbilder aufbaut und andere ausschließt, sondern diese in ihrem Anderssein einschließt? Gibt es einen Stolz oder ein kollektives Selbstbewusstsein, das nicht von der Herabwürdigung anderer angetrieben ist und sich nicht auf Kosten anderer entfaltet?

Gedächtnisrahmen oder die Auswahlkriterien des nationalen Gedächtnisses

Einen tieferen Einblick in die Dynamik nationaler Gedächtnisse können wir mithilfe des Konzepts des ‹sozialen Rahmens› von Maurice Halbwachs gewinnen.[48] Der Soziologe revolutionierte die Gedächtnisforschung, indem er über das Individuum hinaus nach den gesellschaftlichen Bedingungen des Erinnerns fragte. Der soziale Rahmen ist dabei eine wichtige Schnittstelle zwischen der Erinnerung der Individuen und dem Gedächtnis der Gesellschaft. Ein Rahmen hält das gemeinsame Gedächtnis nicht nur zusammen und aufrecht, er kontrolliert auch, was eingeschlossen und was ausgeschlossen wird. Wie ein Bilderrahmen schließt der ‹soziale Rahmen› etwas ein und sehr vieles aus. Besonders deutlich wird das im Falle des nationalen Gedächtnisses, das einer sehr einfachen

Logik des Vergessens folgt. Um das an einem Beispiel zu verdeutlichen: In Paris gibt es unter den Metrostationen solche, die nach den Siegen Napoleons benannt sind wie ‹Iéna› oder ‹Austerlitz›. Was in dieser Stadt allerdings undenkbar wäre, ist eine Metrostation, die den Namen ‹Waterloo› trägt. In diese Station kann man dagegen in London einsteigen. Mit anderen Worten: Das Gedächtnis der Nation erinnert an die Siege und vergisst die Niederlagen.[49]

Die sozialen Rahmen reichen aber noch sehr viel weiter in Bereiche, die weniger sichtbar sind. Wir spüren sie, wenn wir in der gesellschaftlichen Kommunikation bei bestimmten Themen an fühlbare Grenzen und Tabus stoßen. Um sie klarer herauszuarbeiten, müssen wir genauer nach den Thematisierungs- und Erinnerungsregeln einer Gesellschaft fragen. Worüber kann, soll, darf gesprochen werden und was wird übergangen und ins Schweigen verbannt? Welche persönlichen Erinnerungen lässt man wiederaufleben, welche behält man lieber für sich? Wofür gibt es Interesse, Aufmerksamkeit, Empathie, was bleibt ausgeschlossen und im Dunkeln? Diese Fragen hängen aufs Engste mit den Emotionen zusammen, die die Stütze der Erinnerung sind und ihren Treibstoff bilden. Während im Falle des Kollektivs der Nation Stolz und Ehre, der Wunsch nach Anerkennung und ein positives Selbstbild die Auswahl des zu Erinnernden bestimmen, sind Gefühle wie Schuld und Scham verantwortlich für die Ausgrenzung und Verdrängung von Gedächtnisinhalten. Schon Nietzsche wusste das:

> Das habe ich getan, sagt mein Gedächtnis.
> Das kann ich nicht getan haben, sagt mein Stolz und bleibt unerbittlich.
> Endlich gibt das Gedächtnis nach.[50]

Was für den Einzelnen gilt, gilt auch für Wir-Gruppen: Man erinnert und vergisst, um dazuzugehören und vermeidet tunlichst alles, was den Ausschluss aus der Gruppe nach sich ziehen könnte. Der soziale Rahmen ist somit ein verbindliches Programm, wir können auch sagen: er wirkt wie ein Filter, der die Auswahl der Erinnerungen steuert und ihre Relevanz bestätigt. Erinnert wird, was die Identität der Gruppe stärkt, und die Identität der Gruppe befestigt die Erinnerungen. Mit anderen Worten: Das Verhältnis zwischen Erinnerungen und Identität ist zirkulär. Wie lange sich diese Rahmen halten und weitergegeben werden, hängt jeweils davon ab, ob sie gebraucht werden, d. h. ob sie dem gewünschten Selbstbild der Gruppe und ihren Zielen entsprechen oder nicht. Sie verlieren ihre Bedeutung, wenn sich die Kontexte wandeln und alte durch neue Identitäten ersetzt werden.

All das bedeutet für das nationale Gedächtnis, dass es stets auf einen ruhmreichen, ehrenwerten oder zumindest akzeptablen Ausschnitt beschränkt ist. Angesichts einer schuldhaften oder traumatischen Vergangenheit gibt es üblicherweise überhaupt nur drei sanktionierte Rollen, die das nationale Gedächtnis akzeptieren kann: die des Siegers, der das Böse überwunden hat, die des Widerstandskämpfers und Märtyrers, der gegen das Böse gekämpft hat, und die des Opfers, das das Böse passiv erlitten hat. Was jenseits dieser Positionen und ihrer Perspektiven liegt, kann gar nicht oder nur sehr schwer zum Gegenstand eines akzeptierten Narrativs werden und wird deshalb auf der offiziellen Ebene ‹vergessen›.

Diesen monologischen Charakter des nationalen Gedächtnisses hat Marc Bloch bereits in den 1920er Jahren kritisiert: «Hören wir doch endlich damit auf, uns ewig von Nationalgeschichte zu Nationalgeschichte zu unterhalten, ohne uns gegenseitig zu verstehen.» Er sprach auch von einem «Dialog unter Schwerhörigen, bei dem jeder völlig verkehrt auf die Fragen des anderen antwortet».[51] Das hat Peter Novick 75 Jahre später bestätigt. «Das kollektive Gedächtnis vereinfacht; es sieht alles aus einer einzigen, emotional besetzten Perspektive. Es kann keine Ambivalenzen aushalten und reduziert Ereignisse zu Archetypen.»[52]

Das war schon immer so, aber so ist es nicht geblieben. Ich möchte hier auf eine wichtige historische Zäsur und Wende aufmerksam machen. Seit den 1980er und 1990er Jahren ist in Europa eine dialogische Form der Erinnerung entstanden. Das war eine historische Innovation; so etwas hatte es bisher in der Geschichte nicht gegeben. In den meisten Kulturen der Welt galt das Vergessen als eine positive Ressource, wenn es um die eigenen Verfehlungen ging. Dass man sich an die eigenen Fehler und Verbrechen erinnert, ist die große Ausnahme in der Menschheitsgeschichte. Dies geschieht zwar regelmäßig im Ritual der christlichen Beichte, doch hat dieses noch einmal Hervorholen des Beschämenden nur ein Ziel: die Absolution des Priesters und die Befreiung von der Last negativer Erinnerungen, die das Selbstbild belasten und den Lebenswillen behindern. Neu in der Geschichte ist demgegenüber ein Zugang zu belastenden Erinnerungen an traumatische Ereignisse. Mit dem Holocaust und der Kategorie des Traumas hat sich in den 1980er und 1990er Jahren eine neue Haltung gegenüber der Vergangenheit entwickelt, die die Bewertung des Vergessens als individuelle und kulturelle Ressource und Allheilmittel relativiert und sich von der traditionellen Logik des Erinnerns und Vergessens in der Geschichte der Sieger und Verlierer entfernt. Bei traumatischen Ereignissen handelt es sich um exzessive Gewalt gegenüber Zivilisten, die ausgebeutet, verfolgt und vernichtet werden. Vor dem Hintergrund dieses neuartigen Narrativs, das nicht mehr Stolz und Ehre, sondern Schuld und Verantwortung in den Mittelpunkt stellt, wurde in Deutschland auch ein neuer Denkmalstyp erfunden.

James Young sprach in diesem Zusammenhang von ‹Gegendenkmälern›: «Während die Geschichte reich an Denkmälern ist, die den Triumph der Sieger verewigen, und ebenso reich an Denkmälern, die das Martyrium der Opfer darstellen, ist es selten, dass eine Nation sich auf die Opfer ihrer eigenen Verbrechen konzentriert hat.»[53] Young bezog sich dabei auf eine neue Denkmals-Avantgarde von Künstlern wie Esther und Jochen Gerz, Horst Hoheisel, Christian Boltanski, Frieder Schnock und Renata Stih und anderen, die die Funktion des Denkmals meist mit einer provokanten Kunstaktion und Perfomance verbinden. In dieser Tradition stehen auch Peter Eisenmans zentrales Mahnmal für die ermordeten Juden Europas in der Mitte Berlins und Gunter Demnigs Stolpersteine, die dezentral in deutschen Städten auf Bürgersteigen verlegt sind und vor der Haustür an die Verfolgten und Ermordeten des NS-Regimes erinnern.

Als exemplarisches historisches Trauma gilt der Holocaust, der sich gegen unschuldige und wehrlose Menschen richtete und in der Form seiner Konzeption und Ausführung einzigartig war, nicht aber in seiner traumatischen Qualität. In der Folge der Holocausterinnerung konnten sich auch die von der Kolonialisierung ausgerotteten indigenen Ureinwohner sowie die über den Atlantik deportierten Sklaven als Opfer einer traumatischen Geschichte verstehen und Anerkennung, Empathie, Erinnerung und Restitution für das erlittene Leid einfordern. Es war der Zeitpunkt gekommen, an dem diese unterschiedlichen Opfergruppen mit ihrer traumatischen Geschichte nicht mehr alleine waren, sondern im Zeichen der Menschenrechte Anerkennung und öffentlich Gehör fanden. Das brachte eine Störung in die bislang praktizierte Logik des nationalen Gedächtnisses. Bislang hatte das Vergessen die Täter geschützt und den Opfern geschadet; mit der Wende zur Erinnerung gerieten die Täter ins Visier und standen vor neuen Herausforderungen. Damit änderte sich immerhin ansatzweise auch die Grammatik des nationalen Gedächtnisses. Sie führte in einzelnen Fällen zur Wiederherstellung von Beziehungsgeschichten zwischen Opfern und Tätern, die eine Wende in der nationalen Erinnerungspraxis einleiteten.

Die neue Form nationaler Erinnerung bietet ebenfalls Platz für eigenen Ruhm und eigenes Leid, aber sie kann neuerdings auch das den Nachbarn jenseits der Grenzen oder den ausgebeuteten Minderheiten innerhalb der Grenzen zugefügte Leid ins eigene Gedächtnis mit aufnehmen. Diese neue Erinnerungskultur wurde in Deutschland nicht von oben diktiert, sondern entstand durch das Engagement von Bürgern, die den Wunsch nach Aufklärung hatten, sowie durch historische Forschung. Denn nach dem Ende des Kalten Krieges kam es zu einer Öffnung der osteuropäischen Archive. Was die neue Forschung über den Zweiten Weltkrieg und den Holocaust zutage förderte, führte in den 1990er Jahren zu plötzlichen Erinnerungsschüben in mehreren Gesellschaften Europas und brachte dabei fest etablierte positive nationale Selbstbilder ins Wanken. Hier nur einige Beispiele: Aufgrund neuer Dokumente über die Vichy-Regierung war Frankreich nicht mehr nur eine ‹Widerstands-Nation›, und auch die DDR musste sich mit der bislang ausgeschlossenen Geschichte der Juden während der NS-Zeit beschäftigen. Österreich konnte sich nach der Affäre um den Präsidenten Kurt Waldheim nicht mehr als ‹unschuldiges erstes Opfer Hitlers› präsentieren, und angesichts der Diskussionen um Jedwabne und Kielce musste sich auch die Opfernation der Polen mit Erscheinungsformen von Antisemitismus beschäftigen. Selbst die neutrale Schweiz setzte eine Historikerkommission ein, die auf ihre Banken und ihre Grenze als Orte der Kollaboration hinwies. Überall kam es zu einer Rückkehr persönlicher Erinnerungen und einer Intensivierung historischer Forschung, womit die Eindeutigkeit und Ausschließlichkeit der herrschenden nationalen Narrative in Frage gestellt und in Gedenkorten, Museen, Schulbüchern und Ausstellungen korrigiert wurde.

Seit den 1990er Jahren existierten nationale Gedächtnisse also nicht mehr in monologischer Isolation, sondern waren plötzlich über die Grenzen Europas hinweg mit anderen nationalen Gedächtnissen verbunden. Der Holocaust ist in ein globales Gedächtnis eingegangen, der Zweite Weltkrieg in ein europäisches. Damit ist man einer Prognose nähergekommen, die Tzvetan Todorov für Europa gestellt hatte: «Nicht diejenigen, die über eine gemeinsame Erinnerung verfügen, werden die Europäer von morgen sein, sondern jene, die einräumen, dass die Erinnerung des Nachbarn genauso legitim ist wie die eigene.»[54] Richard Sennett hat einmal betont, dass es einer Vielfalt widerstreitender Erinnerungen bedürfe, um unangenehme historische Fakten anzuerkennen.[55] In diesem Sinne bot und bietet die Konstellation der Europäischen Union einen einmaligen Rahmen für die selbstkritische Revision nationaler Mythen und ihren Umbau von monologischen in dialogische Gedächtniskonstruktionen.

Inzwischen konnten wir allerdings auch feststellen, dass diese Entwicklung nicht linear und irreversibel ist. 30 Jahre nach dem Fall der Mauer, die Europa 40 Jahre lang geteilt hat, erleben wir gerade die Wiedererrichtung mentaler Mauern in den Köpfen vieler Europäer. Dabei werden die dialogischen Ansätze und Errungenschaften wieder rückgängig gemacht und die Eindeutigkeit, Selbstbezüglichkeit und Ausschließlichkeit der nationalen Narrative wiederhergestellt. In Polen zum Beispiel wird unter dem Einfluss der PiS-Partei das Narrativ der ‹unschuldigen Opfernation› wieder zur verbindlichen nationalen Erzählung erhoben und diejenigen, die anderes berichten, müssen mit Strafen rechnen. Der polnische Umgang mit den verfolgten Juden im eigenen Land wird unter strenge

Zensur gestellt. Erwähnt werden dürfen die vielen Polen, die Juden versteckt und geschützt haben, nicht erwähnt werden dürfen diejenigen Polen, die Juden denunziert und ausgeliefert haben. Vor allem darf der polnische Raubzug an jüdischem Eigentum nach deren Vernichtung nicht thematisiert werden.

Ein weiteres Beispiel ist eine Gerichtsverhandlung in Polen, in der gerade monologisches und dialogisches Erinnern prototypisch aufeinanderprallen. Hintergrund ist das Gdansk Museum. Initiiert wurde es durch Donald Tusk, der einen Plan des Historikers Paweł Machcewicz begeistert aufnahm und ihn gleich als Gründungsdirektor für dieses neue Museum einsetzte. Das Museum sollte den Zweiten Weltkrieg in globalem Rahmen als eine europäische Beziehungsgeschichte erzählen. Es stellte deshalb

- transnationale Beziehungen dar,
- war multiperspektivisch ausgerichtet,
- würdigte zivile Opfer des Krieges
- und vertrat pazifistische Werte.

Nach acht Jahren intensiver Vorbereitung und Unterstützung durch ein hochkarätiges internationales Expertenteam wurde das Museum im März 2017 eröffnet – und nach 2 Wochen schon wieder geschlossen. Sein Direktor Paweł Machcewicz wurde fristlos entlassen.[56] Das Museum wurde zwar wieder geöffnet, aber unentwegt umgearbeitet. An seine Stelle soll längerfristig das Museum der benachbarten Westerplatte treten, das zeigt, wie polnische Helden acht Tage lang gegen den deutschen Überfall Widerstand geleistet haben. Die Logik dieses Museums ist eine völlig andere:

- Es enthält nur eine Perspektive,
- es befestigt den Mythos der Nation, indem es sich ausschließlich
- auf Helden und Märtyrer konzentriert und
- einen heroischen Kult des Krieges feiert.

Daraufhin haben vier polnische Historiker diesen Prozess aufgehalten, indem sie wegen der schleichenden Umarbeitung ihrer Ausstellung gegen den amtierenden Direktor des Museums klagten. Dieses Verfahren ist das erste seiner Art und von großer Bedeutung für die EU, wie eine polnische Journalistin betont: «Das hier ist ein Kampf, um eine Geschichte zu retten, die nicht in Schwarz-weiß geschrieben ist und nicht politisch instrumentalisiert ist, eine Geschichte, die uns ermutigt, Verbindungen zwischen der (nationalistischen) Vergangenheit und der (europäischen) Gegenwart herzustellen.»[57]

«Es ist gut, wenn wir Erinnerungen austauschen und erfahren, was die anderen von unseren Geschichten denken. (...) Die gesamte europäische Geschichte ist zusehends Allgemeingut, das für einen jeden ohne die Verpflichtung nationaler oder anderer Befangenheiten zugänglich ist.»[58] Diese Sätze hat György Konrad 2008 gesagt. Seither wird in Europa das Rad der Geschichte zurückgedreht. In vielen Staaten Europas gelten heute wieder die alten Prinzipien eines monologischen Nationalstaats, der ausschließlich auf Stolz und Ehre gegründet ist und selbstherrlich über seine Geschichte entscheidet.

Ähnliches geschieht in Ungarn und Russland, wo der militante Patriotismus zu einer nationalen Verpflichtung geworden ist und den Charakter eines religiösen Bekenntnisses angenommen hat. Das zeigt sich besonders klar an der Figur Stalins, die in Russland in zwei Hälften geteilt ist. Dessen ‹Politik der Angst›, die durch politische Säuberungen, Deportationen und Zwangsumsiedlungen Millionen Tote gefordert hat, wird im aktuellen Geschichtsnarrativ als unvermeidliche Begleiterscheinung einer großartigen Modernisierung gedeutet und mit Schweigen und Vergessen übergangen. Übrig geblieben ist die Lichtgestalt Stalins als Sieger über Hitler und Nazideutschland. Unter diesen Umständen gilt einmal mehr die Diagnose von Peter Novick: «Das kollektive Gedächtnis vereinfacht, es sieht alles aus einer einzigen, emotional besetzten Perspektive. Es kann keine Ambivalenzen aushalten und reduziert Ereignisse zu Archetypen.» Wir könnten auch sagen: Der Thymos regiert wieder, und mit ihm Stolz und Ehre, die (ur)alten Prinzipien der Kriegergesellschaft und des Nationalstaats. In die alten Muster zurückzufallen heißt aber auch: Es dürfen keine Lehren aus der Geschichte gezogen werden. Es darf kein Prozess der Einsicht und keine Identitätswende erfolgen. Selbstkritik, die eine solche Wende einleitet, gilt nicht als Stärke, sondern als Schwäche, die unter allen Umständen unterbunden werden muss. Die entgegengesetzte Sicht hat der polnische Philosoph Leszek Kołakowski in einem klaren Satz ausgesprochen: «Wir lernen aus der Geschichte, um diejenigen um uns herum zu erkennen, die am schlimmsten unter ihr gelitten haben.»[59] In der dritten und vierten Post-Holocaust-Generation geht es nicht mehr um Schuld und Schande, sondern um Verantwortung und Empathie für die Opfer der eigenen Geschichte. Von Schuld und Schande spricht, wer glaubt, die Ehre der Nation wider besseres Wissen und Gewissen retten zu müssen; von Empathie spricht, wer auf die Würde der Person setzt und damit die Demokratie stärkt.

Die Nation und das Heilige

Aus der Perspektive der Staatsrechtslehre empfiehlt Alexander Thiele eine Denationalisierung der Staatenwelt im 21. Jahrhundert. Er schlägt vor, dass so, wie die Aufklärung die Bindung an die Religion einst privatisiert hat, nun in einem weiteren Schritt der Modernisierung die Bindung an die Nation privatisiert werden soll. Da nach Thiele «der Nationsidee ein gewisser sakraler Charakter seit jeher anhaftet», gehe es jetzt darum, «mit der Nation und dem Nationalismus die letzten sakralen Überreste aus dem Bereich des Staatlichen zu entfernen». Die praktische Lösung für dieses Problem ist für Thiele der demokratische Verfassungsstaat. Ihm ist klar, «dass dem Verfassungspatriotismus der Pathos (sic) des Nationalen abgeht». Das nimmt er aber gern in Kauf. Dieses Konzept sei «möglicherweise ‹blutleerer› als der Nationalismus, aber eben dadurch auch weniger ‹blutig› als nationale Narrative, wie der Blick in die Geschichte belegt».[60] Thiele argumentiert im Rahmen der westlichen Modernisierungstheorie, die historischen Fortschritt mit Säkularisierung, Individualisierung und der Ausdifferenzierung von Wertsphären gleichsetzt. Angetrieben wird dieser Fortschritt durch einen Aufklärungsprozess und eine Kulturarbeit, die Sigmund Freud mit einem berühmten Bild verglichen hat: «Wo Es war, soll Ich werden. Es ist eine Kulturarbeit etwa wie die Trockenlegung der Zuidersee.»[61] Max Weber hat einen ähnlichen Prozess beschrieben, aber nicht als zivilisatorisches Programm, sondern als Diagnose eines unvermeidlichen Verlaufs: Die Moderne ist ein Prozess der Säkularisierung und Weltentzauberung. Wo immer sich noch etwas Heiliges gehalten hat, wird es über kurz oder lang verschwinden.

Säkularisierung und Sakralisierung: Geschichtsschreibung und nationale Mythen

Wenn über das Heilige gesprochen wird, ist die Kompetenz nicht nur der Juristen, Psychoanalytiker und Modernisierungstheoretiker, sondern auch der Kulturwissenschaftler*innen gefragt. Ein Blick in die Geschichte der westlichen Kultur zeigt nämlich, dass der Säkularisierungsprozess keine Einbahnstraße ist, sondern sich in Form einer historischen Dialektik vollzieht. Im 19. Jahrhundert zum Beispiel, als die Universitäten neu gegründet wurden, hat die Etablierung der historischen Wissenschaften zu einem radikalen Säkularisierungsschub in der Gesellschaft geführt. Historisierung bedeutete, die Zeit als Motor der Veränderung ernst zu nehmen. Was in der Zeit entstand, konnte in der Zeit auch wieder vergehen. Ewige Werte gab es nicht mehr; alles erschien auf einmal kontingent und damit als Produkt des Zufalls historischer Bedingungen. Die normative Dimension der *Geltung* erwies sich immer deutlicher als unvereinbar mit der historischen Dimension der *Genese*. Am offensichtlichsten wurde das bei den Bibelforschern, die die Gründungstexte der Religion plötzlich mit einem kritischen philologischen Blick untersuchten und in größere historische Kontexte einordneten. Das hat bekanntlich nicht zu einer Auflösung oder Austrocknung des Heiligen geführt, sondern zu einem neuen Nebeneinander von Religionswissenschaft und religiöser Praxis. Der mit der Säkularisierung verbundene gesellschaftliche Geltungsschwund der christlichen Religion hat vielmehr zu einer Verschiebung des Heiligen in andere Bereiche geführt. Für diejenigen, die sich im Christentum nicht oder nicht mehr beheimatet fühlten, eröffneten sich neue Alternativen: die ‹Bildungsreligion› im Bereich der Kunst und die Bindung an die Nation. Die Aura des Sakralen ging dabei auf die Kunst bzw. die Nation über. Diesen Prozess der Verschiebung habe ich in einem früheren Buch genauer untersucht und gebe hier noch einmal die leitende These wieder. Es ist

> für die Widersprüchlichkeit des Modernisierungsprozesses von Bedeutung, dass sowohl Kunst als auch Geschichte im 19. Jahrhundert in doppelter Gestalt auftreten: als wissenschaftliche Disziplin einerseits und als Gegenstand religiöser Devotion andererseits. Die Kunst wird verwissenschaftlicht in den neuen Disziplinen der Literatur- und Kunstwissenschaft; und sie wird gleichzeitig sakralisiert in

> der Kanonisierung von (nationalen) Klassikern. Die Geschichte wird verwissenschaftlicht in den historischen Wissenschaften; und sie wird gleichzeitig sakralisiert in der Konstruktion historischer Mythen. So entsteht im 19. Jahrhundert eine neuartige kulturelle Spannung durch die Koevolution von Verwissenschaftlichung und Sakralisierung.[62]

Die Sakralisierung von Literatur, Kunst und Musik sowie die Sakralisierung der eigenen Geschichte sind ein zentrales Element des Nationsbildungsprojekts, das viele Staaten im 19. Jahrhundert betrieben haben. Die Entwicklung des deutschen Nationsbildungsprojekts lässt sich an nichts so klar ablesen wie am Text der deutschen Nationalhymne von August Heinrich Hoffmann von Fallersleben (1841). Ich beschränke mich dabei auf die dritte Strophe.

> Einigkeit und Recht und Freiheit
> Für das deutsche Vaterland!
> Danach lasst uns alle streben
> Brüderlich mit Herz und Hand!
> Einigkeit und Recht und Freiheit
> Sind des Glückes Unterpfand –
> Blüh im Glanze dieses Glückes,
> Blühe, deutsches Vaterland!

Einigkeit und Recht und Freiheit: Nach Gründung des Rheinbunds und der Auflösung des Heiligen Römischen Reichs deutscher Nation (1806) rückte Napoleon mit seinen Truppen in deutsche Reichsstädte, Bistümer und Fürstentümer vor. Die Präsenz Napoleons diesseits des Rheins wurde dabei zur Initialzündung für ein neues deutsches Nationalbewusstsein des gebildeten Bürgertums. Die Bedeutung Napoleons war dabei höchst ambivalent. Für die einen war er ein Befreier, weil er die demokratischen Errungenschaften des Code civil über die Grenze brachte. Auf ihn stützten sich liberale Befreiungsbewegungen, die aus den Bürgerrechten der Französischen Revolution die Forderung nach Freiheit, Gleichheit, Brüderlichkeit ableiteten.

das deutsche Vaterland: Für die anderen war Napoleon ein Fremdherrscher und Unterdrücker, der die Forderung nach nationaler Selbstbestimmung stärkte. Dieses Vaterland wurde mit revolutionären Fahnen, Liedern, Kämpfen und Festen wie dem Wartburgfest 1817 und dem Hambacher Fest 1832 beschworen. Die Farben Schwarz, Rot, Gold, quergestreift in der Reihung von oben, wurden beim Hambacher Fest zum ersten Mal im öffentlichen Raum präsentiert. Die monumentale Ruhmeshalle der Walhalla in der Nähe von Regensburg war keine nationale, sondern eine regionale Stiftung des Königs Ludwig von Bayern im Jahr 1842, ein Jahr nach der Entstehung des Deutschlandlieds.[63] Die Idee dazu kam ihm nach dem Sieg Napoleons über Preußen 1806. Nach der ‹Schmach› dieser Niederlage sollte an die Stelle des ersten Kaiserreichs «ein gemeinsames Vaterland» treten. Die Widmungsinschrift des Königs lautet: «Möchte Walhalla förderlich sein der Erstarkung und der Vermehrung deutschen Sinnes! Möchten alle Deutschen, welchen Stammes sie auch seien, immer fühlen, dass sie ein gemeinsames Vaterland haben, ein Vaterland, auf das sie stolz sein können, und jeder trage bei, soviel er vermag, zu dessen Verherrlichung.»[64]

brüderlich mit Herz und Hand: Die Träger dieser Bewegung waren Studenten, also männliche gebildete Bürger. An den Universitäten waren die Studenten damals in Burschenschaften organisiert und trugen Uniformen. Sie trugen aber auch die Uniformen von Freikorps, in denen sie sich in den Befreiungskriegen gegen Napoleon organisierten. Diese Befreiungsgeschichte ist eine rein männliche Geschichte.

Blüh im Glanze dieses Glückes: Das Wort ‹Glück› kommt in der Hymne gleich zwei Mal vor. Von Glück konnte aber in der Geschichte dieser demokratischen deutschen Revolution von unten nicht die Rede sein. Eher von Unglück. Die Demokratie ist in Deutschland nämlich zwei Mal gescheitert. Erst scheiterte sie in der Paulskirche und mündete in das Kaiserreich 1871, das die Nation in einem preußischen Obrigkeitsstaat ohne gleiche demokratische Grundrechte verwirklichte. Die Hoffnungen auf eine demokratische Entwicklung der Nation mündeten damals in einen imperialen Nationalstaat mit globalen Ambitionen. Das Feindbild Frankreich wurde zur Stärkung der deutschen Einheit übernommen und auf andere europäische Nationen ausgedehnt, mit denen das Kaiserreich in einen kolonialen Wettbewerb trat. Als zweiter Versuch scheiterte die Demokratie der Weimarer Republik, an der erstmals auch Frauen mitwirkten, 1933 mit Hitlers ‹Machtergreifung›. Die westdeutsche Demokratie war nach 1945 das Geschenk der Alliierten und das Produkt des Marshallplans der Vereinigten Staaten. Die erste gelungene und selbst errungene deutsche demokratische Revolution ist die Bürgerbewegung in der DDR, die zum Sturz der Mauer führte.

So, wie sich das Pathos der Befreiungskriege am Text des Deutschlandlieds ablesen lässt, lässt sich das Selbstbild des imperialen Deutschlands an der Entwicklung nationaler Denkmäler ablesen, die heute von rechtsextremen Nationalisten wieder neu besetzt und bespielt werden. Hier spielen die sogenannten ‹Kaiser Wilhelm-Denkmäler› eine besondere Rolle, zu denen das Hermannsdenkmal im Teutoburger Wald (1875), das Kyffhäuserdenkmal in Thüringen (1896) und das Völkerschlachtdenkmal in Leipzig (1913) gehören. Diese Denkmäler entstanden, als sich nach der Kaiser-Proklamation 1871 zeigte, «dass das neue deutsche Reich eine zusammenhängende und begeisternde Historie brauchte».[65] Das ist eine treffende Beschreibung eines nationalen Narrativs, das einzelne Ereignisse aus dem Fluss der Geschichte heraushebt, sie mit Glanz und Glorie ausstattet und in ein erinnerungsträchtiges Symbol verwandelt. Zur mythischen Aufladung solcher Ereignisse trugen nicht nur der monumentale Maßstab der Denkmäler, sondern auch altgermanische Sagen, politische Allegorien und historische Festspiele bei, die an Jahrestagen aufgeführt wurden. Die Völkerschlacht bei Leipzig lag bereits 100 Jahre zurück, als 1913, ein Jahr vor Beginn des Ersten Weltkriegs, das Denkmal in Leipzig eingeweiht wurde. Seine identitätsbildende Funktion als nationales Symbol des Zweiten Kaiserreichs erklärte ein gewisser Freiherr von Grotthuss im Jahr seiner Einweihung: «In gewissem Sinne wird der Befreiungskrieg für Deutschland immer sein, was der Unabhängigkeitskrieg den Amerikanern, die große Revolution den Franzosen ist: der Anfang des modernen, nationalbewussten politischen Lebens.»[66] Das Narrativ des Befreiungskriegs hatte Deutschland also mit anderen neuen Nationen gemein, die sich aus hegemonialen Staatenverbänden lösten. Der Erste Weltkrieg wurde dann durch einen weiteren nationalen Befreiungskampf ausgelöst, nämlich den der Serben gegen das Habsburgerreich, und am Ende des 20. Jahrhunderts im Balkankrieg war es wiederum der serbische Nationalismus, in dessen Namen der Genozid an muslimischen Bosniern verübt wurde.

Einigkeit und Recht und Freiheit – die Vorkämpfer dieser Werte der Demokratie wurden in Deutschland als Staatsfeinde verfolgt. Sie mussten das Land verlassen; die liberale Idee des Vormärz ging im deutschen Kaiserreich vorerst unter. Freiheit für die Nation ja, aber nicht für ihre Bürger. Das Denkmalpathos jener Jahre ist der symbolische Ausdruck dieser staatstragenden Form der Befreiung der Nation von oben. Arno Borst kommentierte, dass die Monumente gebraucht wurden, um «in kritischen Lagen die politische Identität» zu stabilisieren und zu objektivieren.[67] Ähnlich sieht es Herfried Münkler: «Die imposanten Gedenkbauwerke waren eher symbolische Bollwerke gegen äußere und innere Feinde. In diesem Fall ging es vor allem um die inneren Feinde, die deutsche Sozialdemokratie, gegen die sich die Kriegervereine als Hüter und Wahrer der Reichseinheit stellen wollten. Dem Reich, das einst an innerem Zwist zugrunde gegangen war, sollte ein solches Schicksal kein zweites Mal widerfahren. Das mächtige Kyffhäuserdenkmal sollte diese Entschlossenheit zum Ausdruck bringen.»[68]

Was hat das nationale Narrativ des 19. Jahrhunderts noch mit unserer Gegenwart zu tun? Erstes Beispiel. Die Stadträte in den deutschen Kommunen befassen sich derzeit vermehrt mit der Frage der Umbenennung von Straßen und Plätzen. Historikerkommissionen werden eingesetzt, um nicht nur hier und da auf Anstößiges zu reagieren, sondern mit einer systematischen Paketlösung zu agieren. Nach der Wende hatte es in Berlin bereits flächendeckende Umbenennungsaktionen gegeben, die die DDR-Geschichte aus dem Stadtbild tilgten. Jetzt geht es um die preußische Geschichte Berlins, die Generäle und Helden eben jener Befreiungskriege (1813–1815), deren Straßen und Denkmäler zur Diskussion stehen. Der Stadtteil Kreuzberg zum Beispiel ist besonders im Visier, weil hier seit 1864 im Straßennetz ein sogenannter ‹Generalszug› den öffentlichen Raum beherrscht. Die Grünen, die die Straßennamen mit Generälen nicht mehr zeitgemäß finden, fordern eine «Entmilitarisierung des öffentlichen Raums». Wenn sie sich durchsetzen, würde auch der Stadtteil selbst umbenannt werden müssen, denn das Kreuz von Kreuzberg ist ja das Eiserne Kreuz des Freiheitsdenkmals im Viktoriapark auf dem Kreuzberg, das nach Bauplänen von Karl Friedrich Schinkel errichtet und 1821 eingeweiht wurde.

Die deutschen Befreiungskämpfe richteten sich gegen

Frankreich und die Eroberungskriege Napoleons. Stört diese Geschichte heute noch den Frieden in Europa und die freundschaftlichen Beziehungen zwischen den ehemaligen Erbfeinden Deutschland und Frankreich? Offensichtlich nicht. Sie mobilisieren längst nicht mehr, denn die Befreiungskriege sind nicht mehr das, was sie im 19. Jahrhundert waren: Grundlage des verbindlichen nationalen Narrativs der Deutschen. Heute sind diese Namen und Denkmäler die erkaltete Asche eines erloschenen Vulkans. Sie sind die letzten öffentlichen Zeugen einer vergangenen Geschichte, die noch in Spuren und Symbolen präsent ist. In dieser Form erfüllen sie aber noch eine wichtige Funktion: Sie können der historischen Aufklärung über die Geschichte der deutschen Nationsbildung dienen. In diese Debatten über die deutsche Geschichte mischen sich inzwischen auch junge Bürger mit Migrationshintergrund ein. Timur Hussein, CDU-Politiker und türkischstämmiger Bezirksrat in Berlin-Kreuzberg ist ein Patriot, der seine Liebe zu den Preußen entdeckt hat.[69] Er erinnert daran, dass Preußen nicht nur für die verhängnisvolle Militarisierung der deutschen Kultur im Kaiserreich verantwortlich war, sondern auch für Aufklärung, Toleranz und eine moderne Bürgerkultur steht. [70]

Viele Statuen aus dieser Zeit sind längst abgeräumt und aus dem Stadtbild verschwunden – aber nicht entsorgt worden. Sie sind zu besichtigen im Museum in der Zitadelle Spandau, wo diese Held*innen befreit von ihrer mahnenden Erinnerungspflicht einen entspannten Ruhestand genießen. Eine ganz andere Rolle spielen in der Gegenwart die monumentalen Denkmäler des Kaiserreichs als *landmarks* und beliebte Freizeitziele. Das führt uns zu einem zweiten Beispiel. Björn Höcke und die Anhänger der AfD eignen sich gerade diese nationalen Denkmäler des Zweiten Kaiserreichs an samt ihrer Narrative. Sie inszenieren sich dabei als patriotische Hüter und Wahrer nationaler Mythen. Für seine öffentliche Erklärung zur Auflösung des ultrarechten ‹Flügels› der AfD hat sich Björn Höcke noch einmal als Hintergrund das Kyffhäuserdenkmal ausgesucht, zu dem er mit seinen Anhängern jährlich pilgert. Er ließ in seiner kurzen Videobotschaft keinen Zweifel daran, dass er und seine Anhänger «in einem historischen Auftrag» handeln und zu den Patrioten gehören, «die dieses Land nicht aufgeben wollen und nicht aufgeben werden».[71] Höcke lebt im wiedervereinigten Deutschland. Nach der Wende von 1989 wurde in beiden Teilen Deutschlands, gestützt durch den Gedenkstättenvertrag, die Erinnerung an das Menschheitsverbrechen des Holocaust zum zentralen Teil eines identitätsstiftenden nationalen Narrativs. Höcke verweigert strikt die Anerkennung dieses gegenwärtigen nationalen Narrativs und fordert eine erinnerungspolitische Wende um 180 Grad. Das bedeutet im Klartext, dass er die Erinnerung an den deutschen Vernichtungskrieg und den Holocaust durch das Narrativ des 19. Jahrhunderts und die Befreiungskriege ersetzen möchte. Statt den Zivilisationsbruch in der deutschen Geschichte anzuerkennen, knüpft er unmittelbar an deutsche Helden, Stolz und Größe des 19. Jahrhunderts an, als habe es das 20. Jahrhundert mit seinen Exzessen von Nationalismus und Gewalt nie gegeben. Gerade weil Geschichte inzwischen wieder als politische Waffe eingesetzt wird, sollte man sie nicht entsorgen, besser kennen lernen und einordnen können.

Die Empfehlung von Alexander Thiele und Jill Lepore lautete: Da wir das Grundgesetz als gemeinschaftsbildende Referenz haben, können wir auf die Geschichte als Dimension nationaler Identitätsvergewisserung verzichten. Da nationale Narrative große Wirkmacht entfalten können, sollte man sie aber nicht unterschätzen und, statt sie abzuschaffen, sich lieber auf ihre Kritik und Transformation konzentrieren. Die kategorische Trennung von Rechtsbewusstsein und Geschichtsbewusstsein wiederspricht auch dem Gedanken des Richters Robert Carver, wonach hinter jedem Rechtswerk ein Epos steht. Das gilt in besonderer Weise auch für das deutsche Grundgesetz von 1949, das ja nicht am Anfang der deutschen Nationsbildung stand, sondern erst nach ihrem Ende durch Kapitulation und Zusammenbruch des NS-Staates mithilfe der Alliierten möglich wurde – als eine dritte Chance nach der Paulskirche und der Weimarer Verfassung. Der erste Artikel dieses Grundgesetzes wird deshalb nicht ohne Grund als ein ‹Erinnerungsartikel› bezeichnet, weil er die Erinnerung an die systematische Zerstörung der Grundrechte in der Zeit des ‹Dritten Reichs› bewahrt.[72] Diesen Gedanken hat Heribert Prantl emphatisch unterstrichen: «Das Grundgesetz beginnt deshalb mit dem Gedenken an die Menschen- und Menschheitsverbrechen, an Auschwitz, Sobibór, Treblinka, Majdanek und Dachau, es beginnt mit der Reaktion auf Gräuel und Verbrechen. Es beginnt mit der großen, der ewigen Mahnung in Artikel 1: ‹Die Würde des Menschen ist unantastbar.›» Warum sollte man also die Erinnerung an diese nationale Geschichte zur Privatsache erklären? Sie geht ja nicht nur die ethnischen Deutschen und Nachfahren der Täter etwas an, sondern auch alle Einwanderer, denn der deutsche Staat, um noch einmal Prantl zu zitieren, «findet seine Rechtfertigung darin, dass er diese Würde achtet und schützt», die er mithilfe von Juristen wie Carl Schmitt zuvor abgeschafft und radikal verletzt hatte. Eine Erinnerung, die Selbstaufklärung betreibt und Wachsamkeit fördert, ist deshalb ein Desiderat für die Alt- und Neubürger*innen des Landes. Schließlich waren es die nationalen Narrative, die die europäischen Nationen in den europäischen Bürgerkrieg des Ersten Weltkriegs getrieben haben, und es war das nationalsozialistische Narrativ, das die Deutschen gegen den inneren Feind der Juden zur ‹Herrenrasse› erklärte und als bedrohte Volksgemeinschaft zusammenschloss.

Eben dieses Narrativ legitimierte die beispiellose Entfesselung von Gewalt, die die Deutschen auf ihren Kolonialfeldzug durch ganz Europa schickte und gleichzeitig zur Vernichtung der europäischen Juden trieb. Da heute von Pegida, AfD und rechten Gruppierungen wieder an eben diese nationalen Narrative angeknüpft wird und vor unseren Augen ein rassistisches und antisemitisches Selbstbild der deutschen Nation entsteht, ist es wichtiger denn je, diese Narrative zu kennen, um sie effektiv bekämpfen zu können.

Was ist heilig? Symbole der Bekenntnisnation

Wenn es richtig ist, dass sich das Heilige in der Geschichte der Modernisierung nicht einfach verkrümelt und aufgelöst hat, wie viele glaubten, sondern dass es verschoben und ersetzt wurde, dann stellt sich mit Nachdruck die Frage nach seinen konkreten Erscheinungsformen. Ich füge hier etwas unvermittelt eine biographische Erinnerung ein, denn ich hatte die besondere Gelegenheit, ein Jahr meines Lebens in einer Bekenntnisnation zu leben. 1963/64 verbrachte ich ein Jahr als Austauschschülerin an einer amerikanischen High School in Kalifornien. Mit 16 Jahren ist man gern bereit, neue Rollen anzunehmen und man macht es wie einst die Einwanderer, die sich um Assimilation bemühten, um als ‹greenhorn› nicht zu sehr aufzufallen. Das galt gerade auch für das allmorgendliche Fahnengelöbnis, das gegen elf Uhr den Schulunterricht unterbrach. In allen Klassenzimmern ertönte durch einen Lautsprecher ein Signal, das dazu aufforderte. Man erhob sich, wandte sich der Fahne zu, die neben der Tafel in jedem Klassenzimmer hing, legte die rechte Hand aufs Herz und stimmte mit den anderen ein:

I pledge allegiance
to the flag of the United States of America
and to the Republic for which it stands
one nation under God
indivisible
with liberty and justice for all.

Hinter mir saß ein Mitschüler, dessen Gelöbnis etwas länger war. Nach «with liberty and justice for all» setzte er regelmäßig fort mit: «Jewish redheads» – «für alle rothaarigen Juden». Das war seine Form, Demokratie in den Vereinigten Staaten auszuleben: als individueller i-Punkt auf das feierliche Unisono des Rituals. Was mir damals nicht wirklich auffiel, war die massive Einschränkung der im Fahnenschwur proklamierten «Freiheit für alle». Während es jede Menge Einwandererkinder aus asiatischen, spanischen und mexikanischen Familien gab, gab es an meiner Schule keinen einzigen schwarzen Schüler. Diese musste man noch nicht einmal förmlich ausschließen, denn keiner von ihnen wohnte in dem für meine Schule relevanten Wohnbereich. Der Ausschluss der schwarzen Familien begann lange vorher mit der Segregation der ‹neighborhoods›.

Damals habe ich das nationale Bekenntnis Tag für Tag wiederholt, wie man eben Auswendiges hersagt: im korrekten Vollzug ohne besondere innere Anteilnahme. Heute dagegen bin ich von der letzten Zeile sehr beeindruckt: «Freiheit und Gerechtigkeit für alle» – so ein Versprechen in Form eines Zuspruchs, den man dann auch ernst nehmen müsste, stünde auch unserem Land gut an. Dieser Satz ist einfacher, praktischer und zupackender als der hehre Leitsatz von der unantastbaren Würde des Menschen, der an Feiertagen herangezogen wird. Sehr klar und gut ist aber auch der Satz: «Für ein offenes Land mit freien Menschen», den zwei Frauen ein paar Wochen vor Öffnung der Mauer 1989 auf ein großes weißes Tuch geschrieben und bei einer Demonstration hochgehalten haben. Eine der beiden wurde dafür noch eingesperrt und hörte die Rufe der großen Demonstration am 9. Oktober in Leipzig durch die Gefängnismauern.[73] Solche Sätze sind heute besonders bedeutungsvoll, weil sie Forderungen formulieren, die durch Kampf und eine Revolution von unten errungen wurden. In einer Gesellschaft, in der diese Grundsätze von einigen Gruppen wieder mit Füßen getreten werden, bewahren sie ihren revolutionären Funken.

Die Nation hat mit der Säkularisierung im 19. Jahrhundert traditionelle Elemente der Religion übernommen und neu besetzt: Das Glaubensbekenntnis wurde ersetzt durch den Fahneneid, die Bibel durch nationale Mythen, die Heiligen durch große Kulturschaffende und Helden der Geschichte, der religiöse Kult durch neue Feste und Feiertage, Lieder und Aufmärsche. In der DDR rückte nicht die Nation und ihre Geschichte, sondern der Staat selbst in die Dimension des Heiligen und wurde damit zur identitätsstiftenden Instanz. Das Evangelium wurde ersetzt durch die kommunistischen Lehren des Antifaschismus, die Heiligen durch die Rote Armee und die Helden der Befreiung, der Kult durch Siegesfeiern und aufwändige Paraden mit schwerem militärischen Gerät. Die Jugend wurde durch Pionier-Organisationen einbezogen, musste an Appellen in Ehrenhainen teilnehmen und erlebte Jugendweihen am sakralen Ort der Ermordung des Märtyrers Ernst Thälmann in Buchenwald.

Kein Staat und auch kein Nationalstaat kommt ohne die Ausstaffierung mit symbolischen Insignien aus. Dazu gehören Fahne und Hymne, Wappen und Helden, Denkmäler und Feiertage. Wie der Name des Landes verkörpern und bestätigen sie die Eigenart der Nation als kollektive Imagination.[74] Die herausgehobene Bedeutung dieser Symbole liegt darin, dass ihnen die Kraft zugesprochen wird, die Nation zu repräsentieren. Dass sie damit zugleich auch das Heilige der Nation repräsentieren, erkennt man nicht nur am gehobenen Ton und feierlichen Umgang mit diesen Symbolen, sondern auch daran, dass sie im Strafgesetzbuch gegen Verunglimpfung geschützt sind. Genau das ist wiederum auch der Grund, warum sie immer wieder zur Zielscheibe symbolischer Handlungen wie Vandalismus und Blasphemie werden können. Nach einem politischen Systemwechsel zum Beispiel werden Denkmäler der Helden des Staates und der Nation gestürzt, wie in den Ostblockstaaten nach 1990 die Leninstatuen. Eine einfallsreichere Variante erfanden Künstler für das Sowjetdenkmal in Sofia. Es gehört zu den ‹Denkmälern der Dankbarkeit›, die die sowjetische Regierung im Kalten Krieg in den verschiedenen Sowjetrepubliken und sozialistischen Bruderstaaten aufstellte. Im Juni 2011 wurde vor einem prominenten Gedenktag das Relief im Sockel des Denkmals von Künstlern durch bunte Übermalung derart umgestaltet, dass aus den heroischen Kämpfern der Roten Armee Pop-Ikonen der Konsum-Welt wurden: Batman, Spiderman, Weihnachtsmann und dergleichen. Damit änderte sich alles: Aus einem erhabenen Relief wurde ein ‹comic relief›.[75] Während Blasphemie das Heilige hervorkehrt und durch Negation nur bestätigt werden kann, löst Humor das Heilige auf. Horst Hoheisels Vorschlag beim Ideenwettbewerb für ein zentrales Holocaustmahnmal in Berlin war in anderer Weise bemerkenswert. Auch er kehrte den heiligen Status des zentralen Denkmals des Brandenburger Tors in der Mitte Berlins hervor, indem er vorschlug, es zu Sand zu zermahlen. Berlin, so seine Argumentation, brauche nicht ein weiteres Denkmal, sondern sollte lieber eines opfern, das den Berlinern besonders teuer ist. Dieser Vorschlag fand erwartungsgemäß keine Unterstützer. Hoheisel hat später anlässlich der Premiere des Gedenktags des 27. Januar 1997 in Berlin das Brandenburger Tor noch einmal zum

Objekt einer Kunstaktion gemacht, bei der er in einer Lichtprojektion die Inschrift ‹Arbeit macht frei› auf das Sinnbild der Nation projizierte. So wurde für einen kurzen Moment das Brandenburger Tor als Denkmal des Stolzes und der Selbstbefreiung der Nation mit dem Tor von Auschwitz als Inbegriff des Traumas der Nation überblendet.

In den USA steht die Fahne nicht nur im Mittelpunkt des täglichen Rituals der Bekenntnisnation, sondern ist auch zum Zeichen zivilen Protests geworden. Das geschah zum Beispiel, nachdem Präsident Richard Nixon am 30. April 1970 in einer Fernsehbotschaft die amerikanische Bevölkerung um Unterstützung für seine Ausweitung des Vietnamkriegs auf Kambodscha gebeten hatte. In der Rede sprach er nicht etwa von mehr Militär, Krieg und Gewalt, sondern in Orwell'scher Verdrehung tatsächlich von «Frieden, Freiheit und Gerechtigkeit». Am folgenden Tag protestierten an der Kent State University in Ohio die Studierenden. Als Ausdruck ihres Nicht-Einverständnisses verbrannten sie Fahnen und Kopien der amerikanischen Verfassung auf dem Universitätsgelände. Das war jedoch kein Akt der Blasphemie, sondern ein Zeichen des Protests im Zeichen eines Friedens mit Vietnam. ‹Nicht in meinem Namen!› heißt ein Lied des Sängers Bodo Wartke. Diese Botschaft signalisierten die Studierenden damals auf dem Campus und distanzierten sich von ihrem Staat, indem sie ihn auf den Missbrauch seiner Grundwerte und Gründungssymbole hinwiesen. Drei Tage später kam es zur Eskalation des Konflikts. Die herbeigerufenen schwerbewaffneten Soldaten erschossen vier und verletzten weitere 13 der völlig wehrlosen Student*innen. Die Schützen wurden nie angeklagt.

Während in Schulen und öffentlichen Gebäuden der USA Fahnen an der Tagesordnung sind, haben sie in Deutschland eher Seltenheitswert. Deshalb hat sich hierzulande die Diskussion weniger auf die Präsenz der nationalen und mehr auf die der religiösen Symbole wie Kreuz, Kopftuch und Kippa konzentriert. Weitaus sichtbarer als die nationale Fahne sind in Deutschland die Fahnen, Farben und Accessoires der Fußballvereine. Aus der Perspektive der jüdischen Minderheit sieht der Autor Max Czollek das jedoch ganz anders. Das Jahr 2006 der Fußballweltmeisterschaft in Deutschland mit seinem «schwarz-rot-goldenen Rausch» beschreibt er als ein «traumatisches Datum der deutschen Geschichte», das er in direkter Linie mit dem Jahr 2017 und dem Einzug der AfD in den Bundestag verbindet. Nostalgisch denkt er zurück: «Mir ging es gut in den Neunzigerjahren, ganz ohne Schmerzen von wegen unterdrücktem Nationalismus oder Fahnenentzugserscheinungen.»[76] Es ist sehr nachvollziehbar, dass in jüdischen Familien alle deutschen Zeichen und Symbole des Nationalen als traumatische Erfahrung über die Generationen weitergegeben wurden. Das Schwingen von Deutschlandfahnen im Kontext der Fußballweltmeisterschaft erlebte Czollek als ein Trauma der Trennung und Ausgrenzung: «Meine Freund*innen und ich haben die Flagge nicht vermisst. *Ihr* habt sie vermisst. *Ihr* habt sie euch auf die Wangen geschmiert. *Ihr* habt gemeinsam auf den Bierbänken gestanden und die Nationalhymne gesungen. *Ihr* habt euch von der Feiermeute bis zum klugen Feuilletonisten gefreut, dass Deutschland endlich wieder ein Land sei, auf das man stolz sein könne.»[77] Ein tief gespeichertes Schreckbild der Vergangenheit ist mit der Fahne plötzlich in die Realität eingebrochen und bestätigt den Verdacht, dass sich in diesem Land ohnehin nichts geändert hat: Die neuen Deutschen sind die alten Deutschen. Etwas anders sah es Jacky Dreksler, Musiker und Sohn einer jüdischen Holocaustüberlebenden, der in der Reihe ‹Denk ich an Deutschland› im Deutschlandfunk über sein Deutschlandbild sprach. Dabei erwähnte er auch die Fahne, aber offensichtlich ohne

Anflug von Traumatisierung. «Das ist ein Land, wo Flagge gezeigt wird, aber nur bei Auto-Corsos nach Fußballspielen».[78]

Ein weiteres nationales Symbol ist das Deutschlandlied. Die Hymne beschließt regelmäßig vor Mitternacht das Rundfunkprogramm, wird dann allerdings ohne Text gespielt. Wenn es ab und zu mal zum gemeinsamen Singen der Hymne kommt, erweist sich der Gesangsimpuls als eher schwach und die Textkenntnis als wackelig. Es gibt nicht viele Gelegenheiten in Deutschland für den gemeinsamen Gesang; Spiele der Fußballnationalmannschaft sind eine Ausnahme. Das ist in den Nachbarländern ganz anders, wo die jeweilige Hymne sehr viel öfter und mit Inbrunst gesungen wird. Das Lied der Deutschen ist ein wichtiges historisches Dokument, aber eignet es sich zu einem gemeinsamen Bekenntnis in der Gegenwart und Zukunft? Die Hymne, die 1841 entstand, wurde erst mit großer Verspätung 1922 in der Weimarer Republik eingesetzt, nachdem die demokratischen Grundrechte zum ersten Mal in der Verfassung gesichert waren. Da passte das Lied. Während der NS-Zeit blieb die Hymne aber kontinuierlich bis 1945 in Gebrauch. In dieser Zeit wurde die Übersteigerung der ersten Strophe («Deutschland, Deutschland über alles, / Über alles in der Welt») in erschreckender Weise in die Tat umgesetzt, während die Begriffe der dritten Strophe ‹Einigkeit und Recht und Freiheit› vollständig ausgehöhlt wurden. Als Konrad Adenauer die Hymne 1952 wiedereinsetzen wollte, hatte Theodor Heuss schwerste Bedenken, gab dann aber nach, als die Hymne auf die dritte Strophe beschränkt wurde. In dieser Form wurde sie 1991 noch einmal weitergereicht. Seit 1841 haben sich die politischen Rahmenbedingungen im Land fünf Mal grundstürzend geändert, aber die Hymne bleibt konstant. Was bedeutet das für die deutsche Identität? Die Schwierigkeiten liegen auf der Hand.

Carolin Emcke hat beschrieben, wie es ihr mit Hymne und

Fahne geht: «Ich habe nie die deutsche Nationalhymne gesungen, und ich werde das auch nie tun, habe nie die deutsche Fahne geschwenkt und werde das auch nie tun. Ich weiß um die Unbelastetheit der Strophe und ihrer Aussage ebenso wie um die der Fahne und ihrer Farbe – und dennoch bereitet es mir Unwohlsein. Ebenso wie all die Begriffe wie ‹Heimat›, ‹Vaterland›, ‹Patriotismus›, ‹Stolz auf Deutschland›, all das, woran ich in den letzten Jahren immer stärker gemahnt werde, dass ich es empfinden sollte, dass es krank wäre, es nicht zu empfinden, dass es nur mehr normal sei, es zu empfinden.»[79]

Zum Schwenken der deutschen Fahne hatte ich noch nie Gelegenheit, aber das Deutschlandlied habe ich bei den ganz seltenen Gelegenheiten, die man dazu hat, mitgesungen. Ich muss jedoch gestehen, dass mir der Text der Nationalhymne schwer über die Lippen kommt. Vaterland ist keine Vokabel mehr im Wortschatz meiner Generation, ‹brüderlich› ersetze ich beim Singen automatisch durch ‹schwesterlich›. Ich habe in dieser Sache schon einen Brief an den Bundespräsidenten Frank-Walter Steinmeier geschrieben und ihm vorgeschlagen, einen neuen Text für das Lied in Auftrag zu geben, vielleicht bei Bodo Wartke?

Kollektive Selbstsakralisierung und die Sakralität der Person

Wer oder was ist heilig – ein Kollektiv, eine Person, ein Text, ein Gegenstand, ein Ereignis, eine Idee? Wie wir gesehen haben, hat das Heilige eine wichtige Rolle gespielt im Diskurs der Nationalisten bei der Gründung ihrer nationalen Narrative. Ist das Heilige in Politik und Gesellschaft damit nicht historisch diskreditiert? Gibt es noch Formen des Heiligen, in denen es in der säkularen Gesellschaft nicht nur erträglich, sondern auch tragend sein kann?

Bei dieser Frage ist es angebracht, einen Religionsphilosophen zu Rate zu ziehen. Hans Joas hat sich in zwei Publikationen mit dem Heiligen beschäftigt: *Die Sakralität der Person* (2011) und *Die Macht des Heiligen* (2017).[80] Besonders einschlägig für unsere Frage, in welcher Form das Heilige in unserer Zeit überlebt hat und wie es wieder eingesetzt wird, ist das letzte Kapitel seines Buches *Die Macht des Heiligen*: «Das Heilige und die Macht. Kollektive Selbstsakralisierung und ihre Überwindung.» Joas betont zunächst eine allgemeine Neigung von Menschen, alles Mögliche heilig zu sprechen: «Eine Vielzahl von Personen und Kollektiven, Gegenständen und Ideen kann sakralisiert werden: der Herrscher und das Land, das Volk und die Nation, die Rasse oder eine Klasse, die Wissenschaft oder die Kunst, die Kirche oder die Ware und der Markt.» In einem geschichtlichen Überblick kommt er dabei auch auf die kollektive Selbstsakralisierung als Nation zu sprechen, die die Geschichte des Nationalismus bestimmt hat. Als eine anthropologische Erklärung für dieses Phänomen führt er den Soziologen William Graham Sumner an, der die Unterscheidung zwischen ‹in-group› und ‹out-group› eingeführt hat und daraus den Begriff des Ethnozentrismus abgeleitet hat. «Für ihn war die Feindseligkeit gegenüber Nichtmitgliedern eines Kollektivs schlicht die Kehrseite des Zusammengehörigkeitsgefühls im Inneren». Jede Nation neigt folglich zur Selbstüberschätzung und Selbsterhöhung, aber damit nicht genug. Joas zitiert Max Weber, der noch einen Schritt weiter geht, denn «die Überzeugung der Vortrefflichkeit der eigenen» Sitten erfordert geradezu ein Bewusstsein von der «Minderwertigkeit fremder Sitten, durch welche die ‹ethnische Ehre› gespeist wird, den ständischen Ehrbegriffen durchaus analog».[81] Trotz dieser negativen Geschichte nationalistischer Selbstsakralisierung verwirft Joas den Begriff des Heiligen in diesem Kontext nicht, weil er die wichtige Unterscheidung zwischen sakral und religiös macht. Deshalb ist für ihn das Phänomen ‹säkularer Heiligkeiten› kein Widerspruch in sich selbst. Er interessiert sich im Gegenteil für das Phänomen säkularer Heiligkeiten in geschichtlicher Perspektive und registriert zwei große historische Schübe einer «radikalen Entsakralisierung politischer Macht», die durch die Sakralisierung von etwas anderem möglich wird, das diese Macht übersteigt.[82] Der erste Durchbruch geschah in der sogenannten Achsenzeit um 500 vor unserer Zeitrechnung und führte zur Etablierung einer transzendenten Instanz, die die Grundlage der sogenannten Weltreligionen bildete. Ende des 18. und Mitte des 20. Jahrhunderts entdeckt Joas einen zweiten Durchbruch mit der Institutionalisierung der Menschenrechte. Für die Menschenrechte gilt nach Joas die «religiöse oder nichtreligiöse Sakralisierung jeder Person, jedes Menschen, unabhängig von Verdiensten und Vergehen». Auch die Idee der Sakralität der Person stellt für Joas eine Vorstellung von Transzendenz dar, die über alle «innerweltliche Sakralität hinausweist».[83] Er interessiert sich als Philosoph aber nicht allein für diese Idee und ihre Verbreitung, sondern gerade auch für ihre rechtliche Positivierung und Institutionalisierung. Wann und wo wurde diese zweite Transzendenz in der Menschheitsgeschichte festgeschrieben? Das geschah in zwei Schüben: in der Aufklärung in den USA und Frankreich mit der Deklaration der Menschenrechte als Absage an die Geschichte des absolutistischen Staates und seine Herrschaftssakralität, und in der Erklärung der universalen Würde des Menschen vor der UNO 1948 als Antwort auf die Selbstsakralisierung der nationalsozialistischen Volksgemeinschaft und den Holocaust. Joas betont dabei, dass die Geschichte der Menschenrechte und die Idee der Menschenwürde nie als gesicherter kultureller Besitz betrachtet werden können. Sie haben aber den Rang einer geheiligten universalistischen Norm gewonnen, die die partikularistische Selbstsakralisierung von Staaten, Herrschern und Kollektiven in ihre Schranken weist.

Ehre und Würde

Dieser Unterschied zwischen partikularistischen und universalistischen Werten lässt sich anhand der Begriffe Ehre und Würde noch ein Stück weiterentwickeln. Jede Person verfügt über beides: Ehre und Würde. Ehre bezieht sich auf die soziale Dimension der Person, sie umfasst alle Dimensionen, in denen der Mensch in die Gesellschaft eingebunden ist, seinen Platz in ihr erhält und von ihr anerkannt ist. Die Werte der Ehre beziehen sich sowohl auf sozialen Status als auch auf individuelle Leistung. Sie sind partikularistisch, weil sie von der jeweiligen Gesellschaft gedeckt und abgesegnet sind.

Die Würde dagegen transzendiert diese soziale Dimension, weil sie keine besonderen Eigenschaften der Person hervorhebt, sondern den Menschen selbst heiligspricht – in der Affirmation seiner grundsätzlichen und unhintergehbaren Würde. Das Wort Würde hat dabei einen tiefgreifenden Bedeutungswandel erfahren. Das lateinische Wort für Würde, *dignitas*, war im Mittelalter und in der Renaissance nur Gott bzw. dem König vorbehalten. Beide waren herausgehoben und unterschieden sich vom Menschen durch das Prädikat oder den ‹Amtskörper› der *dignitas*. Indem dieses ursprünglich höchst exklusive Merkmal universalisiert und allen Menschen zugesprochen, ja mehr noch: zum Kern des Menschseins überhaupt erklärt wurde, machte es einen radikalen Bedeutungswandel durch. Die Transzendenz, die vormals Gott bzw. den König auszeichnete, ging nun auf den Menschen über. Das führte zu einer Sakralisierung der Person, aber gerade nicht im Sinne des Humanisten Pico della Mirandola, der den Menschen einen «zweiten Gott» (*secundus deus*) nannte, der mit *dignitas et excellentia* (Würde und Glanz) ausgestattet sei. Der neue Begriff der Würde beruht weder auf der Besonderheit des Menschen noch auf Status oder Leistung, sondern auf dem, was Menschen mit allen anderen auf der Welt gemeinsam haben als verletzliche Wesen mit einer Reihe von Grundbedürfnissen wie Nahrung und körperliche Integrität, soziale Einbindung und Entwicklungschancen. Da Menschen von Menschen in immer neuen Formen Gewalt angetan wird, sind sie auf einen «kategorischen Schutz»[84] angewiesen, der ihre Grundrechte sichert. In diesem Sinne ist die Würde also nicht das Erste, was Menschen auszeichnet, sondern das Letzte, was man ihnen nimmt, wenn man sie auf ihren verletzlichen Körper reduziert und diesen verletzt, ausbeutet und vernichtet.

Auf das nationale Kollektiv bezogen stand der Begriff der Ehre lange im Mittelpunkt. Dazu schreibt Max Weber: «Ethnische Ehre ist die spezifische Massenehre, weil sie jedem, der der subjektiv geglaubten Abstammungsgemeinschaft angehört, zugänglich ist.»[85] Die kollektive Selbstsakralisierung läuft über den Begriff der Ehre. Wie das Heilige kann die Ehre befleckt und verletzt werden. Daraus entsteht ein gefährlicher psychotischer Komplex, der massenhafte Gewalt rechtfertigt und mobilisiert. In Verbindung mit Würde hat das Heilige jedoch eine andere Bedeutung: Es schützt nicht das, was uns als Nationen trennt, sondern das, was uns alle als Menschen verbindet. Dieser Schutz ist schwach, aber als normative Idee existiert er in der Welt und ist nicht mehr rückgängig zu machen.

Staaten und Nationen bauen mit ihren Narrativen und Kollektivsymbolen ja ganz offensichtlich auf Stolz und Ehre. Ist der Begriff der Würde hier überhaupt angebracht? Dass Deutschland seine Ehre durch Krieg und Holocaust spektakulär verloren hatte, spielte in der internationalen Diskussion nach 1945 eine große Rolle. Thomas Mann sprach von einem

«Volk, das sich nicht sehen lassen kann», und befürchtete, dass Deutschland in Zukunft aus dem Verbund der zivilisierten Nationen ausgeschlossen werden würde.[86] Vielleicht kann man sagen, dass die deutsche Nation, die durch den Nationalsozialismus ein für alle Mal ihre (alte) Ehre verloren hat, durch demokratischen Wandel, europäische Orientierung und ein selbstkritisches Geschichtsbewusstsein ihre Würde im Kreis der zivilisierten Nationen zurückgewonnen hat.

Der Wandel des Geschichtszeichens

Wie Hans Joas hat sich auch der Historiker Alon Confino Gedanken über den Wandel der Gründungsgeschichte westlicher Kultur gemacht.[87] Er zeigt, dass sich in den letzten Jahrzehnten die Selbstdeutung der westlichen Welt von einem positiven Gründungsmythos – Kant würde sagen: Geschichtszeichen – zu einem negativen Gründungsmythos verlagert hat. Zunächst hatte die Französische Revolution den Status eines Weltereignisses, das für Politik und Moral einen neuen epochalen Rahmen entwarf. Wie kein anderes definierte dieses Ereignis das Selbstbild westlicher politischer Kultur. Dieses Ereignis zerbrach dabei alle bestehenden historischen Muster und legte den Grund für die Entwicklungen des 19. und 20. Jahrhunderts. Es wurde, wie Confino sich ausdrückt, zu einer Art «symbolischem Handbuch», in dessen Lichte fortan gehandelt und der Sinn der Geschichte entziffert wurde. Dieses Handbuch war vielschichtig: «Es wurde eingesetzt für verschiedene politische und soziale Bewegungen, es inspirierte die nationalen, revolutionären und anti-kolonialen Kämpfe des 19. und 20. Jahrhunderts, ob ihre Anführer nun Mazzini, Lenin, Rosa Luxemburg, Simón Bolívar oder Nehru hießen». Gegen Ende des 20. Jahrhunderts ließ die Strahlkraft dieser

Gründungserzählung allmählich nach und eine andere gewann gleichzeitig an Bedeutung. François Furet, der führende Historiker der Französischen Revolution, konstatierte 1989, im 200. Jubiläumsjahr, die Erschöpfung der mobilisierenden Wirkung dieses Geschichtszeichens und seiner politischen Symbolik. «Zur selben Zeit», so Confino, «begann signifikanterweise der Aufstieg des Holocaust als Gründungsereignis unserer Epoche.» Wie zuvor die Französische Revolution avancierte der Holocaust zu einem hegemonialen Gründungssymbol politischer Kultur, das den kulturellen Rahmen schuf für historische Deutungen, ethische Werte, politische Ansprüche und neue Schlüsselbegriffe.

Confino vergleicht die Metaphorik beider Gründungsereignisse in ihrem Bezug zur Zeit. Beide zerbrechen die historische Zeit; beide wurden in der Sprache von Eruptionen, Erschütterungen und anderen Gewaltmetaphern beschrieben. Während Friedrich Schlegel die Wirkung der Französische Revolution mit einem «fast universalen Erdbeben und einer unermesslichen Überschwemmung in der politischen Welt» verglich, bemerkte Jean-François Lyotard mit Bezug auf den Holocaust, dass dieser nicht nur ein tödliches Erdbeben hervorgebracht habe, sondern auch gleich noch die Instrumente zerstört habe, um dieses Beben zu messen.[88] Damit spielte er auf die Unmöglichkeit an, dieses Geschichtszeichen synchron zu deuten, das sich in seiner Enormität erst allmählich herausbildete. Im Gegensatz zur Französischen Revolution, die von den Akteuren selbst und allen voran von Hegel als epochaler historischer Einbruch proklamiert wurde, gewann der Holocaust nämlich erst Jahrzehnte nach dem Ereignis in der Retrospektive die Bedeutung eines universalen moralischen Gründungsereignisses. An dieser von Confino herausgearbeiteten Verschiebung der fundierenden moralischen und politischen Symbolik des Westens wird die ganze Bandbreite der Moderne zwischen Vision und Trauma ablesbar. Die Gewalt, die im Falle der Französischen Revolution eine Vision stützte und einen radikalen neuen Anfang setzte, mündete im Falle des Holocaust in einen bislang unvorstellbaren Zivilisationsbruch. Hier zeigt sich das Doppelgesicht der europäischen Moderne – als Gründungsgewalt und als traumatische Zerstörung. Während mit der Französischen Revolution der Anspruch auf Rationalität, humanen Fortschritt und ein Programm des ‹Machens von Geschichte› verbunden war, besiegelte der Holocaust «das Zerbrechen aller historischen Gesetze, der Vernunft und des Glaubens an einen Fortschritt der Menschheit.» Während Apekte der Französischen Revolution inzwischen öffentlich in Zweifel gezogen werden können, sind entsprechende kritische Urteile über den Holocaust, der heute einen sakralen Status gewonnen hat, tabu. Confino stellt fest, dass der Holocaust in unserer Zeit die Französische Revolution als westliches Gründungsereignis mehr und mehr ersetzt hat und nun seinerseits das ‹symbolische Handbuch› stellt, in dessen Lichte erinnert und vergessen sowie die Vergangenheit gedeutet wird, politische Ansprüche erhoben werden und die Grenze zwischen gut und böse gezogen wird. Dieses Handbuch, das die Werte eicht und die Terminologie vorgibt, kann dabei auch von denen übernommen und angewandt werden, die keinen direkten historischen Bezug zum Holocaust haben.[89]

Während die Zukunftseuphorie und der Fortschrittsoptimismus der Französischen Revolution an Kraft verloren haben, hat das Gewicht von traumatischer Vergangenheit und belasteten Erinnerungen zugenommen. Während Max Weber noch davon ausgegangen war, dass «Negativerfahrung keinen Fortschritt produziert und Gewalt nur Gewalt gebiert»,[90] haben wir inzwischen eine Möglichkeit des Ausstiegs aus der Gewaltspirale kennengelernt, nämlich in Gestalt einer neuen Erinnerungskultur. Deren Schlüsselfrage lautet: Können «Gewalterfahrungen so transformiert werden (...), dass aus ihnen die Energie für positive Wertbindungen hervorgeht»?[91] Eine solche neue positive Wertbindung kann man in der maßgeblich von Raphael Lemkin formulierten Genozidkonvention und der Erklärung der Menschenrechte von 1948 als einem neuen Standard der Humanität sehen: in der Betonung der Menschenwürde und im kategorischen Schutz des verletzlichen Menschen.

‹Deutschlands Wiedergeburt› oder Was die Deutschen über ihre Narrative wissen sollten

In der Schule steht Geschichtsstoff auf dem Lehrplan; an der Universität erforschen Wissenschaftler*innen historische Ereignisse aus verschiedenen Perspektiven und mit immer wieder neuen Methoden. Was dagegen kaum zur Sprache kommt, sind die Narrative, die die deutsche Geschichte angetrieben haben und weiter antreiben. Sie gelten den Historikern als ‹Mythen› oder Ideologien und deshalb nicht als ernsthafter Forschungsgegenstand. Narrative werden gebraucht und missbraucht; in ihnen vollzieht sich die Sinngebung der Geschichte. Sie enthalten das Repertoire von Topoi, Symbolen und Erinnerungen, das politisches Handeln antreibt und auf das sich Menschen in langer Kontinuität immer wieder berufen. «Narrative Strukturen sind wirksam in der Organisation von Handlung, Erfahrung, Erinnerung und Darstellung.»[92] Tatsächlich gibt es Grundfragen an die deutsche Geschichte, die mit einem Wissen von Namen, Orten, Ereignissen und Jahreszahlen nicht angemessen beantwortet werden können. Was hat zum Beispiel die Deutschen angetrieben, sich so plötzlich und radikal in ein Volk der Täter zu verwandeln? Um darüber etwas zu erfahren, braucht man auch einen Einblick in das Fühlen und Denken der jeweiligen historischen Epochen, in die ‹Visionen›, Werte und Ängste, kurz: in das Imaginäre, das die Geschichte angetrieben hat. Alon Confino schreibt: «Ein tieferes Verständnis von Geschichte braucht Intuition und historische Imagination.»[93] Damit meint er, dass es sich durchaus lohnt, in die Geschichtsforschung auch die jeweils herrschenden historischen Erinnerungen, Deutungen und Selbstbilder mit einzubeziehen, die die Kultur und Politik früherer Epochen gestützt haben. Diesen Impuls nehme ich hier auf, weil eine Durchleuchtung von nationalen Narrativen, besonders wenn sie über tiefe Brüche und Einbrüche der Gewalt führen, ein wirksames Mittel der kollektiven Selbstaufklärung sein kann. Da die meisten Nationen darauf angewiesen sind, ihr Selbstverständnis auf historische Ereignisse zu gründen und die Erinnerung an diese Ereignisse durch Denkmäler zu festigen und an bestimmten Jahrestagen zu erneuern, kann der Einblick in die Entwicklung nationaler Narrative ein wichtiger Schlüssel für die historische Bildung der Bürger*innen sein und auch Schüler*innen helfen, übergreifende Zusammenhänge nachzuvollziehen und sich dabei gegen Antisemitismus und Fremdenfeindlichkeit zu wappnen. Die deutsche Geschichte ist eine unendliche Geschichte, aber die Geschichte der deutschen Nation ist es nicht. Deshalb soll hier die Verflechtung deutscher Mythen über die letzten beiden Jahrhunderte hinweg kurz rekapituliert werden.

Die Geschichte, die die deutsche Gegenwart mit normativen Wertsetzungen geprägt hat, aber gleichzeitig auch noch in unverarbeiteten Narrativen und Gedächtnisbildern herumgeistert, beginnt mit den Napoleonischen Kriegen. Es war Napoleon, der als Initialzündung in die deutsche Geschichte der Nationsbildung eingegriffen hat, und zwar in doppelter Form: als Befreiungsheld, der den Deutschen die Werte Freiheit, Gleichheit, Brüderlichkeit der Französischen Revolution in Gestalt des Code civil brachte, und als kolonialer Besatzer, dessen Armee gegen Preußen kämpfte und deutsche Städte und Regierungsbezirke seiner zentralistischen Regierung unterwarf. Dieser Anfangsimpuls war zutiefst ambivalent, denn einerseits brachte er Befreiung und Modernisierung in Form der Werte der Französischen Revolution, andererseits brachte er Unfreiheit durch Fremdherrschaft und mobilisierte damit den politischen Wunsch nach nationaler Selbstbestimmung. In beiden Richtungen wirkte Napoleon als Anstoß für eine neue nationale Bewegung in Deutschland. In ihrer liberalen Form verband diese nicht nur von Studenten und Burschenschaften, sondern auch von Bürgern, Kaufleuten, Unternehmern und Professoren getragene Bewegung beide Freiheitsideen: die individuelle und die nationale. Darauf bezieht sich heute noch die deutsche Nationalhymne, und darauf bezogen sich auch die Feierlichkeiten am 19. März 2018, die Frank-Walter Steinmeier, 175 Jahre nach Gründung der Industrie- und Handelskammer, auf dem Hambacher Schloss als einen Geburtstag der Demokratie beging. In seiner Rede, die er vor Pfälzer Weinhändlern und Vertretern des mittelständischen Gewerbes hielt, aktualisierte er diese Erinnerung, indem er die damaligen Visionen und Werte erneuerte: «Dass wir heute in Einigkeit und Recht und Freiheit leben, verdanken wir auch dem Mut von Kaufleuten, Handwerkern, Arbeiterinnen und Arbeitern. Auf solche Vorbilder können Sie zu Recht stolz sein!»[94]

«Deutschlands Wiedergeburt», so lautete das Motto dieser liberalen Demokratiebewegung des Vormärz, fand in der Paulskirche 1848 ihren Höhepunkt – und ihr abruptes Ende. Die erste demokratische deutsche Revolution, die in reaktionären Kreisen als Werk von «Mächten der Finsternis und revolutionären Umtrieben» verteufelt worden war, scheiterte. Man distanzierte sich dabei vom demokratischen Erbe der Französsischen Revolution und konzentrierte sich fortan auf die andere Seite der Bewegung, das Projekt der nationalen Einheit. Klingt irgendwie bekannt? Natürlich! Diese Spannung zwischen ‹Demokratie› und ‹Einheit› ist im November 1989 auf den Straßen Ostdeutschlands wieder aufgebrochen, als die Parolen der Demonstranten zwischen ‹Wir sind das Volk!› und ‹Wir sind ein Volk!› wechselten.

Das führte zur Gründung des ‹Zweiten Kaiserreichs›, das die Nachfolge des Ersten Kaiserreichs antrat. Das Erste Kaiserreich war ein lockerer Verbund freier Städte und Feudalherrschaften gewesen, der vom 11. Jahrhundert an als ‹Heiliges Römisches Reich› existierte und sich im 15. Jahrhundert noch den Zusatz ‹deutscher Nation› zulegte. Unter diesem pompösen Titel firmierte der ‹Flickenteppich› der regionalen Fürsten, Städte und Ratsherren, der 1806 von Napoleon durch die Schaffung des Rheinbunds aufgelöst wurde. Dieses Heilige Römische Reich war alles Mögliche gewesen, nur keine Nation wie andere in Europa. Hegel und andere sahen im Ende des Ersten Reichs den Anfang einer neuen Zeit und Epoche: «Die Lüge eines Reichs ist vollends verschwunden. Es ist in souveräne Staaten auseinandergefallen. Die Lehnsverbindlichkeiten sind aufgehoben, die Prinzipien der Freiheit des Eigentums und der Person sind zu Grundprinzipien gemacht worden.»[95] Mit diesen Gedanken war Hegel seiner Zeit voraus. Die Modernisierung des Staates kam in Deutschland später und auf Raten. Es begann mit einer Demokratiebewegung, die aber bald von der Gründung eines Zweiten Reichs überholt wurde. Von den demokratischen Anfängen blieb nur die schwarz-rot-goldene Fahne übrig.

Ab der zweiten Hälfte des 19. Jahrhunderts wurde Europa immer mehr zum Schlachtfeld nationaler Kriege. Die ‹Erbfeindschaft› mit Frankreich fand einen ersten Höhepunkt im Deutsch-Französischen Krieg, auf den 1871 die deutsche Reichsgründung folgte, und verlängerte sich in den Ersten Weltkrieg. Nach dem Ende dieses Krieges und dem Friedensvertrag von Versailles war die Erbfeindschaft gegenüber Frankreich nicht überwunden, sondern erreichte erst ihren Höhepunkt. Gleichzeitig wurde die deutsche Demokratie, die in der Frankfurter Paulskirche 1848 gescheitert war, 1918 historisch möglich – als ein Geschenk der Sieger an die besiegte Nation. Die neuen Visionen eines friedlichen Europas und die beeindruckende Arbeit der ersten deutschen Demokraten standen unter keinem guten Stern, weshalb dieses Kapitel der demokratischen Gründungsgeschichte in den nationalen Narrativen nicht den Glanz erhalten konnte, der ihm gebührte, auch wenn Präsident Steinmeier 100 Jahre später mit einer eindrucksvollen Jubiläumsveranstaltung im Nationaltheater Weimar 2018 an diesen Gründungsakt der ersten deutschen Demokratie erinnerte.

Die entscheidende Frage aber ist: Wie fügt sich die Geschichte des Nationalsozialismus in diese Rückschau ein? Die Antwort lautet: als eine markante Erinnerungslücke. Die nachwachsenden Deutschen haben zwar ihre Geschichte gelernt und sind aufgeklärt in ihrem Wissen über Nationalsozialismus und Holocaust, aber die damals tradierten Bilder wurden verständlicherweise durch Vergessen entsorgt. Wenn wir über deutsche Mythen und Narrative sprechen, können wir aber das 19. und 20. Jahrhundert nicht so einfach auseinanderbrechen, weil zum Teil dieselben Themen und Motive langfristig in neuen Konstellationen wiederauftauchen und dabei auch mit neuen Bedeutungen aufgeladen werden. Die Mythen des Nationalsozialismus schließen nämlich nahtlos an die deutsche Befreiungsgeschichte an, die sie auf ihre Weise um- und weitererzählen. Die Erbfeinde des Ersten Weltkriegs und Rivalen im Wettkampf der Kolonialisierung, Frankreich und England, bleiben bestehen, aber weitere Feinde kommen hinzu: Russland und der ‹slawische› Osten. Das neue Element ist eine sozialdarwinistische Rassentheorie, die zwischen deutschen Herrenmenschen und slawischen Untermenschen unterscheidet. Erstere sind nach dieser Lehre zum Herrschen bestimmt, Letztere zu Sklavendiensten verdammt. Was das konkret bedeutet, hat Hitler ausgesprochen, als amerikanische Rassisten sich in den 1930er Jahren für ihn interessierten und ihn in Deutschland aufsuchten. Ihnen gegenüber äußerte er seine große Bewunderung für die amerikanischen Südstaaten, deren Niederlage im Bürgerkrieg er mit folgenden Worten zutiefst bedauerte: «Die Ansätze zu einer großen, auf der Idee der Sklaverei und der Ungleichheit beruhenden neuen Gesellschaftsordnung sind damals zerstört worden.»[96] Hitlers Anhänger, die sich damals in New York in NS-Uniformen und mit Hakenkreuzen im Sternenbanner zu einer Massenkundgebung für ‹wahres Amerikanertum› versammelten, wehrten sich gegen Franklin D. Roosevelts Ideal einer liberalen demokratischen Nation und sprachen mit Blick auf dessen ‹New Deal› vom ‹Jew Deal›.

Zur neuen Rassentheorie gehörte auch der Antisemitismus, der bereits im Zweiten Kaiserreich weit verbreitet war. Der Satz des Historikers und Publizisten Heinrich von Treitschke – «Die Juden sind unser Unglück» (1879) – wurde im ‹Dritten Reich› als eine allgemeine Maxime verbreitet. Er stand zum Beispiel für alle Schüler*innen sichtbar in Klassenzimmern an der Tafel, die mit solchen Sätzen lesen lernten. In Schulheften dieser Zeit standen neben Aufsätzen über den Muttertag Aufsätze mit dem Titel: «Der Jude, ein Giftpilz». Er beginnt so: «Wenn man in den Wald geht und man sieht Pilze, die schön aussehen, meint man, diese wären gut», und endet mit den Worten: «So wie der Giftpilz eine ganze Familie töten kann, kann der Jude ein ganzes Volk töten.»[97]

Diese erneuerte Version des Antisemitismus, mit der sich

der NS-Staat aufrüstete, übertraf bei weitem alles, was in der langen Geschichte der christlichen Judenfeindschaft und des bürgerlichen Antisemitismus vorbereitet worden war. Um den Platz der Juden als Feind Nummer 1 auf der Liste der vielen Feindschaften zu rechtfertigen, genügte der alte Antisemitismus nicht mehr. Deshalb erklärten die Nationalsozialisten die Juden zu einer unmittelbaren und ultimativen Bedrohung und erzeugten in einer großen Propagandaoffensive eine Angst, die jeden erreichen sollte. In der rassistischen Version dieses neuen Antisemitismus galt die pure Existenz und Präsenz der Juden bereits als Anschlag auf die deutsche Identität, die arische Rasse und die Gesundheit der Volksgemeinschaft. Die Bedrohung verdichtete sich in der Ikone des archaischen Ost-Juden, ein unterschwelliges und diffuses kulturelles und politisches Leitbild, das geschaffen wurde, um die Auslöschung sämtlicher Juden in ganz Europa zu rechtfertigen – ohne Ansehen von Person, Rang, Alter und Geschlecht.

Für die Breitenwirkung und Zustimmungsfähigkeit dieses Phantasmas war entscheidend, dass es in die Denkmuster der älteren nationalen Narrative hineinmontiert wurde. Alon Confino hat in den Archiven ein Propagandaplakat aus dem Jahr 1937 entdeckt, das das Nazi-Narrativ in seiner Verflechtung mit früheren Narrativen besonders plastisch veranschaulicht. Die Überschrift des Bildes lautet: «Der Jude verlässt das Ghetto». Die untere Hälfte des Bildes wird von einer blühenden Stadt eingenommen, die mit Kirchturm in eine liebliche Landschaft eingebettet ist und den Inbegriff ‹deutscher Heimat› veranschaulicht. Über dieser Stadt braut sich eine dunkle Wolke zusammen. In der oberen Hälfte des Bildes sieht man aus der dunklen Wolke eine furchteinflößende finstere Gestalt mit Kippa, Bart und langem schwarzen Mantel heraustreten, die durch ein Stadttor die schemenhaft angedeuteten Häuser eines ostjüdischen Shtetls verlässt. Am rechten Rand des Bildes wird der Zusammenhang beider Bildebenen mit folgenden Worten erläutert: «Unter der Parole ‹Freiheit, Gleichheit, Brüderlichkeit› fordert und erreicht das Judentum seine völlige Gleichstellung mit den Staatsbürgern seiner Wirtsvölker!»[98]

Das ist Quellensprache und der Klartext des neu gewendeten deutsch-nationalen Narrativs. Die Französische Revolution als Impuls der Modernisierung ist weiterhin als Ursprungsidee wirksam, doch jetzt wird sie nicht mehr mit Frankreich und Napoleon verbunden, sondern erscheint als das Werk der Juden, die Frankreich unterwanderten. Dieselben Juden sind nun im Begriff, mit ihren demokratischen Werten auch die deutschen Städte und den deutschen Staat zu unterwandern. Auf diese Weise werden die beiden zentralen Elemente des deutschen Narrativs radikal umgedeutet und neu kombiniert: Das demokratische Befreiungsmotiv erscheint jetzt in der Form einer jüdischen (Welt-)Verschwörung, und das nationale Einheitsmotiv wird als ein Kampf auf Leben und Tod der rassischen Volksgemeinschaft gegen das (Welt-)Judentum stilisiert.

Die Ideen der Demokratie, die von Frankreich ausgehend einst den Keim der deutschen Befreiungsbewegung gebildet hatten – Freiheit, Gleichheit, Brüderlichkeit –, gelten nun als Teufelswerk, gegen das eine neue deutsche Revolution der Rassenhygiene und des Heimatschutzes aufgebaut wird. Da die assimilierten Juden inzwischen ihr klares Erscheinungsbild verloren haben, werden sie von den Nazis in Karikaturen auf klare Stereotypen reduziert und überall wieder kenntlich gemacht – bis hin zur Umbenennung in Sara bzw. Israel in den Identitätsdokumenten und der Markierung mit gelbem Stern. Diese Markierung wird zur Voraussetzung für alle drei Stufen der nun folgenden Gewalt: Vertreibung, Verfolgung und Vernichtung. Denn die Juden verkörpern in dieser Sicht nicht nur eine andere Religion und fremde Rasse, sondern auch die Werte der Demokratie, die aus der deutschen Geschichte vollständig verschwinden müssen, damit die neue deutsche Revolution der Rasse an ihre Stelle treten kann. «Die jüdische Frage ist der Schlüssel zur Weltgeschichte», hieß es in einer NS-Presseerklärung im Jahr 1944; die sogenannte ‹Endlösung›, der Judenmord mit allen zur Verfügung stehenden Mitteln – und es standen während des Vernichtungskriegs im Osten Europas immer mehr Mittel zur Verfügung –, wurde in den letzten Kriegsjahren die ‹Lösung› dieser Judenfrage. Confino kommentiert: «Der Nationalsozialismus hatte das Ziel, eine neue Gesellschaft zu schaffen, eine rassische Zivilisation, die Deutschland, Europa und die Welt formen sollte mithilfe der systematischen Verfolgung und Auslöschung ganzer Volksgruppen. (…) Dieses anti-jüdische Phantasma machte es den Nazis möglich, sich eine Welt ohne Juden vorzustellen»[99] – und nicht nur dies, sondern dieses Phantasma schließlich auch mit einer unfassbaren Konsequenz durch einen industriell betriebenen Völkermord und Massenerschießungen in die Tat umzusetzen.

Kein Wunder, dass dieses anti-jüdische Phantasma der Gewalt nach 1945 aus allen Medien verschwinden musste und an seine Stelle allmählich der Holocaust als Geschichtszeichen und Kernereignis deutscher Identität gerückt ist. Egal, wie viel man im Einzelnen darüber weiß, die meisten in diesem Land haben schon mal etwas von der Ermordung der Juden durch die Nazis gehört. Aber in welcher Form und in welchen Kontexten wird dieses Wissen heute vermittelt? Die Zeiten ändern sich rapide, das Internet ist als Informationsquelle hinzugekommen, neue Narrative sind entstanden, alte Bilder tauchen wieder auf und werden umgedeutet. Mit welchem anderen Wissen konkurriert der Holocaust, mit welchen anderen Bildern vermischt er sich? Während sich die historischen Kontexte ändern, bleiben die Bilder und Argumentationsmuster erstaunlich konstant. Heute gibt es viele nationalistisch gesonnene Staaten in Europa, die wieder affirmativ an ihre eigene faschistische Geschichte anknüpfen oder NS-Kollaborateure als Helden verehren. In diesen Nationen kann man sich ein Europa ohne Migranten nicht nur sehr gut vorstellen, sondern tut auch alles dafür, um deren Einlass und Aufnahme in das eigene Land zu verhindern. In Deutschland greift man dabei wieder ungeniert auf das alte Bild der Deutschen als homogenes ethnisches Kollektiv zurück, wobei weitere Trennungslinien zwischen christlich/islamisch oder europäisch/afrikanisch verlaufen. Aus der jüdischen Unterwanderung der deutschen Volksgemeinschaft ist heute das Phantasma der ‹Umvolkung› geworden. Während die Gesellschaften anderer europäischer Staaten wie Frankreich oder England von den Bürger*innen ihrer ehemaligen Kolonialstaaten geprägt sind, wehren sich in Deutschland rechte Gruppen heftig gegen die neue Normalität eines wachsenden Migrantenanteils in der Bevölkerung. Sie sehen die deutsche Identität abermals durch unheimliche Fremde bedroht. In einer Rede im brandenburgischen Elsterwerda sprach der damalige AfD-Vorsitzende Alexander Gauland 2016 von dem «Versuch, das deutsche Volk allmählich zu ersetzen durch eine aus allen Teilen dieser Erde herbeigekommene Bevölkerung». Angela Merkel nannte er eine «Kanzlerin-Diktatorin» und zitierte den Refrain eines Liedes der Neonazi-Band Gigi & Die Braunen Stadtmusikanten: «Heute sind wir tolerant und morgen fremd im eigenen Land.» Der Titel stammt von der 2010 erschienenen (und indizierten) CD *Adolf Hitler lebt!* Ob Gauland diese Bezüge klar waren oder nicht: Der Propagandakampf gegen die Kanzlerin als Diktatorin geht hier mit einem unterschwelligen Einverständnis mit einem echten Diktator zusammen.

All diese Schauplätze der Vergangenheit und Gegenwart haben gemeinsam, dass in ihnen Geschichte nicht nur gemacht, sondern auch sinnlich erlebt und sinnhaft erfahren wird. Das ist gemeint mit der Wirkung bestimmter Narrative, die den Menschen Orientierung gaben für das jeweilige Verständnis ihrer Vergangenheit, für die Deutung ihrer Gegenwart und für die Erwartung ihrer Zukunft. Diese tief verinnerlichten Narrative umfassen Visionen und Schreckensbilder, Erinnerungen, Hoffnungen, Wünsche und Phantasmata. Die Narrative einer Gesellschaft, die alle diese Elemente psychologisch wirkungsvoll zusammenbinden, sind alles andere als harmlos. Die Politik ist ein steter Kampf um sie. Der Lauf der Geschichte entscheidet, welche davon sich behaupten, welche dominant werden und welche wieder ausgeschieden werden. Aber selbst das Ausgeschiedene kann, wenn die politischen Rahmenbedingungen es zulassen, noch einmal zum Zuge kommen.

4. Zivile und militante Nationen

Der Thymos-Komplex

Francis Fukuyama hat zurecht auf die Rolle der Emotionen für politisches Handeln und Identitätspolitik hingewiesen. Um diese Antriebsenergie politischer Bewegungen genauer zu fassen, hat er den altgriechischen ‹Thymos›-Begriff wieder aufgenommen. Damit steht er in einer längeren Tradition politischer Denker in den USA, die er in der dritten Generation fortsetzt.[1] Begründer dieser Traditionslinie war Leo Strauss, der mit Carl Schmitt in einem engen intellektuellen Austausch stand, bevor er 1938 in die USA emigrierte. Beide waren Gegner des Liberalismus, aber unter sehr unterschiedlichen Voraussetzungen und Rahmenbedingungen: Strauss setzte sein anti-liberales Denken zum Schutz und zur Stärkung der amerikanischen Demokratie ein, Carl Schmitt zur Zerstörung der Demokratie in der Weimarer Republik. In den USA wurde Strauss zum Begründer der neokonservativen Schule der ‹Straussianer›. Mit seiner Platon-Lektüre machte er den Thymos-Begriff in der politischen Theorie heimisch, den Fukuyama von seinen beiden Lehrern, den Strauss-Schülern Allan Bloom und Harvey Mansfield, übernahm. Fukuyamas erste ausführliche Anwendung des Thymos-Begriffs findet sich im dritten Teil seines Buches *The End of History and the Last Man* (1992). In dieser einflussreichen Studie verband er Platons Thymos-Konzept, gelesen durch die Brille von Leo Strauss, mit Hegels Anerkennungs-Konzept, gelesen durch die Brille des französischen Philosophen Alexandre Kojève. Das

Thymos-Konzept und das Anerkennungs-Konzept führten Fukuyama zu seiner These vom Ende der Geschichte. Nach dem Zusammenbruch der Sowjetunion war nach Kojèves Hegel-Deutung auch der Klassenkampf um Anerkennung zwischen Herr und Knecht in der kapitalistischen liberalen Demokratie und mit diesem der Motor der Geschichte zum Stillstand gekommen.

Als Fukuyama seine These 2018 revidierte, verband er noch einmal den Thymos-Komplex mit dem Anerkennungsproblem, das ihm nun nicht mehr in der Herr-Knecht-Dialektik, sondern in Form der neuen Identitätspolitik begegnete. Damit verlagerte er stillschweigend den Anerkennungsbegriff vom politisch-ökonomischen Kontext in einen sozio-kulturellen Kontext. Die neuen Anerkennungskämpfe sind, wie Axel Honneth in seinem Buch *Kampf um Anerkennung* betont, moralisch motiviert. Das macht schon der Untertitel deutlich: *Zur moralischen Grammatik sozialer Konflikte*.[2] Hier geht es nicht mehr um Herr und Knecht, sondern um Erfahrungen von Ungleichheit in Form von Stigmatisierung, Diskriminierung, Zurücksetzung und im Gegenzug um die Forderung nach Chancengleichheit und sozialer Partizipation als Voraussetzung persönlicher Ehre und Ansehen. Anders als Fukuyama denkt Honneth aber an Identitäten im Singular und spricht von «Subjektivitätspotentialen» und «persönlicher Integrität». Seine intersubjektive Theorie kann jedoch auch auf Gruppen übertragen werden: «Der Grad der positiven Selbstbeziehung wächst mit jeder neuen Form von Anerkennung (…): so ist in der Erfahrung von Liebe die Chance des Selbstvertrauens, in der Erfahrung von rechtlicher Anerkennung die Selbstachtung und in der Erfahrung von Solidarität schließlich die Selbstschätzung angelegt.» Der Kampf um Anerkennung braucht nach Honneth den kritischen Interpretationsrahmen einer Wertegemeinschaft, die sich für rechtliche Gleichstellung und soziale Wertschätzung einsetzt und damit gesellschaftliche Entwicklungsprozesse anstößt, die zu einer «schrittweisen Erweiterung der Anerkennungsbeziehungen» führen.[3] Honneth interessiert sich für universalistische Standards der Sittlichkeit angesichts moralischer Verletzungen von Individuen und Gruppen. Das Ende *dieser* Geschichte ist mit Sicherheit noch nicht so bald in Sicht.

Fukuyamas Problem aber ist ein anderes, weshalb er das Anerkennungs-Thema mit dem Thymos-Thema verknüpft. Mit seiner Diagnose vom Ende der Geschichte reagierte er auf eine Welt, der die klaren Orientierungen abhandengekommen waren. Mit der allgemeinen Befreiung war der Liberalismus zu sich selbst gekommen. Man lebte im Postkommunismus, in der Postmoderne und im Posthistoire; die Relativierung der Werte und die Fixierung auf die eigenen Bedürfnisse führten zu einem Verlust sozialer Bande, religiöser Bindungen und patriotischer Gefühle. Fukuyama machte sich Gedanken, was eine solche Gesellschaft noch zusammenhalten kann, und stieß dabei auf ein Paradox: «Liberale Demokratien sind nicht selbstgenügsam. Das Gemeinschaftsleben, auf das sie angewiesen sind, muss von einer anderen Quelle gestützt sein.»[4] Dieser Gedanke zielt ins Zentrum der Demokratietheorie: «Der freiheitliche, säkularisierte Staat lebt von Voraussetzungen, die er selbst nicht garantieren kann» – so das berühmte Diktum des Staatsrechtlers Ernst-Wolfgang Böckenförde, der es vermutlich von Carl Schmitt übernommen hat, der wiederum in diesem Punkt vermutlich mit Leo Strauss übereinstimmte.[5] Ohne illiberale Grundsätze, kurz: ohne einen neuen Thymos, könne sich eine liberale Demokratie nicht am Leben erhalten. Gesellschaften, so argumentierte Fukuyama 1992, brauchten nicht nur Ventile für die thymotischen Energien ihrer Bürger, sondern – nach dem Verschwinden des Hauptfeindes Sowjetunion – auch thymotische Impulse wie neue Helden und große Taten, um die Nation neu zu einen. 2018 wandelte Fukuyama sein Argument ab. Jetzt entdeckte er den Thymos in den emotionalen anerkennungspolitischen Exzessen der Identitätsbewegungen und suchte nach Ordnungsmustern, um den Zusammenhalt der gegeneinander streitenden Gruppen innerhalb der Bekenntnisnation von oben zu festigen.

1989, im selben Jahr, in dem Fukuyama eine erste Skizze seines Buches *The End of History* veröffentlichte, erschien ein Buch des amerikanischen Literaturkritikers Harold Bloom, der ebenfalls den Thymos-Begriff für sich entdeckt und für seine Literaturtheorie fruchtbar gemacht hat. Dieses Beispiel möchte ich hier am Rande erwähnen, um jenseits der Engführung des Begriffs in der politologischen Debatte etwas von seiner Faszination und seinem schillernden Charakter in anderen Kontexten aufzuzeigen. In Blooms Buch mit dem Titel *Die heiligen Wahrheiten stürzen* geht es um religiöse und literarische Gründungstexte der Kultur, die er als ‹heilige Texte› einstuft.[6] Genesis, Exodus, Ilias und Odyssee, aber auch Dante, Shakespeare und Milton sind für ihn heilige Texte, weil er das Heilige ebenso wenig wie Joas auf das Religiöse einschränkt. Diese Texte entfalten ein Deutungspotential, das nicht von Institutionen vereinnahmt und kontrolliert werden kann. Literaturkritik, wie Bloom sie versteht, besteht nicht allein in der philologischen oder hermeneutischen Arbeit an diesen Texten, sondern gerade auch im Bezeugen der Größe und spirituellen Transzendenz dieser Texte, denen sich der Kritiker auf Augenhöhe stellen muss. Das hat er mit François Jullien gemeinsam.[7]

Bloom lässt sich für seine Vorstellung von Genialität und Größe von einem Fragment Nietzsches mit dem Titel *Homers Wettkampf* (1872) inspirieren. «Je größer und erhabener aber ein griechischer Mann ist, um so heller bricht aus ihm die ehrgeizige Flamme heraus, jeden verzehrend, der mit ihm auf gleicher Bahn läuft.» Am Beispiel des sportlichen Wettkampfes erläutert Nietzsche «die verzehrende Eifersucht», die «ungeheure Begierde als Wurzel dieses Angriffs» und das Ziel, «selbst an die Stelle des gestürzten Dichters zu treten und dessen Ruhm zu erben. Jeder große Hellene gibt die Fackel des Wettkampfes weiter; an jeder großen Tugend entzündet sich eine neue Größe.» Nietzsches agonales Modell ist der Schlüssel für Blooms Theorie des starken Autors, die erklärt, wie Genies zu Genies werden, indem sie mit Genies kämpfen. Nietzsches Homerbild verknüpft Bloom mit dem Thymos-Begriff, wie er ihn bei dem klassischen Philologen E. R. Dodds findet: «Eines Mannes *thymos* sagt ihm, dass er jetzt essen oder trinken oder einen Feind erschlagen muss, er berät ihn im Verlauf der Handlung, er legt ihm Worte auf die Zunge. (...) Gewöhnlich nimmt er (diesen) Rat an, aber er kann ihn auch ablehnen und, wie Zeus bei einer Gelegenheit, ‹ohne die Zustimmung seines *thymos* handeln›. In diesem Fall sollten wir wie Plato sagen, dass der Mensch (...) sich selbst beherrscht hat.» Bloom denkt nicht historisch oder kausal, sondern bewegt sich bewusst in einem selbst konstruierten Deutungsraum: «Der Homer Snells, Dodds und Fränkels scheint mir der Homer zu sein, den ich lese, wenn ich auch zweifelsohne diesen Homer wohl kaum ohne sie gelesen haben würde.»[8] Bloom hat im Thymos-Begriff den Schlüssel seiner agonalen Theorie kreativer Originalität gefunden.

Zurück zum Thymos-Komplex der politischen Theorie. 2006 veröffentlichte der Philosoph Peter Sloterdijk eine Gegenwartsdiagnose der spätkapitalistischen Gesellschaft unter dem Titel *Zorn und Zeit.* Darin geht er bis zu Homer zurück und holt sich das erste Wort aus der *Ilias*, nämlich ‹Zorn›, ‹menis›, das er im Folgenden mit ‹thymos› gleichsetzt, um zum einen die Dynamik revolutionärer Bewegungen zu erklären und zum anderen der Vorstellung vom Ende der Geschichte in der Alternativlosigkeit eines globalen Kapitalismus etwas entgegenzusetzen. Sloterdijk tritt dabei in einen «imaginären Dialog mit Francis Fukuyamas Buch». Dieses hält er für eine der «wenigen Arbeiten der politischen Philosophie, die an den Nerv der Epoche rühren».[9] Den Thymos-Komplex nimmt er als ein Bündel archaischer Werte und Affekte wie Stolz, Ehre und Ruhm auf, die sich auf heroische Männlichkeit und große Taten stützten und in Reaktion auf Gefährdung, Verletzung und Kränkung des positiven Selbstbildes in Zorn, Rache und offene Aggression umschlagen. Der verdrängte oder verletzte heroische Stolz nimmt bei Sloterdijk aggressive Züge an in einem destruktiven Gemisch aus Empörung, Ressentiment, Wut und Zorn. Diese Affekte sind für Sloterdijk Teil einer menschlichen Natur, die in den Medien der Kulturen dauerhafte Prägungen erhalten und – wie sein Beispiel der *Ilias* zeigt – über Jahrhunderte hinweg zur Verinnerlichung und Erneuerung von Werten und Haltungen geführt haben. Mit seinem Einstieg über die *Ilias* rüttelt Sloterdijk die Leser in ihrer Welt einer apathisch gewordenen westlichen Zivilisation auf und erinnert sie an ihre eigenen vergessenen thymotischen Ressourcen: «Die Wahrheit ist: Homer bewegt sich in einer von einem glücklichen Bellizismus ohne Grenzen erfüllten Welt.»[10]

Gegen diese Einschätzung haben Kritiker energisch Einspruch erhoben. Im Fall des Achill zum Beispiel hat der Zorn den Kampfgeist (Thymos) ja gerade nicht beflügelt, sondern lahmgelegt. Gunnar Hindrichs hat außerdem darauf hingewiesen, dass Experten wie Bruno Snell und E. R. Dodds das Homerbild eines «glücklichen Bellizismus» in keiner Weise bestätigen. Er hat Sloterdijks heroische Aneignung des Thymos-Komplexes folgendermaßen paraphrasiert: Der Rückgriff auf die griechische Seelenlehre ermöglicht «eine Sinndeutung ohne Jenseitsbezug. Als säkularer Ersatz wird der Thymos sinnstiftend, also die Sphäre von Zorn, Mut und Tatkraft. (…) Sinnstiftend ist der Thymos, weil er das tote Gehäuse aus Logos und Eros zerbricht, indem er, gegen alle Berechenbarkeit und gegen allen Genuss, sich zornig und mutig der kontingenten Situation stellt und sie durchsteht. So erzeugt er die Öffnungen, in denen sich ein neuer Sinn unseres Daseins denken lässt. Sein Zorn fegt die sinnleeren Vollzüge von Verfahrensmäßigkeit und Konsum weg, ohne Bindung an Gott ganz in der Kontingenz stehend und dennoch Sinn stiftend.»[11] Das genau sei es, worauf sich Sloterdijk mit seinem Thymos-Komplex beruft: auf eine reine Energiequelle, um «aus dem Gewesenen Schwung (zu) holen für den späteren Schlag. Der Zorn wird zum *momentum* einer Bewegung in die Zukunft, die man schlechthin als Rohstoff geschichtlicher Bewegtheit verstehen kann».[12] Ein Ende der Geschichte ist also noch nicht in Sicht, weil der Thymos, der in der Menschheitsgeschichte über längere Phasen zurückgedrängt wurde, immer wieder aktiviert werden kann.

Diese Thymos-Rezeption hat der Sloterdijk-Schüler Marc Jongen, Philosoph der Alternative für Deutschland (AfD), inzwischen aufgenommen und dabei einen deutlichen Schritt über seinen Lehrer hinaus gemacht. Er spricht von der «Entmännlichung unseres Volkes» und einer «thymotischen Unterversorgung», die durch Renationalisierung zu beheben sei.[13] Ganz neu ist das alles nicht: Fukuyamas Lehrer Harvey Mansfield hatte bereits beklagt, dass in der «gender-neutralen Gesellschaft» der liberalen Demokratie die thymotischen Energien brachlägen («unemployed»).[14] Bei Jongen klingt das so: «Unsere konsumistische Gesellschaft ist erotozentrisch ausgerichtet. Hingegen pflegen wir kaum noch die thymotischen Tugenden, die einst als die männlichen bezeichnet wurden.»[15] Sloterdijk und Jongen sprechen beide mit Blick auf die deutsche Gesellschaft von einem ‹Quasi-Matriarchat› und fordern eine Erneuerung und Stärkung männlich kriegerischer Tugenden.

Ein Zorn, der durch eine Verletzung nationaler Ehre entsteht, grassiert auch bei anderen Ethnonationalisten der AfD. Für Björn Höcke stellt zum Beispiel das Denkmal für die ermordeten Juden Europas eine solche Verletzung der Ehre der deutschen Nation dar. Er nennt es deshalb ein «Denkmal der Schande», das sich die Deutschen ins Herz ihrer Hauptstadt gepflanzt hätten. Wohlgemerkt gilt als Schande hier nicht das unfassliche Menschheitsverbrechen selbst, sondern das Denkmal und die deutsche Erinnerungskultur. Hier stehen sich Ehre und Würde noch einmal unvereinbar gegenüber: Während die einen den Holocaust leugnen oder ihn als «Vogelschiss» bagatellisieren, um ihre nationale Ehre wiederherzustellen, sehen die anderen im entgegengesetzten Weg der Anerkennung und Erinnerung an dieses Menschheitsverbrechen eine Wiederherstellung der Würde der eigenen Nation. Mit Sloterdijk und Jongen ist die Rezeptionsgeschichte des Thymos-Komplexes aus der politischen Theorie und dem akademischen Diskurs in die Öffentlichkeit übergesprungen. Thymos, ein archaischer Wertkomplex aus der altgriechischen Kultur, ist inzwischen als Kampfbegriff für nationalistische und neonazistische Bewegungen in der deutschen Gesellschaft angekommen.

Hindrichs vermutet in seinem Essay, dass Sloterdijks *Ilias*-Deutung weniger mit Homer zu tun haben könnte als mit den beiden Weltkriegen. «Das Fronterlebnis ließ die rationalen Gehäuse und privaten Bedürfnisse verblassen und regte zur Übertragung des Krieges auf das politische und gesellschaftliche Leben an.»[16] Bei solchen Voraussetzungen verbietet sich eigentlich eine enthusiastische Reaktivierung des thymotischen Affekts. Einige männliche Vertreter der 68er-Generation scheinen davor jedoch nicht gefeit zu sein. Peter Handke hat eine solche thymotische Aufwallung in Serbien erlebt, ein Mysterium, das die öffentliche Diskussion im Jahr seines Nobelpreises lange beschäftigt hat. Die AfD setzt mit ihrem Thymos-Begriff zunächst beim kleineren Format des ‹Wutbürgers› an, der seine Rhetorik des Hasses, der Verweigerung und der Unflätigkeit gegen den eigenen Staat richtet. In radikaleren rechten Gruppen ist der Weg in einen militanten Nationalismus – Stichwort NSU oder Reichsbürger – vorgezeichnet.

Thymos / Mythos – diese Worte bestehen aus denselben Buchstaben und gehen förmlich ineinander über. Es ist nicht zu übersehen, dass der von Politologen und Philosophen mit unterschiedlichen Interessen thematisierte Thymos-Komplex mit seinen Emotionen wie Stolz, Ehre und Ressentiment bei der Konstruktion nationaler Mythen eine zentrale Rolle spielt. Im folgenden Kapitel soll der Hinweis von Gunnar Hindrichs aufgenommen und die Verbindung zwischen dem Thymos-Komplex und den beiden Weltkriegen des 20. Jahrhunderts genauer untersucht werden. Erst dann lässt sich beurteilen, auf welche Weise er politische Mythen des 20. Jahrhunderts geformt und ihre Rezeption geprägt hat.

Der Mythos des Kriegserlebnisses (George Mosse)

Ohne den Begriff zu verwenden, hat der Historiker George Mosse (1918–1999) ein eindrucksvolles Buch über den Zusammenhang von Thymos, Nationalismus und Nationalsozialismus geschrieben. Er musste Nazideutschland bereits 1933 mit 14 Jahren verlassen und lebte in verschiedenen Ländern, bevor er sich in den USA niederließ, wo er an der Universität Wisconsin in Madison unterrichtete. Mosse war ein bedeutender Historiker der Nation und ein Gedächtnisforscher avant la lettre. Sein Buch *Fallen Soldiers. Reshaping the memory of the world wars* (1990) enthält das Wort ‹Gedächtnis› bereits im Titel, obwohl der Begriff damals in der Forschung noch nicht etabliert war.[17] Seine jüdische Herkunft und seine Homosexualität machten ihn zu einem innovativen Kulturhistoriker, der als Erster mit großer Sensibilität über repressive Normen in Bezug auf Rasse, Klasse, Geschlecht und Körper schrieb und sich auch für nationale Riten und Symbole interessierte. Statt ein weiteres Buch über den Ersten Weltkrieg zu schreiben, untersuchte Mosse die Art und Weise, wie der Krieg *nicht* beendet, sondern in Form der kollektiven Erinnerung in die Nachkriegszeit transportiert wurde. Obwohl der Waffenstillstand am 11. November 1918 eine ersehnte Zäsur brachte, war der Krieg, so Mosse, damit noch keineswegs zu Ende.

Mosse ging davon aus, dass nach dem Ende dieses industriellen Krieges mit seinem routinierten und mechanisierten Töten und dem Verlust von 13 Millionen Soldaten die Gesellschaften tief verwundet und mit einem großen Problem zurückblieben. Denn eine große Kluft hatte sich aufgetan zwischen dem Schrecken des Krieges, der viele Soldaten und ihre Angehörigen traumatisierte, und der Ehre des Krieges, die ihnen versprochen worden war. Deshalb suchten alle Nationen nach einer Symbolsprache, um diese Lücke zu füllen oder sie zumindest erfolgreich zu verdecken. In Deutschland orientierte man sich dafür an den Erinnerungen jener Kriegsveteranen, die den Krieg und ihren Einsatz bejahten, und nicht an denen, die desillusioniert aus ihm zurückkehrten und ihn verneinten. Die Betonung der ausgewählten Erinnerung lag somit auf der Glorifizierung und nicht auf der Tragödie des Krieges. Nach Beendigung des Ersten Weltkriegs wurde auf diese Weise retrospektiv ein Kult des Krieges aufgebaut, der weit entfernt von der historischen Realität die Werte der Gesellschaft normativ auf Männlichkeit, Stärke, Heroismus, Opferbereitschaft und die Heiligkeit der Nation ausrichtete. Dieser Mythos überschrieb in den Medien und der Propaganda auch die persönlichen Kriegserinnerungen und verwandelte den Krieg in eine nationale Religion mit neuen «Heiligen und Märtyrern, heiligen Orten der Erinnerung und einem von Generation zu Generation weiterzugebenden Erbe».[18] Die Sakralisierung des Krieges ging dabei mit einer Sakralisierung der Nation einher. Mosse sprach vom ‹Mythos des Fronterlebnisses›. Er kam aber nicht auf die Idee, wie wir das heute erwarten würden, diesen Mythos einfach als Konstrukt abzutun und als Lüge zu entlarven. Die Dekonstruktion des Mythos war das Projekt von Erich Maria Remarques *Im Westen nichts Neues* (1929) und der internationalen Friedensbewegung der Nachkriegsgeneration.[19] Mosse interessierte sich dagegen für die Frage, wie der Mythos konstruiert wurde, d. h. wie er menschliches Verhalten so tiefgreifend prägen, wie er Geschichte machen und das Selbstbild von Generationen und Nationen so nachhaltig formen konnte. Denn genau das hat dieser Mythos getan.

Die am Ersten Weltkrieg beteiligten europäischen Nationen haben unterschiedliche Formen des Kriegsmythos entwickelt. «Die politische Rechte fühlte sich als Erbe des Mythos des Kriegserlebnisses, und das nicht nur in Deutschland, sondern in ganz Europa, und der Prozess der Brutalisierung war überall eng verbunden mit der Verbreitung des Einflusses rechter Parteien in der Bevölkerung.»[20] Mosse konzentrierte sich auf die Situation in Deutschland und untersuchte die Art und Weise, wie Narrative entstehen und eingesetzt werden, um politischen Einfluss zu gewinnen, Gruppen zu bewegen und Geschichte zu machen. Obwohl Mosse den Begriff ‹Thymos› selbst nicht verwendet, rekonstruiert er in seinem Buch den thymotischen Männer-und-Krieger-Kult, der während des Krieges aufgebaut und in den 1920er Jahren von der politischen Rechten am Leben erhalten und weiter forciert wurde.

Als Beispiel führt er eine Strophe eines Kriegslieds aus dem Jahr 1915 an: «Wir sind das Volk des Zorns geworden / wir denken nur noch an den Krieg / wir beten als grimmiger Männerorden / bluteingeschworen um den Sieg.»[21] Zehn Jahre später war diese Haltung keineswegs verschwunden. Arnold Zweig beobachtete die Fortsetzung dieser thymotischen Manie mit großer Sorge: «Der Krieg hier, da und überall hat eine Aufwallung privater und öffentlicher Männlichkeitsideale ausgelöst.»[22]

In der Zwischenkriegszeit nahm die Erinnerung an den Krieg nicht ab, sondern zu. In den 1930er Jahren wurde der Kriegsmythos zur zentralen Staatsideologie des Nationalsozialismus erhoben. ‹Die Toten zu erinnern› bedeutete nun nicht nur, sie nachträglich zu betrauern und zu ehren, sondern zugleich, einen militanten Opferkult in die Zukunft zu projizieren. Diese Verschärfung des Kriegsmythos lässt sich heute noch an der Umwandlung von Gefallenendenkmälern in Kriegerdenkmäler nachvollziehen. Nach Kriegsende war ganz Deutschland mit *Gefallenendenkmälern* überzogen. Keine Stadt, kein Dorf, von wo aus nicht fußläufig ein solches Denkmal erreichbar gewesen wäre, auf dem die Namen der gefallenen Männer der jeweiligen Gemeinde mit ihren Lebens- und Sterbedaten eingraviert waren. Diese Initiative ging von den Kommunen aus, die unabhängig von staatlichen Initiativen ihre Orte der persönlichen Trauer und Pietät schufen. Die *Kriegerdenkmäler* folgten in den 1930er Jahren als neuer Typ eines Monuments. Sie trugen keine individuellen Namen mehr und schauten auch nicht mehr auf den Ersten Weltkrieg zurück, sondern blickten finster und entschlossen in die Zukunft. Die bewusst klobig und massiv gestalteten Statuen verkörperten Strenge und Härte. Die Erinnerung an den Ersten Weltkrieg verwandelte sich mit diesen Denkmälern in eine Vorbereitung des Zweiten Weltkriegs.

Mosse schildert ausführlich, wie sich mit dieser auf nationale Ehre und heroische Tat ausgerichteten Gesinnung im Rahmen eines männlichen, im Kriege gestählten Glaubens an die Nation die folgenreiche Idee einer radikalen Polarisierung von Freund und Feind herausbildete, die den Friedens- und Demokratisierungsbemühungen der 1920er Jahre diametral entgegenstand. Obwohl er ihn nirgendwo nennt, zeichnet George Mosse sehr präzise das politische Milieu, in dem das Denken Carl Schmitts verankert ist. «Die Fortsetzung der Kriegsemotionen in den Frieden hinein führte zu einer Brutalisierung der Politik und einer Gleichgültigkeit gegenüber Menschenleben. (…) Das Ergebnis dieses Brutalisierungsprozesses in den Zwischenkriegsjahren war eine energetische Aufladung des Mannes, die ihn auf den politischen Feind ausrichtete und dabei zugleich Männer wie Frauen abstumpfte gegenüber Grausamkeiten, die an Menschen verübt wurden.» Diese politische Militanz verbreitete sich nach Kriegsende in mehreren europäischen Staaten. «Das Vokabular des politischen Kampfes, das Ziel, den politischen Gegner gänzlich auszulöschen, (…) all das führte zu einer geistigen Fortsetzung des Ersten Weltkriegs nach seinem Ende und richtete sich nun gegen andere, meist innere Feinde».[23]

George Mosse starb 1999. Er hat den Fall der Mauer noch erlebt und war mit der Entwicklung in Deutschland zufrieden: «Für mich ist das die große Errungenschaft des Zweiten Weltkrieges, dass die Deutschen einfach nicht mehr kämpfen wollen», bekannte er in einem Interview 1990. Er registrierte allgemein, dass «‹der Mythos der Kriegserlebnisses› in Europa inzwischen Geschichte ist», fügte allerdings noch hinzu: «Die Zukunft ist offen. (…) Wenn der Nationalismus als säkulare Religion wieder Auftrieb erhält, wird der Mythos dabei wieder eine Rolle spielen.» Für George Mosse war der «Krieg selbst eine große Brutalisierungsmaschine», weshalb er sich keine

Illusionen darüber machte, dass «einiges von dem, was wir den Zivilisierungsprozess nennen, unter diesem Druck zerstört wurde.»[24] Was als Enthusiasmus begonnen und zur patriotischen Bereitschaft der Hingabe des eigenen Lebens geführt hatte, wandelte sich unter der Hand in eine nihilistische Grundhaltung, die durch eine Erziehung zur Gleichgültigkeit gegenüber Menschenleben systematisch befördert wurde. Mosse verweist in diesem Zusammenhang auf den Genozid an den Armeniern, der eine Million Opfer forderte, und auf Hitlers zynische Frage: «Wer spricht heute noch von der Vernichtung der Armenier?» Kurz vor seinem eigenen Angriffskrieg 1939 fühlte der sich sicher, denn Vergessen bedeutete Schutz für die Täter und die Sicherheit ihrer Straflosigkeit.

Das Freund-Feind-Denken (Carl Schmitt, Raphael Gross)

Carl Schmitt (1888–1985) ist der Denker, der dieses Freund-Feind-Denken zu einem bis heute einflussreichen Diskurs gemacht hat. Da sein Einfluss in der Welt der Intellektuellen inzwischen eine enorme Breitenwirkung erreicht hat, möchte ich hier kurz auf die Geschichte und Bedeutung der Freund-Feind-Formel eingehen und einige Implikationen dieser Entwicklung rekapitulieren. Schmitt gehörte zur Generation des Ersten Weltkriegs, hat aber selbst keinen militärischen Einsatz miterlebt. Dieses Versäumnis machte er dadurch wett, dass er nach Ende des Ersten (und des Zweiten) Weltkriegs zu einem der einflussreichsten geistigen Scharfmacher wurde und damit, wie Mosse es formulierte, das Vokabular des politischen Kampfes in die Nachkriegszeit(en) verlängerte. Obwohl er als hochrangiger Jurist des NS-Staates nach dem Zweiten Weltkrieg nicht mehr lehren durfte, konnte Carl Schmitt weiterhin seinen geistigen Einfluss behaupten und aus dem politischen Off Signale senden. Sein Rückzugsort Plettenberg im Sauerland wurde dabei zu einer verborgenen Denkschmiede für herausragende und einflussreiche Intellektuelle der Nachkriegszeit, die sich in Friedenszeiten bei diesem scharfsinnigen Staatsrechtler, polemischen Denker und umfassend gebildeten Menschen Rat und Anregungen holten. Der Jurist und Staatsrechtler Schmitt ist nach dem Zweiten Weltkrieg aber nicht nur in einem kleinen Kreis salonfähig geblieben, sondern auch international zu einem der einflussreichsten Intellektuellen geworden, genauer: der männlichen Intellektuellen (mit Ausnahme von Chantal Mouffe). Denn Schmitt ist der Theoretiker des Ernstfalls, in dem alle Wahlmöglichkeiten der liberalen Konsumgesellschaft mit einem Schlage weggefegt und die humanistischen Normen des Handelns auf die eine und letzte Entscheidung reduziert sind. Für diese Situation ist die intellektuelle Haltung des Freund-Feind-Denkens gemacht und auf sie läuft sie zu.

Schmitt war zunächst ein Unterstützer der neuen Weimarer Demokratie, aber in den Wirren der Zeit auch bereit, ihre Fundamente zugunsten der Nationalsozialisten umzubauen: «Jede wirkliche Demokratie beruht darauf, dass nicht nur Gleiches gleich, sondern, mit unvermeidlicher Konsequenz, das Nichtgleiche nicht gleich behandelt wird. Zur Demokratie gehört also notwendig erstens Homogenität und zweitens – nötigenfalls – die Ausscheidung oder Vernichtung des Heterogenen.» Diese Sätze stammen aus der Schrift *Die geistesgeschichtliche Lage des heutigen Parlamentarismus* von 1923, als sich die neue Rechte gerade formierte.[25] Während sich die erste, noch unerfahrene und unsichere deutsche Demokratie gerade festigen sollte, war hier schon von «Ausscheidung oder Vernichtung des Heterogenen» die Rede. Nach dem Ende der Kriegsrhetorik verlagerte sich das Freund-Feind-Denken in den 1920er und 1930er Jahren von äußeren auf innere Feinde und hier immer klarer auf die Juden, die noch im Ersten Weltkrieg als deutsche Patrioten gekämpft und ihre Orden erworben hatten. Nach seinem gescheiterten Putsch 1923 schrieb Hitler in der Festungshaft sein antisemitisches Manifest *Mein Kampf*, das 1925 veröffentlicht wurde. In diesem Milieu entstand auch Carl Schmitts Freund-Feind-Formel, die er 1927 in seinem Buch *Der Begriff des Politischen* einführte: «Die spezifische Unterscheidung, auf welche sich die politischen Handlungen und Motive zurückführen lassen, ist die Unterscheidung von Freund und Feind. (…) Politisches Denken und politischer Instinkt bewähren sich theoretisch und praktisch an der Fähigkeit, Freund und Feind zu unterscheiden. Die Höhepunkte der großen Politik sind zugleich die Augenblicke, in denen der Feind in konkreter Deutlichkeit als Feind erkannt wird.»[26] Diese Sätze charakterisieren nicht mehr die Situation des Ersten Weltkriegs, in der die politischen Feinde noch kriegführende Nationen und als solche klar markiert waren. Nach dem Krieg waren diese klaren Fronten verschwunden, aber Feindseligkeit und Feindbedürftigkeit waren weiterhin vorhanden. Ohne Feinde kann man nämlich keine Kriege führen. «Eine Kriegserklärung ist immer eine Feinderklärung», hat Schmitt später ergänzt.[27] Nach dem Ende des Ersten Weltkriegs, als andere wie Stefan Zweig über neue Friedensordnungen nachdachten, hatte Carl Schmitt das umgekehrte Problem, wie er weiterhin ein Bewusstsein für den Feind schärfen konnte. Möglicherweise dachte er schon an den nächsten Krieg, zu dem er mit seiner rechtstheoretischen Amtshilfe für Hitler beigetragen hat.

Die neue Aufgabe bestand vorerst darin, den Feind, den es nicht mehr gab oder der sich noch nicht als ein solcher gezeigt hatte, überhaupt auszumachen. Mit seinem «politischen Denken und politischen Instinkt» gab Schmitt dazu Andeutungen und Hinweise, die über sein ganzes Werk verteilt sind. Den Schmitt-Kennern ist die Strophe eines Gedichts von Theodor Däubler geläufig, in dem die Freund-Feind-Formel ins Poetische übersetzt ist. 1947, zwanzig Jahre nach dem *Begriff des Politischen*, nahm Schmitt in einem autobiographischen Text auf dieses Gedicht aus dem Jahr 1916 noch einmal Bezug: «‹Der Feind ist unsere eigene Frage als Gestalt. Und er wird uns, wir ihn zum selben Ende hetzen›. (Sang an Palermo) Was bedeuten und woher stammen diese Verse? Intelligenzprüfungsfrage an jeden Leser meiner kleinen Schrift: Begriff des Politischen. Wer die Frage nicht aus eigenem Geist und Wissen beantworten kann, sollte sich hüten, über das schwierige Thema jener kleinen Schrift mitzureden.»[28] Arroganter und einschüchternder geht es nicht. Bildung ist für Schmitt eine scharfe Waffe und Exklusionsinstrument. Das Mitredeverbot gilt bei ihm natürlich grundsätzlich für die Frauen. Dennoch wage ich es, mich einzumischen, um Schmitts inzwischen glatt polierte Freund-Feind-Formel wieder mit ihren historischen Assoziationen und Entstehungskontexten zu verlinken.

Däublers Gedicht, das sich auf die militärische Konfrontation im Ersten Weltkrieg bezieht, betont die Härte und Hemmungslosigkeit eines Endkampfs. Die eigene Frage als Gestalt – das klingt sehr existentialistisch und verweist damit auf eine sehr persönliche, ja intime Form der Begegnung, Auseinandersetzung und Gefahr. In ihrer verallgemeinerten Form wird die Suche nach dem Feind jedoch zu einer merkwürdigen Identitätsformel. Besagt sie doch: Ich weiß so lange noch nicht, wer ich wirklich bin, bis ich meinen Feind, den schlechthin Anderen, den absoluten Fremden gefunden habe, der es mir dann beibringt. Und wer weiß, vielleicht ist der Fremde ja bereits auf dem Weg zu diesem Endkampf?

Diese antagonistische Identitätsformel hat etwas Bedrohliches und Mysteriöses. In Zeiten einer soziologischen und philosophischen Anthropologie, wie sie von George Herbert Mead, Emmanuel Levinas, Paul Ricœur oder Axel Honneth vorgetragen wird, klingt sie reichlich seltsam. Und doch ist sie nur die Einkleidungs- und Verhüllungsform für etwas sehr Naheliegendes und Konkretes: Schmitt brauchte nicht einen x-beliebigen Anderen, sondern die Juden, um seine eigene Identität zu bestimmen. Das ist das ‹Arcanum› hinter Schmitts Feindbild, das Raphael Gross in einer detailreichen und präzisen Studie freigelegt hat: *Carl Schmitt und die Juden. Eine deutsche Rechtslehre.* Der Untertitel erfasst schon die Leitthese des Buches, denn das Recht, um das es Schmitt geht, ist der ‹Nomos der Erde›. Schmitt verankert das deutsche Recht in einem konkreten Boden und in einer nationalen Identität. Für ihn ist dieses konkret verankerte deutsche Recht das Gegenteil von ‹Gesetz› im Sinne einer abstrakten, universalistischen (jüdischen) Setzung. Richtig deutsch wurde diese Rechtslehre aber erst durch die Gesetze, die 1935 auf dem Nürnberger ‹Reichsparteitag der Freiheit› verabschiedet wurden, die das ‹Gesetz zum Schutze des deutschen Blutes und der deutschen Ehre› enthielten. Schmitt stellte damals den grundlegenden Charakter dieser Gesetze heraus. Von ihnen aus bestimme sich, so verkündete er, «was für uns Sittlichkeit und öffentliche Ordnung, Anstand und gute Sitte genannt werden» kann, und er betonte obendrein den «völkisch-defensiven Grundcharakter nicht nur dieser Gesetze, sondern der ganzen nationalsozialistischen Weltanschauung überhaupt».[29] Gross zeigt, wie stark Antisemitismus und Nationalismus das Denken dieses Rechtstheoretikers prägten. Damit schreibt er gegen die Schmitt-Rezeption an, die bis heute versucht, Schmitts «Œuvre unter Ausklammerung der offensichtlichen rassistischen und antisemitischen Gedanken fruchtbar zu machen».[30]

Schmitts Freund-Feind-Formel, die sich bis heute einer großen Beliebtheit und Verbreitung erfreut, muss in die Geschichte des deutschen Antisemitismus eingeordnet werden. Der erste Punkt dabei ist die Feststellung, dass hier das Verhältnis zwischen dem Ich und dem Anderen bzw. den Deutschen und den Juden als ein Bedrohungsverhältnis verstanden wird. Das individuelle Ich oder kollektive Wir ist von Anfang an in der ‹Defensive›. Es muss sich mit Gewalt behaupten, wenn es nicht zum Opfer eines Feindes werden will, der ihm nach dem Leben trachtet. Die Logik heißt ‹ich› oder ‹er›, bzw. ‹wir› oder ‹sie›; für beide gemeinsam ist kein Platz auf der Erde und in der Weltgeschichte. Der Kampf, um den es geht, ist eine apokalyptische Schlacht um die Entscheidung, wer am Schluss den Endsieg davonträgt, die deutschen Helden oder die jüdischen Händler, das Alte oder das Neue Testament. Schmitt sah in den Juden einen universalen, rationalen und anti-heroischen Geist am Werke, der im Prozess der Zivilisierung, Technisierung und Ökonomisierung als ultimativer Form der Weltbemächtigung gipfelt: «Früher unterwarfen die kriegerischen Völker die handeltreibenden Völker, jetzt ist es umgekehrt», schrieb er 1932.[31] Das bedeutete für Schmitt den Untergang all dessen, was für ihn heilig war: das christliche Abendland, das konkrete Ordnungsdenken, der Nomos der Erde, die ethnische Nation. In Schmitts national-katholischem Weltbild wird das Verhältnis von Juden und Deutschen in beliebige Muster antisemitischer Verschwörungsphantasien gepresst, in denen, komme was wolle, die Juden immer die Täter und die Deutschen ihre Opfer sind. Heinz Dieter Kittsteiner hat diese Denkfigur auf den Punkt gebracht: «Der potentielle Aggressor stellt sich grundsätzlich als der Angegriffene dar.»[32]

An dieser skandalösen Inversion der historischen Täter-Opfer-Relation hat Carl Schmitt in allen Zeiten, die er durchlebt hat (und er lebte bis 1985) unbeirrt festgehalten. Der Tenor seiner Einstellung war: Die Bedrohung geht immer schon und immer noch von den Juden aus. Sie trugen die Schuld an der

Niederlage des Ersten Weltkriegs, wie die Dolchstoßlegende behauptete; sie trugen die Schuld an der Last des Versailler Vertrags und der Weltwirtschaftskrise durch ihre «Zinsknechtschaft»; als Bolschewiken oder Kommunisten waren sie Teil einer internationalen politischen Bewegung, die die Weltherrschaft an sich reißen wollte. Aufgrund ihrer Bodenlosigkeit und mangelnden Sesshaftigkeit waren sie obendrein ‹Vaterlandsverräter›, die die Nationen von innen her auflösten. Aber besonders von den Juden als kosmopolitisch gesonnenen Bürgern ging für Schmitt eine unmittelbare Gefahr aus, weil sie die Humanität gegenüber der Nation stark machten. «Wer Menschheit sagt, will betrügen.» Mit diesem Satz meinte Carl Schmitt wiederum die Juden, die partikulare Werte durch universalistische Werte ersetzen wollten. Die Menschheit gibt es für Schmitt schon deshalb nicht, weil sie «keinen Feind hat».[33] Tatsächlich ist für Schmitt der ‹maskierte›, das heißt: der assimilierte und emanzipierte Jude der gefährlichste Feind, weil er aus dem 19. Jahrhundert als Sieger der Geschichte hervorgegangen und dabei gleichzeitig unsichtbar geworden ist. Viele deutsche Nationalisten und Katholiken, die von diesem Emanzipationsprozess nicht profitierten, reagierten darauf mit starken Ressentiments – ähnlich wie heute die Globalisierungsverlierer. Denn schon damals gab es den Hass der Zukurzgekommenen auf die Eliten, wie das folgende ‹Gedicht› von Carl Schmitt zeigt:

> Sie reden zwar viel von Eliten,
> doch ahnen die meisten es kaum:
> Es gibt nur noch Isra-Eliten
> Im großplanetarischen Raum.[34]

In Schmitts Variante flossen viele Facetten des Antisemitismus zusammen, von denen bei ihm einige aktiviert wurden und andere nicht. Wichtig ist, dass sein Antisemitismus ‹europäisch› genannt werden kann und es nicht vorrangig darauf ankommt, ob er rassistisch oder kulturell, katholisch oder säkular motiviert war. Was der reaktionäre Charles Maurras, für den die Juden das Fremde, Böse und Perverse schlechthin symbolisierten, einmal bemerkte, gilt auch für Carl Schmitt: «Alles wäre unglaublich schwierig oder unmöglich ohne die Hilfe des Antisemitismus. Er vereinfache alles und ermögliche vieles.»[35] Die Juden werden immer und weiterhin gebraucht, um als Sündenböcke für die Verluste im Prozess der Modernisierung, des technischen Fortschritts, der Individualisierung, der Universalisierung herzuhalten. Raphael Gross hält eine skeptische Diagnose der Weltentzauberung und eine kritische Bestandsaufnahme dieser Probleme für durchaus legitim, aber er weist dabei das Standardhilfsmittel des Antisemitismus entschieden zurück. Genau das aber ist hier der Fall: Die Juden werden von Schmitt gebraucht als Prototyp des Fremden und als metaphysische Gegenspieler in einem kosmischen Kampf um die Erhaltung der Welt, in dem er sich selbst als Katechon, als Aufhalter und Entschleuniger der Katastrophe inszeniert.

Während Schmitt sich diese Geschichte und seine mythische Rolle in ihr zurechtlegte, beschleunigte sich tatsächlich etwas, worauf er wie die meisten Deutschen seiner Generation nach dem Zweiten Weltkrieg nie Bezug genommen hat. Das war die historische Katastrophe der Shoah im Schatten des Zweiten Weltkriegs, als europäische Juden millionenfach in Konzentrationslager deportiert, vergast oder in osteuropäischen Wäldern erschossen und in Massengräbern verscharrt wurden (völlig unabhängig davon, ob sie assimiliert waren oder nicht). Davon muss er gewusst haben, weil sein juristischer Kollege Hans Frank als Generalgouverneur in Polen für die Vernichtungslager Treblinka, Majdanek, Bełżec und Sobibór zuständig war. Frank, der wegen seiner Ausrottungspolitik als «Schlächter von Polen» bekannt war, wurde in Nürnberg verurteilt und 1946 hingerichtet. Mit dessen Frau Brigitte hatte Schmitt ein Verhältnis. In seinem Abschiedsbrief an seine Frau schrieb Hans Frank: «Meine ‹Schuld› ist eine rein politische Angelegenheit – aber keine juristische.» [36] Dieser Satz passt gut zu Carl Schmitts Theorie und seinem Bekenntnis zum Primat des Politischen.

Zum Unverständlichsten und Abstoßendsten an Schmitts Denken gehört, dass für ihn die Bedrohung durch die Juden nach Ende des Zweiten Weltkriegs nicht verschwunden war. Auch nach 1945 blieb er das Opfer seines ‹providentiellen Feindes›, der nicht aufgehört hatte zu siegen. Denn wieder waren es die Juden, die nicht nur bei den Nürnberger Prozessen auf der Siegerseite triumphierten, sondern nach dem Holocaust der ganzen Welt ihre Moral aufgezwungen hätten, wie er sich ausdrückte. Dieses Ressentiment teilte er mit anderen Intellektuellen der Nachkriegszeit. Das geht zum Beispiel aus einem Briefwechsel hervor, den er mit Ernst Jünger geführt hat. Letzterer befürchtete bereits ein paar Wochen vor Kriegsende einen Sieg des Alten Testaments über das Neue Testament und damit verbunden eine «ungeheure Ausbreitung der jüdischen Moral», da «diese Moral durch die Exterminierung der Juden, an die sie gebunden war, nun frei und virulent geworden ist». Darauf antwortete Schmitt: «Was Sie über das Verhältnis des Alten und Neuen Testaments sagen, trifft offenkundig zu und ist der Schlüssel zu dem, was uns heute widerfährt».[37] Die Verdrehungen nehmen kein Ende: Der Holocaust ist in dieser Sicht nichts, was den Juden widerfährt, sondern was den Deutschen widerfährt! Kittsteiner kommentiert: «Auf dem Umweg über ihre eigene ‹Exterminierung› in Europa hätten es die Juden geschafft, ihre spezifische Moral endgültig zu universalisieren.»[38]

bezieht diesen Satz auf die deutsche Geschichte mit ihrer Verantwortung für millionenfachen Mord und millionenfaches Leid: man kann deshalb «dieses Land nur mit gebrochenem Herzen lieben». Die Bereitschaft, das Leid derer mitzutragen, die unter diesem Land gelitten haben, macht den Wesenskern dieser Demokratie aus. Deshalb bekennt sich Steinmeier zu einem «aufgeklärten, demokratischen Patriotismus» und warnt vor «der Faszination des Autoritären», vor «Hass und Hetze», vor «Fremdenfeindlichkeit und Demokratieverachtung – denn sie sind doch nichts anderes als die alten bösen Geister in neuem Gewand.»[42]

Der Wächter des Seyns in einer Welt ohne Juden (Martin Heidegger, Alon Confino)

Eine weitere Geistesgröße der NS-Zeit war der Philosoph Martin Heidegger (1889–1976). Ein Jahr jünger als Carl Schmitt gehörte er ebenfalls zur Generation des Ersten Weltkriegs. Auch er war nicht Teil der kämpfenden Truppe, sondern wie Schmitt in der Poststelle beschäftigt und für die Wetterbeobachtung eingesetzt. Und wie Schmitt hat auch Heidegger erst nach dem Ersten Weltkrieg seine geistigen Waffen geschärft und mit seinem intellektuellen Gewicht die Mobilisierung für den Zweiten Weltkrieg unterstützt. Wie Carl Schmitt konnte er sich «eine Welt ohne Juden» nicht nur sehr gut vorstellen, sondern hat diese mit seinen philosophischen Mitteln auch gerechtfertigt und herbeiargumentiert.[43]

Auch Heidegger hat seinen Pakt mit dem Nationalsozialismus geschlossen und sich 1933 als Rektor der Universität Freiburg in den Dienst der neuen Regierung gestellt. Tiefere geistige Affinitäten mit dem Nationalsozialismus finden sich in seinem Denken jedoch erst in den späteren 1930er Jahren, als er sich in der Nachfolge Nietzsches als Prophet einer revolutionären Bewegung und einer neuen Zeit stilisierte. Ziel der neuen Lehre war es, die christlich-abendländische Kultur radikal umzubauen und einen neuen abendländischen Menschen zu schaffen. Wie andere seiner Generation sah er sich am Ende einer langen Geschichte, an dem die Vision eines neuen Menschentums aufscheint. Dabei deutete er den Aufbruch des Nationalsozialismus und seine Fortsetzung in den Zweiten Weltkrieg hinein als eine ‹Revolution› bzw. Erhebung der Jugend auf der Suche nach einer neuen Zeit, Welt und Zukunft. Diesen epochalen Geschichtsmoment und den ihn bestimmenden Kampf um die neue Zukunft beschrieb Heidegger nicht in der Kategorie der Rasse, sondern sprach von nationalen «Menschentümern» wie dem russischen oder dem deutschen Menschentum. In solchen nationalen Kollektiven sah er die Potenz für eine kraftvolle Erneuerung der Geschichte in einem Endkampf, der hier und jetzt über die Zukunft des Weltenlaufs entscheiden würde.

In diesem Erwartungshorizont hat Heidegger eine Reihe von Gegensatzbegriffen erfunden, die das ‹Gute› und das ‹Böse› glasklar voneinander trennen und damit die Kampflinie zwischen Feind und Freund konkret festlegen. Heideggers abstrakt-metaphysische Sprache baut dabei einen unversöhnlichen Gegensatz zwischen zwei Fronten auf. Er selbst sieht sich als «Wächter des Seyns» und eines «neuen Menschentums».[44] Diese Lebensform und Existenzweise beschreibt er als deutsch, authentisch, erdverbunden und heimatbezogen. Auf der Gegenseite seiner Dichotomie steht nicht etwa ein fremder Feind, sondern das europäische Abendland und damit die Welt und Geschichte, in der Heidegger lebt, die er aber als feindlich erlebt und nicht müde wird zu denunzieren. Dieses europäische Abendland erklärt er für bankrott, weil es seit Jahrhunderten aus der Spur geraten ist und den Kontakt zu seinen gründenden Werten längst vollkommen verloren hat. Um das Abendland als fundamentalen Gegner kenntlich zu machen, trennt er die ‹abendländische Kultur› begrifflich von der ‹westlichen Zivilisation› ab und erfindet damit eine ‹deutsche Tradition›, die mit der westlichen Geschichte Englands, Frankreichs, geschweige denn der USA rein gar nichts mehr gemein hat. Heideggers Philosophie nährt sich hier vom Widerspruch und Ressentiment; sie zielt auf Erregung und vermittelt Bedrohungsbewusstsein und Angst. Diejenigen, die glaubten, dass alles in Ordnung sei und seinen richtigen Gang gehe, gelten als verblendet und werden von ihm aufgeklärt, dass sie in Wirklichkeit Opfer eines bösen Dämons und alles verschlingenden Ungeheuers sind. Der geheimnisvolle Widersacher ist nämlich nichts anderes als die westliche Zivilisation selbst, für die er einen neuen Namen erfindet. Es ist fortan das «machenschaftliche Unwesen», das Heidegger mit immer neuen Beschreibungen einkreist. Es sind die Machenschaft, der Nihilismus und ein rechnendes Denken, die dem Abendland den Garaus gemacht haben.[45] Mal spricht Heidegger von ‹Subjekthaftigkeit›, mal von ‹Wille›, ‹Macht› oder ‹Verwaltung› – das sind verschiedene Namen für die Mächte, die die Herrschaft über den abendländischen Menschen gewonnen haben. Ein anderes Mal, schon etwas deutlicher, ist es das «Sichbreitmachen einer sonst leeren Rationalität und Rechenfähigkeit, die sich (…) eine Unterkunft im ‹Geiste› verschaffte». Und noch deutlicher wird er in der ‹VIII. Überlegung› in den sogenannten *Schwarzen Heften*, die 2014 ans Licht der Öffentlichkeit kamen und die Heidegger-Zunft erschütterten. In dieser Überlegung spielt er deutlicher als sonst auf die Juden und das Judentum an. Es sei «die älteste und zähe Geschicklichkeit des Rechnens und Schreibens und Durcheinandermischens, wodurch die Weltlosigkeit des Judentums gegründet wird». Wiederholt spricht er mit Blick auf die Juden auch von der

«Bodenlosigkeit, die an nichts gebunden, alles sich dienstbar macht». Diese Sätze waren damals keineswegs originell, sie paraphrasierten jüdische Stereotypen, die man in den 1930er und 1940er Jahren nicht näher erklären musste und die von allen sofort verstanden wurden. Auch heute muss man kein Heidegger-Spezialist sein, um zu verstehen, dass mit der technischen Rationalität, die das Abendland in seinen Grundfesten erschüttert, nicht mehr Engländer, Franzosen und Amerikaner gemeint sind, sondern die Juden als Teil einer Weltverschwörung gebrandmarkt werden. Eigentlich hätte Heidegger als hervorragender Kenner der griechischen Kultur und Geschichte wissen können, dass die Grundlagen des rechnenden Denkens nicht im Judentum, sondern in der alten griechischen oder auch der mesopotamischen Kultur liegen; man denke nur an die babylonische Bürokratie, die griechischen Buchstaben oder den Satz des Pythagoras – nichts davon ist hebräisches Kulturerbe!

Heidegger fühlt sich berufen, als «Wächter des Seyns» das wahre Erbe des abendländischen Menschentums wiederherzustellen. Das ist allerdings nur mit einem Neuanfang möglich. Das Abendland muss neu gegründet werden durch einen radikalen und absoluten Anfang, nach dem die Welt gereinigt und geläutert ist von allen Machenschaften zergliedernder technischer Seinsvergessenheit. Die neue Welt, die er phantasiert, muss von all dem befreit werden, was sich auf der negativen Seite seiner Dichotomien angesammelt hat. Heidegger spricht in diesem Zusammenhang immer von ‹Kampf› und nie von ‹Krieg›, immer nur von abstrakten Prinzipien und nie von menschlichen Akteuren. Aber während er diese Gedanken entwickelte, rüstete sich Deutschland zum Zweiten Weltkrieg, wurden die Juden terrorisiert und deportiert und wurde ein europäisches Nachbarland nach dem anderen von der Wehrmacht überfallen. 1941, als die Wehrmacht ihren Russlandfeldzug begann, schrieb Heidegger einen Text «Über den Anfang», genauer: über das «Ende der Geschichte des großen Anfangs des abendländischen Menschen».[46] Auf diesen ersten Anfang und sein Ende in der Gegenwart folge nun ein *anderer* Anfang, und der geht, wie Vivian Liska kommentiert, «von Anbeginn (...) mit der Notwendigkeit der Zerstörung einher».[47] Deshalb heißt es auch: «Der andere Anfang muss Untergang sein.» Dieser Anfang ist dabei vor allem eines: Steigerung und Überbietung. Er muss «abendländischer» sein und soll «anfänglicher den Anfang anfangen lassen (...)».[48] Wie er selbst in seiner Deutung der Griechen vor Aristoteles und Platon auf die Vorsokratiker zurückging, um eine reine und authentische Tradition zu beerben, geht er nun vor die jüdisch-christliche Tradition zurück, um die neue Welt des Tausendjährigen Reichs zu begründen. Weil das Christentum selbst durch und durch vom Judentum imprägniert ist, kann dieser absolute Anfang für Heidegger nur «außerhalb des Judentums und d. h. des Christentums» stattfinden.[49]

Die neue Welt, die nur außerhalb der bestehenden Traditionen des existierenden Abendlands Wirklichkeit werden kann, ist eine «Welt ohne Juden». Diese nämlich haben den Anfang der Geschichte besetzt und aus ihm jenes Gegenreich errichtet, das Heidegger durch ein deutsches Weltreich ersetzen möchte, das Hitler gerade im Begriff ist, sich in Europa zu unterwerfen. Heideggers Seinsmetaphysik und Rhetorik von einem neuen Anfang laufen auf diese Ersetzung eines bestehenden jüdischen Imperiums durch ein deutsches hinaus. Heidegger kommt in Confinos Buch nicht vor, aber dessen Denkbewegungen passen sehr gut in das Bild, das dieser in seinem Buch über eine «Welt ohne Juden» von den Diskursen dieser Zeit entwirft. Im Zentrum der Vorstellungen, Phantasmata und Bilder, die die NS-Geschichte angetrieben haben, ging es um «die jüdische Welt», die «zerstört werden (musste), um der NS-Welt Platz zu machen». Von Anfang an stand im Zentrum des Nationalsozialismus die Verheißung einer Welt ohne Juden, auch wenn die Formen der realen Umsetzung dieser Idee sich erst allmählich herausbildeten. Die Logik der ‹Endlösung› nahm erst während des Krieges konkrete Formen an, aber in ihr gipfelten alle vorangegangenen Maßnahmen «der nationalsozialistischen Judenpolitik: Definition, Enteignung, Vertreibung, Ghettosisierung, Deportation, Vernichtung», und an der Vernichtung wurde bis zum Schluss, als der Krieg längst verloren war, noch immer eisern festgehalten.[50] Sie galt als «Schlüssel der Weltgeschichte»; es war die sogenannte ‹jüdische Frage›, «die dem Nazi-Reich ihren Sinn gab». In der Paranoia der NS-Propaganda waren die Nazis dabei nie die Täter, sondern immer die Opfer der Juden, die an ihnen lediglich gerechte Vergeltung übten für das, was ihnen angetan worden war. Victor Klemperer kommentierte 1942: «Die Konzentration des Hasses ist in Wahnsinn umgeschlagen.»[51]

Um noch einmal Charles Maurras zu zitieren: «Alles wäre unglaublich schwierig oder unmöglich ohne die Hilfe des Antisemitismus. Er vereinfacht alles und ermöglicht Vieles.»[52] Das gilt für Carl Schmitt ebenso wie für Martin Heidegger. «Die Juden gaben dem nationalsozialistischen Kampf zwischen gut und böse einen klaren Sinn: der messianische Kampf, eine nationalsozialistische Zivilisation zu erschaffen, erforderte die Auslöschung der Juden. Schöpfung und Auslöschung waren dabei untrennbar miteinander verschmolzen; das eine ermöglichte das andere.»[53] Heidegger ging in seiner Verblendung schließlich so weit, die Ermordung der Juden diesen selbst zuzuschreiben. Er bezeichnete in seinen *Schwarzen Heften* tatsächlich das, was in Osteuropa vor sich ging, als «die Selbstvernichtung der Juden»![54] Wie soll man das verstehen? Ganz einfach: In der kalt rechnenden Energie des industriellen Massenmords war jüdische Rationalität am Werke.

Confino registriert, dass in dem Maße, wie das Morden voranschritt, die lautstarke Propaganda zurückging und sich an deren Stelle das Schweigen, eine Verständigung in Andeutungen und eine kodierte Sprache ausbreiteten. Unter den meisten deutschen Zeitgenossen gab es wohl kaum Zweifel darüber, dass mit den Massenerschießungen und den industriell durchgeführten Morden an jüdischen Männern, Frauen und Kindern eine wirkliche Grenzüberschreitung vollzogen war. Erstaunlich aber bleibt, dass Heidegger und Schmitt wie viele ihrer Generation lebenslänglich moralisch immun blieben gegenüber dem unermesslichen Leid, das erst langsam und allmählich ins öffentliche Bewusstsein drang. Viele waren dafür unsensibel und empfanden weder Schuld noch Reue.[55] Sie fanden auch keine Worte dafür. Als Heidegger in der Nachkriegszeit auf den Judenmord als herausragendes Menschheitsverbrechen angesprochen wurde, erwiderte er, dass er die Technisierung der Landwirtschaft für das noch viel größere Menschheitsverbrechen halte.

Die Entgiftung der Nation (Stefan Zweig)

Nach der Machtübernahme Hitlers 1933 waren Juden wie George Mosse oder Stefan Zweig in Deutschland nicht mehr sicher. Im April 1933 gelangte der 14-jährige Mosse von seinem Internat in Salem nach Konstanz und dort gerade noch rechtzeitig über die Schweizer Grenze. Ein Jahr später machte sich der 53-jährige Stefan Zweig von Salzburg aus auf den Weg nach England. Während George Mosse erst Jahrzehnte später als Historiker auf den Ersten Weltkrieg zurückkam, waren Carl Schmitt und der sieben Jahre ältere Stefan Zweig Zeitgenossen, die beide die Zeit nach dem Ersten Weltkrieg erlebten und jeder auf seine Weise versuchten, auf die

Gesellschaft und die Gegenwart einzuwirken. Noch vor der ‹Machtergreifung› Hitlers schrieb Zweig 1932 einen Vortrag für eine Europatagung in Rom. In diesem Text kehrte er im räumlichen und zeitlichen Abstand noch einmal zur Urkatastrophe des 20. Jahrhunderts zurück und dachte dabei ganz ähnlich wie George Mosse über die langfristigen zerstörerischen Folgen dieses welthistorischen Ausbruchs von Hass und Gewalt nach. Sein Text ist das exakte Gegenstück zu Carl Schmitts Fixierung auf den Feind als Schlüssel für die eigene Identität und einen intellektuellen Habitus, der mit Vorliebe in absoluten Gegensatzpaaren denkt. Wie Mosse konstatiert auch Zweig unmittelbar nach dem Krieg eine «schwere seelische Verstörung» und «moralische Ermüdung». Denn nach vier Kriegsjahren der ungeheuren thymotischen Aufbietung von Hass, Zorn und Verbitterung war mit dem Friedensschluss keine Ruhe eingetreten. Im Gegenteil kam auch Zweig zu dem Schluss, dass «das Bedürfnis nach politischer Spannung, nach kollektivem Hass bei unserer Generation weiterhin latent geblieben (ist). Es hat sich nur vom äußeren Landesfeind umgeschaltet in andere Richtungen, Hass von System zu System, von Partei zu Partei, von Klasse zu Klasse, von Rasse zu Rasse, aber im Wesentlichen sind seine Formen dieselben geblieben: das Bedürfnis, sich als Gruppe feindselig gegen andere Gruppen zu ereifern, beherrscht noch heute Europa, und man muss an jene alte Sage denken, wo nach der Schlacht noch die Schatten der Toten in den Lüften weiter miteinander kämpfen.»[56]

Carl Schmitts Freund-Feind-Formel stammt aus dieser Zeit; sie hat wie keine andere diese Stimmung in Worte gefasst und ihr damit neuen Nachdruck verliehen. Während Schmitt auf seine Weise das Gift dieses Hasses als neue Droge weiterreichte, bemühte sich Zweig um das genaue Gegenteil, nämlich um Entgiftung und ein Heilmittel gegen die Krankheit des Hasses. Über die Wirkung einer Entziehungskur machte er sich allerdings keine großen Hoffnungen. Er fürchtete vielmehr, dass das Gift des Nationalismus zu tief in den Geist und die Seelen der Menschen eingedrungen sei, als dass sie sich davon wieder befreien könnten. «Wir dürfen nicht mehr daran denken, das Zersplitterte zusammenzusetzen, sondern einzig, das noch Ungeformte neu und zu fruchtbarerer Form auszubauen.» Zweig meinte damit die nachwachsende Generation und schrieb in diesem utopischen Geiste ein Erziehungsprogramm für die Jugend. Bei der Suche nach einem Heilmittel, das Hass und Nationalismus überwinden sollte, ging er von einem einfachen Grundgedanken aus. Er besteht darin, «die Gemeinsamkeit zwischen den Völkern Europas stärker zu betonen als ihren Widerstreit. Diese Auffassung, die mir und manchem als die notwendigste erscheint, ist bisher immer unterdrückt worden zugunsten der rein politischen und nationalpolitischen Geschichtsauffassung. Dem Kinde wurde gelehrt, seine Heimat zu lieben, eine Auffassung, der wir nicht widersprechen und der wir nur noch hinzuwünschten, dass ihm gleichzeitig gelehrt würde, die gemeinsame Heimat Europa und die ganze Welt, die ganze Menschheit zu lieben, den Begriff Vaterland nicht feindselig, sondern in einer Verbundenheit mit anderen Vaterländern darzustellen.»[57]

Zweig beschreibt hier einen militanten Nationalismus, in dem das Prinzip des Politischen zur zentralen Norm geworden ist. Deshalb sind die Nationen immer schon auf Kampf und Krieg ausgerichtet, deshalb schärfen sie ihre Unterschiede, errichten trennende Grenzen und rüsten geistig mit heroischen Mythen und militärischen Ehren auf. Zweig erinnert sich dabei an seinen eigenen Geschichtsunterricht: «Wir wurden absichtlich im Dunkel gehalten über die kulturellen Leistungen unserer Nachbarvölker und wussten nur, in welchen Schlachten und unter welchen Generälen wir ihnen feindselig begegnet waren.» Das Heilmittel, das hier einen Ausgleich schaffen kann, ist für Zweig das Prinzip der Kultur. Er denkt dabei konkret an eine Umstellung des Lehrplans an den Schulen von Kriegsgeschichte auf Kulturgeschichte. Während die Kriegsgeschichte auf eine Erzählung hinausläuft, in der sich die Nationen gegenseitig mit Vorwürfen überziehen und gegenseitig die Schuld zuschieben, könnte die Kulturgeschichte sich auf Entdeckungen und Erfindungen, Kunst, Wissenschaft und Technik stützen und damit Wertschätzung begründen und gemeinsame Leistungen würdigen. Zweig wünscht sich in allen Ländern gleichzeitig die Ausbildung einer wachsamen und wohlgesinnten Generation, «eine Elite, welche die fremden Sprachen, die fremden Sitten, die fremden Länder aus eigener Anschauung kennt» und – jetzt wird seine Sprache doch noch militärisch – als «eine Art Generalstab der geistigen Armee, (…) gemeinsam die Zukunft erobern soll». Aber es geht ja auch um Kampf, nämlich die wirksame Bekämpfung «jenes dumpfen Misstrauens zwischen den Nationen, das wir eigentlich als verhängnisvoller empfinden als jede kurze und kriegerische Feindschaft».[58]

Der zukünftige europäische Mensch, den Zweig entwirft, muss gerade auch die Leistungen «der anderen Völker, ihr Positives und Schöpferisches kennenlernen, und zwar durch eine unmittelbare Anschauung». Seine konkreten Empfehlungen für ein praktisches Lernen in Europa durch Reisen und gegenseitigen Austausch sind ein halbes Jahrhundert später in die Realität umgesetzt worden durch Generationen von Backpackern mit billigen Interrailtickets im Schengen-Raum, mit Erasmus-Stipendien an europäischen Universitäten und Idealisten, die ein gemeinnütziges soziales Jahr jenseits der eigenen Grenzen absolvieren. Aber auch seine Idee einer «energienverstärkenden» europäischen Publizistik ist umgesetzt worden in Zeitschriften wie *Merkur*, *Lettre International* und *Eurozine,* wo der «Widerstreit der Nationen, statt ihn völlig auszuschalten, in Zusammenarbeit» mündet.[59]

Während die Nationalgeschichte auf Hass gegründet ist und diesen ständig erneuert, indem sie sich mit Rechtfertigungen und heroischer Selbsterhöhung ewig im Kreise dreht, eröffnet die Kulturgeschichte für Zweig die Möglichkeit eines Fortschritts-Narrativs, weil sie auf dem gründet, was eine Nation der anderen verdankt, und auf diese Weise das gemeinsame Wohl steigert. Zweigs Zukunftsutopie einer europäischen Kulturgeschichte als ungebrochenes Fortschritts-Narrativ mit einem «Aufstieg ohne Ende» können wir allerdings in dieser Form nicht mehr teilen. Zum einen, weil wir Nationalismus und Europa nach 1945 nicht mehr ganz so säuberlich trennen können, wie er es 1932 noch tat, und zum anderen, weil wir den Stolz auf Europa und seine Vorherrschaft nicht mehr teilen, «die wir seit zweitausend Jahren auf dieser ‹kleinen Halbinsel Asiens›, wie sie Nietzsche nennt, vor der Geschichte behauptet haben».[60] Diese Europa-Vision musste nach 1945 auf neue Grundlagen gestellt und immer wieder transformiert werden.[61] Was von Zweigs Denken jedoch weiterhin hoch aktuell ist, ist das Programm eines neuen Lehrplans für die Jugend Europas mit seiner Umstellung der Perspektive von der ‹Nation gegen Europa› zu einer ‹Nation in Europa›. Zweigs Vision für Europa hat nichts von ihrer Aktualität verloren: Es ging ihm um «das Ideal höherer Eintracht zwischen den Nationen bei Wahrung der Eigenart aller Nationen».[62] Mit dieser schönen und prägnanten Formel hat er den Kern der europäischen Idee hervorragend erfasst und in diesem Sinne ein zukunftsträchtiges Erziehungsmodell entworfen, das von Hass auf Dankbarkeit und ‹Ehrfurcht›, von Krieg auf Frieden und von der Bewunderung militärischer Gewalt zur Anerkennung geistiger und kultureller Leistungen umschaltet.

Zweig stellt sich auch der Frage, wie im neuen Lehrplan

Identifikation und kollektive Gefühle verankert werden können. Gibt es vielleicht auch eine positive Variante des Thymos-Begriffs, und lässt sie sich auf Europa anwenden? Ja, ist Zweigs Antwort, denn «die Taten des individuellen und des moralischen Heroismus können ebenso (in der Jugend) Begeisterung erwecken wie die blutigen Schlachtenberichte». Ehrfurcht könne ebenso gut für geistige und künstlerische Leistungen erweckt werden. Nationen sollten sich nicht mit Vorbehalten und Misstrauen begegnen. Statt sich gegenseitig Furcht einzuflößen, sollten sie sich durch das auszeichnen, was ihnen «Liebe und Ehrfurcht in der ganzen Welt einbringt und das Ansehen ihrer Sprache und der geistigen Leistung steigert». Den negativen Thymos durch einen positiven ersetzen – so lässt sich Stefan Zweigs Projekt der ‹moralischen Entgiftung Europas› zusammenfassen. Das Gift, um das es damals ging und mit dem wir auch heute wieder zu tun haben, ist der Hass. Zweig schrieb aus der Position einer «Generation, die den fürchterlichsten Hass der Welt gekannt (und) diesen Hass hassen gelernt hat, weil er unfruchtbar ist und die schöpferische Kraft der Menschheit mindert.»[63]

Wie werden Kriege beendet?

Was Krieg heißt, davon haben wir eine reiche und immer neue Anschauung. Was aber heißt Frieden? Nach Wim Wenders rangiert Frieden heute «immer noch hoch auf der Liste der Neujahrswünsche, aber im Alltag und in der Politik ist er meist zur Worthülse verkommen». Der Filmregisseur zitiert auch einen Satz von Martin Buber: «Was man in der Geschichte Frieden nennt, ist ja nie etwas anderes gewesen als eine – angstvolle oder illusionsselige – Pause zwischen zwei Kriegen.»[64] Frieden als eine kurze Unterbrechung, eine ersehnte Ruhepause, aber kein haltbares und nachhaltiges Gut, so steht der Frieden in diesen Zitaten vor uns. Das ist aber nur die eine Seite der Wahrheit. Die andere ist, dass in der EU seit 75 Jahren Frieden herrscht.[65] Diesen historischen Erfolg sollte man nicht kleinreden, sondern herausheben und dabei genauer nachfragen: Wie kam dieser Friede zustande und was ist das Geheimnis seines Erfolgs? Aber auch: Was gefährdet ihn und wie kann man das Projekt fortsetzen? Denn Frieden ist kein Zustand, sondern ein Projekt. Er muss beständig in Aktivitäten umgesetzt werden und auf immer neue Konstellationen und Konflikte reagieren. Die Frage: Was ist Frieden? kann ich nicht beantworten. Ich kann sie aber umformulieren und fragen: Wie werden Kriege beendet? Schauen wir also zurück in die Geschichte, um an der Schwelle des neuen Jahrzehnts vorauszuschauen auf das, was Frieden verlängern, stabilisieren, erneuern kann.

Auf die Frage, wie Kriege beendet werden, haben Historiker kurze Antworten parat: durch Kapitulation oder Verträge. Das Ende des Krieges läuft nach dem Modell eines Boxkampfs ab. Da gibt es eben einen Sieger und einen Verlierer, und fertig ist die Geschichte. Von dem Historiker George Mosse können wir lernen, dass man an diese Frage auch ganz anders herangehen kann. Ihm fiel nämlich auf, dass der Erste Weltkrieg 1918 gar nicht zu Ende gebracht worden ist. Sicher gab es auch hier Sieger, Verlierer und Verträge, aber darauf folgte noch etwas anderes, nämlich das, was er den ‹Mythos des Kriegserlebnisses› nannte. Während jeder Historiker sich die Geschichte wie ein Buch vorstellt, in dem man einfach weiterblättert, blätterte Mosse zurück. Er entdeckte, dass es geschichtsmächtige Akteure gab, die den Krieg eben *nicht* hinter sich ließen, sondern an ihm hängenblieben, ihn als einen Mythos neu aufbereiteten und zu einer Orientierung für ihre Zukunft machten. Diese Zukunft kollidierte dabei aufs Schärfste mit der Zukunft der Demokraten, Kriegsmüden und Friedenswilligen, die von einem Völkerbund träumten oder sich wie Stefan Zweig für ein gemeinsames Europa einsetzten. Ganz unmittelbar torpedierten der Kriegsmythos und das Freund-Feind-Denken die politischen Erneuerer, die gerade im Begriff waren, in Deutschland erstmals eine Demokratie einzuführen.

Die Beendigung des Zweiten Weltkriegs

Wie werden Kriege nachhaltig beendet? Das Beispiel zeigt: offensichtlich nicht nur durch Friedensschlüsse und Verträge, sondern auch durch die Narrative und Symbolsprachen, in denen man sich an sie erinnert, und durch die Tatsache, welches politische Lager dabei die Deutungshoheit über die gemeinsam erfahrene und erlittene Geschichte an sich reißt. Deshalb ist es an der Zeit, Mosses Frage wiederaufzunehmen und dabei genauer nach den Formen der Erinnerung zu fragen, die die Geschichte entweder friedlich zur Ruhe bringen oder einen stets latenten Kampfgeist neu mobilisieren.

In Europa wurde der Mythos des Kriegserlebnisses im Mai 1945 effektiv durch die Alliierten an der West- und Ostfront beendet. Wirklich beendet wurde er aber nicht nur durch Sieg und Kapitulation, sondern auch durch ein gemeinsames Wirtschaftsprojekt, das die ehemaligen Todfeinde wieder zusammenbrachte. Es ist bis heute unfassbar, warum es gerade die Franzosen waren, von denen diese Initiative ausging. Waren sie doch über drei Generationen hinweg der deutschen Aggression ausgesetzt gewesen und von deren Übergriffen wiederholt gedemütigt worden. So gab es deutsche Familien, in denen der Großvater 1871/72 in Paris einmarschierte, der Vater im Ersten Weltkrieg dorthin zurückkehrte und sich der Sohn bzw. Enkel im Zweiten Weltkrieg im besetzten Paris wiederfand. Dennoch waren es diese schwer bedrängten und verletzten Franzosen, die ihren ehemaligen Feinden die Hand zur Versöhnung ausstreckten. Ohne diese Geste und die nicht erlöschende Zuversicht, dass Nachbarschaft in Europa auch anders funktionieren kann, hätte es keine Europäische Union gegeben.

Das Friedensprojekt, das sich Robert Schuman und Jean Monnet nach 1945 ausgedacht haben, war im wahrsten Sinne des Wortes utopisch: Sie verwandelten ‹Schwerter›, nämlich Kohle und Stahl als die wichtigsten Rohstoffe der Kriegsindustrie, in ‹Pflugscharen›, indem sie sie zur Grundlage einer transnationalen Wirtschaftsgemeinschaft machten. So wurden aus Todfeinden dauerhaft friedlich kooperierende Nachbarn. Eine weitere friedenssichernde Maßnahme war, dass Deutschland als ehemalige Diktatur mit starker Unterstützung der USA in eine Demokratie verwandelt wurde. Die Wiederherstellung des deutschen Rechtsstaats durch die Nürnberger Prozesse war dabei ebenso wichtig wie die finanzielle Starthilfe durch den Marshallplan.

All diese Projekte und Interventionen sind Beispiele dafür, wie man Kriege effektiv beenden kann, indem man eine nachhaltige Grundlage für Frieden und Sicherheit schafft. Dazu kommt noch eine Maßnahme, die bisher meist übersehen wurde: eine Politik des Vergessens. Sie wurde von Winston Churchill aktiv betrieben, der erlebt hatte, dass Erinnerung eine Kriegstreiberin sein kann, wenn sie sich auf Hass und Rache spezialisiert. Genau das war ja nach dem Ersten Weltkrieg eingetreten: Kaum war der Krieg vorbei, mobilisierte der Mythos des Fronterlebnisses neue Aggressionen. Diese Lehre hat Churchill aus der Geschichte gezogen und den Studenten der Universität Zürich im Jahr 1946 mit folgenden Worten erläutert: «Wir alle müssen den Gräueln der Vergangenheit den Rücken zuwenden. Wir müssen in die Zukunft schauen. Wir können es uns nicht leisten, in die kommenden Jahre den

Hass und die Rache hineinzuziehen, die aus den Wunden der Vergangenheit entstanden sind. Wenn Europa von endlosem Unheil und endgültigem Untergang gerettet werden soll, müssen wir es auf einen Akt des Glaubens an die europäische Familie und einen Akt des Vergessens aller Verbrechen und Irrtümer der Vergangenheit gründen.»[66]

Vergessen werden musste an erster Stelle der Mythos des Krieges, damit Europa überhaupt wieder eine Zukunft haben konnte. Das europäische Friedensprojekt war deshalb eng mit der ‹Schlussstrich-Politik› verbunden. So ein Pakt des Vergessens hat in der Geschichte des Öfteren nach Bürgerkriegen den widerstreitenden Gruppen zu einer neuen Zukunft verholfen. Voraussetzung für einen solchen Pakt ist eine möglichst symmetrische Machtbeziehung. Wo jedoch Gewalt gegen zivile Opfer und hilflose Minderheiten ausgeübt worden ist, wo, mit anderen Worten, Kriege genozidal werden, hat die Politik des Schweigens ihre klaren Grenzen, denn sie unterstützt die Täter und schadet den Opfern. In Deutschland hat der Schlussstrich, der von den Deutschen dankbar angenommen wurde, vier Jahrzehnte lang nicht nur den Frieden, sondern auch die transnationale Wirtschaftsunion des neuen Europas gestützt.[67] Er hat die Vergangenheit ad acta gelegt und den Krieg beendet, aber Europa auch gespalten, neue Diktaturen hervorgebracht und die Wunde des Holocaust offengehalten. Denn vorbei ist nicht vorüber.

Winston Churchills Politik des Vergessens und Konrad Adenauers Politik des Schweigens kamen in den 1980er und 1990 Jahren an ihr Ende. Gleichzeitig endete auch der Kalte Krieg. Ein weiterer Generationswechsel war vollzogen von der Kriegsgeneration und ihrer Konfrontation mit der Protestgeneration der 68er hin zu den inzwischen gealterten 68ern, die nun nicht mehr zwischen 20 und 30, sondern zwischen 40 und 50 waren und gesellschaftliche Verantwortung übernahmen. Mit dem Fall der Mauer begann eine neue Ära, in der lange abgewehrte und ausgesperrte Erinnerungen wieder zurückkamen. Die Vergangenheit kehrte durch Zeugnisse der Überlebenden und historische Forschung in die Nationen, Städte und Familien zurück. Der Zweite Weltkrieg ist also mehrfach beendet worden: einmal nach 1945 durch einen kollektiven Willen zu vergessen und dann noch einmal 50 Jahre später durch einen kollektiven Willen zu erinnern.

Die Beendigung des Ersten Weltkriegs

Auch der Erste Weltkrieg musste noch beendet werden. Das zeigte sich im großen Gedenkjahr 2014, als der Weltkrieg nach hundert Jahren im geregelten Rhythmus wiederkehrte und vier Jahre lang zum Thema symbolpolitischer Aktionen, medialer Information und gesellschaftlicher Auseinandersetzung wurde. Die Feierlichkeiten, die in Europa zu diesem Datum angesetzt wurden, nahmen überall einen anderen Verlauf. Das war angesichts der Differenz der nationalen Perspektiven und historischen Verläufe durchaus angemessen. Wichtig waren auch die vielen transnationalen Aktivitäten und Medienangebote, die die Kriegserfahrung auf die Ebene der individuellen Biographien herunterholten und neu zusammenführten. Das wichtigste Kommemorationsdatum des Ersten Weltkriegs ist der 11. November 1918 um 11 Uhr, Tag des ersehnten Waffenstillstands an der Westfront. Während dieser Gedenktag in vielen Ländern jährlich begangen wurde und weiter begangen wird, eröffnen die Deutschen just an diesem Tag und in dieser Stunde ihre Karnevalssaison. Auch das ist ein bemerkenswertes Zeichen für europäische Vielfalt! Am 11. November 2014 geschah jedoch noch etwas anderes: der französische Staatspräsident François Hollande weihte im Norden Frankreichs ein neues Denkmal ein. Die Anlage heißt ‹Ring der Erinnerung› und ist außergewöhnlich nicht nur aufgrund ihrer Größe, sondern auch aufgrund ihrer Form. Die Besucher schreiten an 500 großen Messingtafeln entlang, auf denen die Namen von mehr als einer halben Million gefallener Soldaten eingraviert sind – und zwar in alphabetischer Reihenfolge. In dieser Form der Anordnung ist der Zusammenhang der Nationen und Regimenter bewusst zerrissen, auch die Dienstgrade sind entfernt. Es gibt keine Hierarchien und Loyalitäten mehr, wie sie für das Militär konstitutiv und unerlässlich sind. *Alle* gefallenen Soldaten sind hier in der demokratischen Brüderlichkeit des Todes miteinander vereinigt. Deshalb ist Hollandes Denkmal absolut revolutionär. Es vollzieht einen radikalen Bruch in der Semantik der Kriegsdenkmäler. Der ‹Ring der Erinnerung› ist ein eminent europäisches Denkmal, das allen Kriegstoten gewidmet ist und eine neue gemeinsame Erinnerung und Trauer über das sinnlose Töten zum Ausdruck bringt. Dieses Denkmal, das von der traditionellen Rhetorik von Ruhm und Ehre abweicht, hat die symbolische Kraft, den Ersten Weltkrieg tatsächlich zu Ende zu bringen. Es ist nichts mehr und nichts weniger als ‹ein Denkmal für das Ende des Kriegs-Mythos›.

Während Präsident Hollande aus der heroischen Tradition des Gedenkens ausscherte, tat der britische Premierminister David Cameron das Gegenteil. Er präsentierte 2012 seine Pläne für das Gedenkjahr im Imperial War Museum und versprach in einer flammenden Rede ein «wahrhaft nationales Gedenken». Er erneuerte die britische Fassung des Kriegsmythos und bezog dabei auch die kolonialen Truppen des ehemaligen ruhmreichen Empire in seine Gedenkfeierlichkeiten ein. Cameron rühmte den Dienst und die Opfer («the service and sacrifice») der gefallenen Soldaten und versprach, ihre Erinnerung weitere 100 Jahre zu pflegen. «Lest we forget!» ist das Motto des Gedenkens am 11. November, das offenbar Jahr für Jahr mit größerer Inbrunst begangen wird. Was in der britischen Perspektive während der vier Gedenkjahre an den Ersten Weltkrieg allerdings völlig flachfiel, war ein Hinweis auf die ehemaligen Alliierten und Partnerstaaten der EU. Diese Betonung nationaler Gedenksouveränität war bereits ein klares Signal für den britischen Isolationismus vier Jahre vor dem Brexit. Während der Mythos des Kriegserlebnisses in Frankreich begraben wurde und einem dialogischen europäischen Erinnern wich, wurde er im Vereinigten Königreich noch einmal energisch aufgerüstet.

Die Toten kehren zurück

Was hat Mosses ‹Mythos der Kriegserfahrung› noch mit unserer heutigen Realität in Europa zu tun? Sehr viel, denn er ist nicht Geschichte, sondern, wie sich inzwischen deutlich zeigt, noch immer lebendiges Gedächtnis. Es geht noch immer ein emotionaler Druck von ihm aus, der die europäischen Werte in Frage stellt. Wie hat es Zweig 1932 ausgedrückt? «Das Bedürfnis, sich als Gruppe feindselig gegen andere Gruppen zu ereifern, beherrscht noch heute Europa, und man muss an jene alte Sage denken, wo nach der Schlacht noch die Schatten der Toten in den Lüften weiter miteinander kämpfen.» In der EU mehren sich die Hinweise dafür, dass die Helden vergangener Kriege in thymotischen Ausbrüchen immer wieder heraufbeschworen werden. In Italien zum Beispiel ist der 25. April der nationale Gedenktag des Kriegsendes. An diesem Tag haben die Alliierten 1945 Italien befreit und das faschistische Regime beendet. Im Jahr 2019 gab es für Matteo Salvini von der rechtsgerichteten Lega keinen Grund mehr, sich weiterhin an die Niederlage der Faschisten zu erinnern. Im Gegenteil widersetzte er sich öffentlich dieser Tradition und sprach dabei für die, die Mussolini längst rehabilitiert und als nationalen Helden wieder auf den Sockel gesetzt haben.

Spanien ist ein weiteres Beispiel für eine europäische Nation, die unter dem doppelten Druck politischer Polarisierung und regionaler Teilung steht. Auch diese Spaltungen haben ihren Ursprung im 20. Jahrhundert und reichen in die Zeit des Bürgerkriegs zurück. Der Pakt des Schweigens mag 1977 in Spanien eine verständliche pragmatische Entscheidung gewesen sein, um den erfolgreichen Übergang zur Demokratie zu ermöglichen. Aber heute mehren sich auch die Symptome, die andeuten, dass die Schlussstrichpolitik des Vergessens in Spanien keine dauerhafte Lösung sein kann und dass auch dieser Krieg noch lange nicht zu Ende ist. Das Land ist übersät von Francos Sieger-Denkmälern; für die unterlegenen Republikaner dagegen gibt es keine symbolische Repräsentation. Sie kommen in der offiziellen Geschichte nicht vor. Nach dem Jahr 2000 begann die von Emilio Silva angestoßene Exhumierungs-Bewegung, in der viele Familien die Gebeine ihrer in Massengräbern verscharrten republikanischen Angehörigen suchten, um sie endlich rituell beizusetzen. Auch hier ist ein gemeinsames dialogisches Narrativ dieses zentralen Ereignisses der Nationalgeschichte noch immer nicht in Sicht. Francos riesiges Monument im Tal der Gefallenen war der Versuch gewesen, den Krieg symbolisch zu beenden, aber er hat die Erinnerung nicht zur Ruhe gebracht, sondern eine gigantische Wunde geschaffen, die noch immer schmerzt. Am 24. Oktober 2019, fast 45 Jahre nach seinem Tod, kam es zu einer weiteren symbolträchtigen Exhumierung. Diesmal war es Franco selbst, der aus seinem Denkmal geholt und in ein Familiengrab umgebettet wurde. Sicher war das ein Schritt in Richtung Beendigung des Spanischen Bürgerkriegs nach 80 Jahren, auf den allerdings noch weitere folgen müssen. Offenbar ist es schwierig, eine Gesellschaft zusammenzuhalten ohne einen gewissen Konsens über die historischen Schlüsselereignisse der Nation und den Versuch einer gemeinsamen dialogischen Erzählung.

Der 8. Mai als deutscher und europäischer Erinnerungstag

Vor 50 Jahren hat Willy Brandt den Vorschlag gemacht, den 8. Mai zum deutschen Feiertag zu erklären. Das war damals eine reine Utopie, denn es wäre ein Anschluss in der anderen Richtung gewesen, da dieser Gedenktag in der DDR auf dem Kalender stand. 75 Jahre nach Kriegsende hat die Holocaustüberlebende Esther Bejerano einen Aufruf gestartet, in dem sie diesen Vorschlag erneuert. Dass das Jahr 1945 mit der Kapitulation Nazideutschlands die beiden Weltkriege beendete und den Beginn einer neuen Weltordnung einleitete, darüber sind sich alle einig. Wie man jedoch die historische Botschaft von Frieden und Freiheit für die Zukunft bewahrt, darüber gibt es noch keine Einigung. Die folgenden fünf Thesen sind ein Plädoyer für die Einführung des 8. Mai als deutscher und europäischer Erinnerungstag.

1. Der 8. Mai spiegelt die Spannungen zwischen Ost und West

Es gibt ein bemerkenswertes Foto vom 8. Mai 1945. Es zeigt einen amerikanischen und einen russischen Soldaten, die in der kleinen niederösterreichischen Stadt Erlauf zusammentrafen und dort, woran sich die Stadt bis heute erinnert, gemeinsam den Sieg und das Ende des Zweiten Weltkriegs in Europa feierten. Beide halten ihre Uhren um Mitternacht hoch und strahlen übers ganze Gesicht. Diese Stimmung des Friedens, der Begeisterung, Erleichterung und Freundschaft war aber nur eine Momentaufnahme. Denn im Kalten Krieg war Europa schon wieder gespalten und damit trennten sich auch die Erinnerungen ans Kriegsende: Im Westen feierten die Alliierten in den USA, Frankreich und England den 8. Mai, den ‹V-Day› (V für Victory) als zivilen Feiertag des Friedens, im Osten feierten die Sowjetstaaten aufgrund einer Zeitverschiebung der Unterschrift auf der Kapitulationserklärung am 9. Mai ihren ‹Großen Vaterländischen Krieg› mit imposanten Militärparaden und schwerem Kriegsgerät.

2. Auch in Deutschland war der 8. Mai lange ein Gedenktag der Gegensätze und Widersprüche

Es gibt keinen anderen deutschen Gedenktag, der so widersprüchlich ist. Natürlich ist der 9. November widersprüchlich, weil an diesem Tag in verschiedenen Jahren Unterschiedliches passierte: die Erste Verfassung der Weimarer Republik am 9. November 1918, der Kapp-Putsch am 9. November 1923, die Reichspogromnacht am 9. November 1938, der Fall der Mauer am 9. November 1989. Beim 8. Mai ist es anders. Hier spielten sich je nach Perspektive am selben Tag gegensätzliche Ereignisse ab: die Kapitulation des NS-Regimes, die Befreiung aller in KZs Gefangenen, aber auch der Beginn der Kriegsgefangenschaft für viele deutsche Soldaten. Während man seit 1950 in der DDR den 8. Mai mit den Siegern als Befreiung vom Faschismus feierte, dauerte es in der Bundesrepublik vier Jahrzehnte, bis dieser Jahrestag überhaupt begangen werden konnte. «Schuld und Schande verdienen keine Feier» wurde Willy Brandt noch entgegenhalten, als er 1970 den Tag feiern wollte. Während des Kalten Krieges war in der DDR der 8. Mai ein Tag des Sieges und Stolzes, weil es dort offiziell nur überzeugte Kommunisten und Widerstandskämpfer gab; in der Bundesrepublik dagegen, wo Alt-Nazis geduldet waren, gestaltete sich die Erinnerung ans Kriegsende und an das, was ihm voranging, als schwieriger Prozess, weil man sich dort mit eigener Schuld und Verantwortung auseinandersetzen musste. In Westdeutschland musste man deshalb erst mühsam lernen, dass die Niederlage auch eine Befreiung war, genauer, wie es Götz Aly einmal ausgedrückt hat, ‹eine Befreiung von uns selbst›: «Mit äußerster militärischer Gewalt und unter großen

Opfern befreiten die alliierten Armeen in jenen Monaten nicht nur Millionen inhaftierte, versklavte und unterworfene Menschen vom deutschen Terror, sondern auch diejenigen, die diesen Krieg begonnen und verursacht hatten: die Deutschen. *Sie mussten von sich selbst befreit werden*, und viele verstanden das erst sehr viel später.»[68]

3. Der 8. Mai verändert sich mit dem Wandel der Generationen

Gesellschaftliche Erinnerung ist ein Prozess, der sich mit der Zeit verändert. Wie sich der 8. Mai mit dem Wandel der Generationen änderte, kann man an den unterschiedlichen Schwerpunkten der Feierlichkeiten in den Jahren 1985, 1995 und 2005 ablesen. 1985 begann die Kriegsgeneration, die so lange geschwiegen hatte, zum ersten Mal zu sprechen. Das geschah in der herausgehobenen Position des Präsidenten Richard von Weizsäcker. 1920 geboren, war er bei Kriegsbeginn 19 Jahre und hat den ganzen Krieg bis zum Ende mitgemacht. 1995, zehn Jahre später, erreichte die Erinnerung der Holocaustopfer einen ersten Höhepunkt; die Ausstellung über die Verbrechen der Wehrmacht folgte. Bei diesem Gedenken outeten sich viele weitere Persönlichkeiten des öffentlichen Lebens, die zum ersten Mal über ihre Kriegserlebnisse sprachen. Dazu gehörten namhafte Historiker wie Reinhart Koselleck und Arno Borst. Letzterer überschrieb seinen Artikel mit den Worten: ‹Befreit von der Pflicht zu töten›. Ab 2005, gleichzeitig mit der Einweihung des Denkmals in Berlin für die ermordeten europäischen Juden, wurden die Sonderwege der Erinnerung in der Bundesrepublik und DDR abgelöst durch eine erweiterte europäische Erinnerung. Man feierte transnational über die Grenzen hinweg, wobei einige postsowjetische Staaten wie Polen ihre neue Unabhängigkeit dadurch markierten, dass sie nicht mehr den sowjetischen 9. Mai feierten, sondern sich dem europäischen 8. Mai anschlossen.

4. 75 Jahre nach 1945 – kann man sich überhaupt an etwas erinnern, das man nicht selbst erlebt hat?

An das Kriegsende 1945 können sich heute nur noch wenige Zeitgenossen erinnern. Wir hören ihnen aufmerksam zu, wenn sie erzählen, was sie bei der Befreiung der Konzentrationslager und bei Kriegsende in deutschen Städten erlebt haben. Im engeren Sinne können nur sie sich erinnern, die anderen aber können, wenn sie wollen, sich an ihre Erinnerung erinnern. Denn unser Gedächtnis nimmt nicht nur das auf, was wir selbst erlebt haben, sondern auch, was wir gehört, gelesen und auf Bildern gesehen haben. Viele unserer ureigenen Erinnerungen wurden uns von Familienmitgliedern erzählt und wir haben sie uns stillschweigend angeeignet. In der Familie sind die Grenzen zwischen dem individuellen und dem kollektiven Familiengedächtnis fließend. In der Gesellschaft ist das anders. Da gibt es einen gemeinsamen Bezugsrahmen, in dem sich nachfolgende Generationen über nachhaltig prägende Ereignisse und Gründungsdaten in der eigenen Geschichte verständigen. Diese historische Selbstvergewisserung ist ein wichtiges Element für den Zusammenhalt einer Gesellschaft. Deshalb gibt es Jahrestage und Medien, die regelmäßig die Aufmerksamkeit auf die gemeinsame Geschichte lenken, Diskussionen darüber anregen und auf diese Weise Teilnahme und Identifikation mit einer in die Ferne gerückten Geschichte ermöglichen.

5. Der 8. Mai hat Zukunftspotential

Ist der 8. Mai Geschichte? Nein, denn er hat wie kaum ein anderer Gedenktag auch Geschichte gemacht und ist politisch immer noch ein aktiver Teil der Gegenwart. In Russland hat die Bedeutung des Feiertags noch deutlich zugenommen, seit die dritte Generation in diese Erinnerung eingestiegen ist. Die Veteranen werden nämlich inzwischen durch ihre Kinder und

Kindeskinder vertreten, die mit den Bildern ihrer Väter und Großväter marschieren und ein ‹unsterbliches Regiment› bilden, das den 9. Mai, Tag des Sieges Stalins über Hitler, in die Zukunft trägt. Auf diese Weise verschmilzt der Heldenmythos Stalins mit Putins neuem Kult des Krieges. Im Westen hat die Deutung des 8. Mai einen anderen Akzent. Nach 1945 folgten 1948 noch die Menschenrechtserklärung und die Genozid-Konvention der UNO. Das ist das normative Fundament, in dem heute die Werte des neuen Europas und der EU verankert sind: Frieden, Demokratie, kritisches Geschichtsbewusstsein und Menschenrechte. Der 9. Mai 1950, an dem Robert Schuman mit einer historischen Rede die EWG gründete, konnte sich als gemeinsamer Bezugspunkt in der Geschichte aber nicht durchsetzen. Deshalb wäre es überaus sinnvoll, beide geschichtsträchtigen Daten zu fusionieren: den 8. Mai, das Ende des über ganz Europa ausgedehnten Vernichtungskriegs, und den 9. Mai, die Geburtsstunde des neuen Europas. Die europäische Erinnerung an den 8./9. Mai darf dabei allerdings nicht die Erinnerung an 40 Jahre Besatzung und Fremdbestimmung in den mittel- und osteuropäischen Staaten auslöschen. Nachdem Hitler besiegt war, konnte sich Stalin als Sieger weiter behaupten. Ohne Unterschiede der Perspektiven zu negieren, könnte diese Erinnerung aber die Bedeutung des Kriegsendes als historische Schwelle und europäisches Schlüsselereignis für eine neue gemeinsame Zukunft hervorheben: als einen Tag der Befreiung, der Freude, des Friedens und der Solidarität mit allen Opfern des Nationalsozialismus und erster Anfang eines neuen Europas, auf den 1989 ein zweiter folgte.

Die Erinnerung an die Opfer des deutschen Vernichtungskriegs

Die Feierlichkeiten 75 Jahre nach Kriegsende am 8. Mai 2020 haben deutlich gemacht, dass sich das deutsche Gedenken an den Nationalsozialismus vielfach auf das Menschheitsverbrechen der Shoah konzentriert hat, wobei andere Opfergruppen und Dimensionen dieser totalitären Diktatur in den Hintergrund traten.[69] Während der klare Fokus der deutschen Erinnerungskultur auf der Vernichtung und dem Leid der europäischen Juden das erste Gebot bleibt, ist nicht zu akzeptieren, dass die Traumata anderer Opfer, die unter nationalsozialistischer Gewalt gelitten haben, vergessen werden. Dieses Thema, das von Historikern gut erforscht ist, hat im allgemeinen Bewusstsein und öffentlichen Raum noch wenig Resonanz gefunden.

So weiß in Deutschland zum Beispiel kaum jemand von den drei Millionen sowjetischen Kriegsgefangenen, die die Wehrmacht gezielt an Hunger und Krankheit sterben ließ. In Leningrad starben während der 900 Tage andauernden Blockade der Stadt durch die Wehrmacht über eine Million Menschen. Diese Belagerung wurde von der Roten Armee am 27. Januar 1944 beendet, auf den Tag genau ein Jahr, bevor dieselbe Armee Auschwitz befreite. In Belarus haben Wehrmacht und SS Tausende Dörfer und Städte mitsamt ihren Einwohnerinnen und Einwohnern vernichtet. Im Vergleich mit der deutschen Besatzungsherrschaft im übrigen Europa, wo es auch Fälle von Massen- und Kriegsverbrechen wie z. B. im französischen Oradour, in Italien, Jugoslawien und Griechenland gegeben hat, hatte der deutsche Vernichtungskrieg im östlichen Europa einen systematischen Charakter. Wenig allgemeines Interesse findet auch das Schicksal der Millionen von Zwangsarbeiter*innen aus allen europäischen Ländern, die in Deutschlands Kriegsindustrie ausgebeutet und zu Tode geschunden wurden. Bei der Shoah denken wir meist an die großen Lager industrieller Vernichtung, die NS-Deutschland in Polen errichtete. Dass an Tausenden uns oft nicht bekannten Orten weiter östlich Juden und Bürger der Sowjetunion aus vielen Völkern ermordet oder dem Hungertod anheimgegeben wurden, ist im deutschen öffentlichen Bewusstsein nicht präsent.

Die Unkenntnis und das Desinteresse zu beseitigen, die zu dieser Geschichtsblindheit geführt und sie verfestigt haben, ist das Anliegen einer Petition, die die Historiker Martin Aust, Heinrich August Winkler und ich im Frühjahr 2020 an den Deutschen Bundestag richteten. Darin wird ein Dokumentationszentrum in der Mitte Berlins vorgeschlagen, in dem an die bislang ausgesparten west- und osteuropäischen Opfer der deutschen Besatzung und des Vernichtungskriegs erinnert und die Geschichte des 20. Jahrhunderts in ihren Zusammenhängen dargestellt wird. Das Dokumentationszentrum soll dazu beitragen, diese Toten in die deutsche Erinnerungskultur einzubeziehen, die nach wie vor Gegenstand einer starken nationalen Opfererinnerung sind. Der Ort soll keine Hierarchien zwischen den einzelnen Opfergruppen aufbauen, sondern die jeweils spezifischen Erfahrungen aufzeigen. Er soll damit die bislang weitgehend einseitig praktizierte Erinnerung transnational erweitern und mit den betroffenen Nationen teilen in Form von Forschung und Diskussion, Ausstellung und Vermittlung, Gedenken und Begegnung. Hier könnten gerade auch Jugendliche aus verschiedenen Ländern mehr über ihre Herkunftsgeschichten lernen und darüber ins Gespräch kommen. Eine solche Erweiterung der deutschen Erinnerungskultur bedeutet keine Fixierung auf die Vergangenheit, sondern im Gegenteil einen weiteren Schritt in Richtung Beendigung des Zweiten Weltkriegs und Eröffnung einer gemeinsamen

Zukunft innerhalb eines auf Frieden, Kooperation und Austausch angelegten Europas.

Einseitiges Desinteresse und Geschichtsvergessenheit gegenüber einer Leidensgeschichte, an die sich Nachbarn intensiv erinnern, kann dagegen nicht zu einem europäischen Frieden beitragen. Ich habe in der Einleitung zu diesem Buch bereits darauf hingewiesen, dass es in Deutschland gegenwärtig Verleger und Verlage gibt, die Kriegsliteratur aus der NS-Zeit wieder auflegen und die Perspektive der Generäle und Soldaten des Vernichtungskriegs unkommentiert in Umlauf bringen. Diese nationalistische Offensive in Deutschland profitiert in bestimmten Kreisen von dem öffentlichen Desinteresse an diesen Themen und richtet sich an den Rändern des deutschen Geschichtsbilds ein. Die sozialen Medien, die die NS-Kriegspropaganda mit viraler Geschwindigkeit vervielfältigen und weiterverbreiten, tun das Ihre und halten den Krieg in den Köpfen in Gang. Diese Offensive gegen die Geschichte ist nichts anderes als eine Offensive gegen Europa, denn sie schürt Hass, Rache und Ressentiment und zerstört die Bande der Solidarität und des Friedens, die inzwischen zwischen den Mitgliedstaaten der EU gewachsen sind.

Wer seine Geschichte erzählt, gibt sich zu erkennen. Was und wie erzählt wird, aber auch was verschwiegen oder verdreht wird und wie man sich zu den Erfahrungen der anderen in Beziehung setzt, schafft Vertrauen und Glaubwürdigkeit – oder führt zu Verdruss, Spannungen oder gar Angst. In Europa muss die Geschichte vor und nach 1945 mehrstimmiger werden und Raum geben für unterschiedliche Leiderfahrungen. Ein Zusammenlegen der Erzählungen kann die unterschiedlichen Narrative von gesellschaftlichen Gruppen oder Minderheiten mit ihren oft sehr verschiedene Perspektiven und Erfahrungen offenlegen und zur Diskussion stellen. Eine solche Aufklärung kann den europäischen Zusammenhalt zwischen Ost und West vertiefen. Erinnerung ist nie festgeschrieben, sie verändert sich im Laufe der Zeit. Die Ereignisse können dabei nicht verändert werden, aber die Deutung dieser Ereignisse kann sich verändern, wenn man sich von Opfer- und Täter-Seite gemeinsam an sie erinnert. Neue Erkenntnisse und unterschiedliche Perspektiven können dabei das öffentliche Bild und das gemeinsame Gedenken allmählich ergänzen und verändern.

George Mosse sprach nicht von Krieg und Frieden, sondern von ‹Brutalisieren› und ‹Zivilisieren›. Das sind keine Zustände, sondern entgegengesetzte Pfade, auf denen sich Gesellschaften und Nationen bewegen können. Wir sollten nicht vergessen, dass sich einst *alle* europäischen Nationen in den Ersten Weltkrieg stürzten in der Hoffnung auf eine *Erneuerung durch Gewalt*. Eine als degeneriert und effeminiert empfundene Kultur sollte durch das Ideal einer starken und heroischen Männlichkeit revitalisiert werden. In zivilen Zeiten sind solche Anfälle von kollektiver Aggression im Namen heroischer Mythen schnell vergessen. Aber wie lange? Als Norbert Elias über dieses Thema nachdachte, sprach er von einem ‹Prozess der Zivilisation›. Zivilisation ist aber kein Prozess, sondern ein Projekt und nur Menschen sind imstande, ein solches Projekt mithilfe kultureller Werte, Programme und dauernder Erziehung auf den Weg zu bringen und durchzuhalten. Nationen sind für sich genommen niemals brutal oder zivil, sondern immer nur in Bezug auf ihre kulturellen Programme. Entscheiden sie sich für nationalen Stolz, radikale Feindbilder und einen Kult der Stärke oder für friedliches Zusammenleben in Vielfalt und Menschenwürde? Was erklären sie für heilig – die Nation, das Kollektiv, den Staat oder das Individuum? Bei der Frage nach dem Frieden und seiner Sicherung geht es um nichts weniger als um die Erhaltung der zivilen Nation, wie sie die Gründer

der EU vor 75 Jahren geschaffen haben. Ob dieses Bündnis weiterhin hält, ist nicht klar. Klar ist indessen, dass dies eine Aufgabe ist, die unser aller Kräfte fordert.

5. Inklusion und Exklusion

Ost- und Westdeutsche – die ver(n)einte Nation

Denk ich an Deutschland

Es gibt eine Stunde und einen Ort in diesem Land, wo ausnahmsweise Patriotismus unverhohlen zum Ausdruck gebracht werden kann. Dass viele eigentlich ganz gern in diesem Land leben, drücken sie regelmäßig am Sonntag morgen im Deutschlandfunk aus. Unter dem Stichwort ‹Denk ich an Deutschland› kommen hier 10 Minuten lang meist Künstler*innen unterschiedlicher Herkunft, aber auch andere Persönlichkeiten des öffentlichen Lebens zu Wort, die sehr grundsätzlich und sehr subjektiv über ihre Erfahrungen mit dem Land, in dem sie leben, Auskunft geben. Hier hört man auch kritische Stimmen, aber vor allem viel Dankbarkeit und Anerkennung, sogar Liebeserklärungen und jede Menge positive Identifikationen. Es ist die wohl patriotischste Sendung, die es in diesem Land gibt. Wer sich ermutigen lassen möchte, sollte ab und zu mal in dieses Archiv der Stimmen hineinhören, dann wird man das eigene Land wieder mit anderen Augen sehen.

Wenig davon ist am 3. Oktober zu spüren und zu hören. Die deutsche Nation ist offenbar die einzige, die ihren Nationalfeiertag nicht mit Jubel, Trubel und Feuerwerk, sondern mit Jammer, Klage und Anklage begeht. Nichts wird mehr verabscheut als die sogenannte ‹Einheitsfolklore›. Kein anderes Land auf der Welt serviert sich zu seinem Geburtstag einen so depressiven Eintopf. Eigentlich müsste man an diesem Tag einen Trauerflor tragen und bedauern, was alles falsch gemacht wurde und dumm gelaufen ist. Diesem Nationalfeiertag fehlen die Amplituden eines positiven Gefühls. Warum ist er so kühl und spröde?

Dem 3. Oktober fehlt etwas sehr Wesentliches, und das ist der Stempel einer historischen Prägung. Als klar war, dass der 9. November als Nationalfeiertag aus begreiflichen Gründen nicht in Frage kommen würde, schickte Helmut Kohl seine Historiker in die Archive mit der Aufgabe, einen möglichst geschichtsneutralen Tag zu finden. Er wollte unbedingt vermeiden, dass die Einheit im Schatten eines anderen Ereignisses stehen könnte. Die Historiker bestätigten ihm, dass sich am 3. Oktober in der vergangenen Geschichte nichts (Ge-)Denkwürdiges ereignet hatte. Genau diese Neutralität des Datums entpuppt sich nun aber als Problem. Man hätte sich zum Beispiel für den 7. Oktober entscheiden können, den Tag, als die Demos in Plauen ihren Anfang nahmen, wo heute ein Wende-Denkmal steht. Noch naheliegender wäre aber der 9. Oktober gewesen, als sich in Leipzig 70 000 Demonstranten auf den Straßen versammelten. Die Menschen, die damals dabei waren, hätten von diesem Tag der größten Demonstration in Leipzig erzählen können. Denn bis zum frühen Abend stand damals noch alles auf der Kippe. Der Tag hätte jederzeit zu einem zweiten 17. Juni werden können oder einem zweiten Tiananmen-Massaker, das erst drei Monate zurücklag. Um 18.35 kam dann die Entwarnung mit dem Verhandlungsresultat in der Sprache der Bürokratie: «Vorbereitete Maßnahmen zur Verhinderung/Auflösung kamen entsprechend der Lageentwicklung nicht zur Anwendung.»[1]

Mit der Entscheidung für ein Datum, das mit der Vorgeschichte der Wende verbunden ist, hätte man denen, die diese Wende errungen haben, ein besonderes Denkmal gesetzt. Ost und West wären sich damit in der Erinnerung an diese Geschichte nähergekommen. Am 3. Oktober dagegen hat sich Helmut Kohl selbst ein Denkmal gesetzt als ‹Architekt der Einheit›. Der 3. Oktober ist keine bleibende Hommage an den Freiheitswillen und den Mut der Ostdeutschen, sondern ein Datum in der Geschichte der Sieger.

Die Geschichte der Sieger wird auch von ehemaligen Ostdeutschen vertreten. Ein Beispiel ist Richard Schröder, der Theologe, Philosoph, DDR-Bürgerrechtler, SPD-Politiker und Mitglied des Berliner Bundestags. In einem ausführlichen Artikel in der FAZ erklärte er Ende 2019, der Stand der deutschen Einheit sei besser als ihr Ruf.[2] Fehler seien unvermeidlich gewesen, denn niemand habe ein Rezept gehabt für den Weg vom Kommunismus zum Kapitalismus. Bei Revolutionen seien Biographiebrüche unvermeidlich, diese Tragik sei Teil des historischen Prozesses. Als entscheidendes Moment nennt Schröder aber den Faktor Zeit. Die Einheit sei als ein plötzliches und unerwartetes Sonderangebot gekommen, sie sei wie eine Sturzgeburt gewesen, die keine Gelegenheit für Diskussionen und Nachdenken gelassen habe. Ein Sprichwort ist geblieben, das die damalige Zeitnot zusammenfasst. Der Satz wird Michail Gorbatschow zugeschrieben; er soll ihn im Rahmen der 40-Jahres-Feierlichkeiten der DDR am 5. Oktober 1989 gesagt haben: «Wer zu spät kommt, den bestraft das Leben!» Vielleicht ist nach 30 Jahren ja der Moment gekommen, über das nachzudenken, wofür damals kein Raum blieb.

Schwierigkeiten bei der Einordnung der DDR-Geschichte

«Die Jahre weiß man nicht, wo man die heute hinsetzen soll». Diese Formulierung ist der Titel eines Buches, das von Faschismuserfahrungen im Ruhrgebiet berichtet. Es ist Teil einer großen Oral-History-Studie von Lutz Niethammer aus dem Jahr 1983.[3] Dieser gebrochene Satz aus einem der Interviews bringt die Schwierigkeiten der Beteiligten bei der retrospektiven Einordnung der Jahre des Faschismus deutlich zum Ausdruck. Sie waren völlig fremd geworden und doch zog sich eine Art von Alltag auch durch diese Erfahrung. Niethammers Oral-History-Projekt kam 40 Jahre nach den historischen Ereignissen. Inzwischen sind wir 30 Jahre vom Ende der DDR-Geschichte entfernt und es stellt sich auf neue Weise die Frage nach der retrospektiven Einordnung dieser Jahre und wo man sie heute mit Blick auf eine gemeinsame Erzählung hinsetzen soll.

Die Historiker haben dafür ihre Antworten parat und ordnen die DDR dabei unterschiedlich ein. Die DDR gehört zu den Sowjetstaaten, die nach dem Zweiten Weltkrieg anders als Westdeutschland jährlich den 8. Mai als Tag der Befreiung feierten. Gleichzeitig galten sie aber nicht als befreit, weil sie unter kommunistischer Herrschaft leben mussten. Die anderen Sowjetstaaten haben diese Erfahrung nach der Wende in Form einer nationalen Opfergeschichte verarbeitet. Aus diesem Muster aber fällt die DDR heraus, von der man aus westdeutscher Perspektive meist als ‹Zweite Diktatur› oder ‹SED-Diktatur› spricht, was bedeutet, dass man auf den Unrechtsstaat und die Deutschen als Täter fokussiert. Die Deutschen als Opfer oder auch als Helden, die sich schließlich selbst befreit haben, fallen dabei unter den Tisch. Die Parallele zwischen NS- und SED-Diktatur gilt wiederum vielen als anstößig, weil sie den erheblichen Unterschied zwischen der ersten und der zweiten Diktatur nivelliert. Das muss aber keineswegs so sein, erklärte der Historiker Bernd Faulenbach. Man kann beiden Diktaturen die ihnen gemäße Aufmerksamkeit zukommen lassen, wie er mit seiner zu Recht berühmt gewordenen Formel gezeigt hat. Sie besagt: ‹Die SED-Diktatur darf die NS-Diktatur nicht relativieren, aber die NS-Diktatur darf die SED-Diktatur auch nicht trivialisieren.› Diese Diskussion deutet an, wie schwierig es ist, in einem Narrativ für die Komplexität der deutschen Geschichte Platz zu schaffen, ganz zu schweigen von den gegensätzlichen und sich zum Teil auch überschneidenden Perspektiven von Tätern und Opfern. Hinzu kommen weitere Perspektiven wie die Normalität des Alltags und die Anerkennung positiver Aspekte angesichts einer klaren Distanzierung von der DDR als Unrechtsstaat.

Bei diesem Thema gehen westliche und östliche Perspektiven deutlich auseinander. Denn während die Ereignisse von 1989/90 für die Menschen im Osten einen dramatischen Wandel bedeuteten, blieb für die Menschen im Westen alles mehr oder weniger beim Alten. Das kann ich so aus meiner westlichen Perspektive allerdings nicht bestätigen. Für mich gehören die 1990er Jahre zu den aufregendsten meines Lebens, weil in ihnen nach dem Ende des Kalten Krieges die eingefrorenen Erinnerungen diesseits und jenseits des Eisernen Vorhangs zurückkehrten. Nachdem zuvor alle Zeichen auf Zukunft gestanden hatten, brach nun plötzlich die Vergangenheit in die Gegenwart ein und brachte alles durcheinander. Der ‹Fall der Mauer› – eine Formel, die ich inzwischen gelernt habe in Anführungsstriche zu setzen – und die Öffnung so vieler Grenzen waren ein Höhepunkt, der mein Leben und Denken nachhaltig verändert hat. Zwischen den Polen Ost und West tat sich ein neuer Raum auf. Ich konnte Städte bereisen, Menschen begegnen und von ihnen so viel Neues lernen. Nach der starken kulturellen Westbindung, die mich in meinen ersten Lebensjahrzehnten geprägt hat, entstand ein ganz neues und noch unbekanntes Europa. Es bedeutete das Ende des alten Europas der Polarisierung, das auf der Idee des christlichen Abendlands gegründet war, und an seiner Stelle entstand ein neues Europa der Pluralisierung mit weiteren Sprachen und Kulturen, Geschichtserfahrungen, Traumata und Perspektiven.

Heute drohen alle diese Ereignisse, die das Leben und Denken damals enorm bereichert haben, unter einem einzigen geopolitischen Begriff zu verschwinden. Er heißt ‹Osterweiterung› und stützt sich auf ein selbstkritisches Narrativ. Nichts gegen Selbstkritik, aber sehr wohl gegen Schlagworte, die vielfältige Erfahrungen überdecken, indem sie sie auf einen platten Nenner bringen. Ich jedenfalls erlebte die Öffnung in Richtung Osten als eine ungeahnte Horizonterweiterung. Das neue Europa, das da vor meinen Augen entstand, veränderte zusammen mit der Geographie auch meine mentale Landkarte.

Je mehr ich über die osteuropäischen Staaten erfuhr, desto klarer konnte ich Zusammenhänge wahrnehmen und die ostdeutsche Revolution als ein europäisches Ereignis erkennen. Da diese Erfahrung ja fast alle Staaten der ehemaligen Sowjetunion verband, sollte man die DDR nicht aus diesem Verbund herauslösen. Es gab wichtige Parallelen. «Dieser unbändige Freiheitswille von 1989, dieses Freiheitspathos, das war ein Augenblick von sehr großer Schönheit. Das bleibt», hoffte rückblickend Gáspár Miklós Tamás, der ungarische Menschenrechtsaktivist in einem Interview im Jahre 2018.[4] Alle Satellitenstaaten der Sowjetunion hatten ihren je eigenen Freiheitswillen und ihre besondere Befreiungsgeschichte. Aber überall ist die Geschichte über diesen herausgehobenen Augenblick der Freiheit hinweggegangen. Wenn er nicht zurückgeholt, erinnert und in einem Narrativ aufgehoben wird, wird er leicht wieder vergessen. Denn er wird permanent durch nachfolgende Ereignisse überschrieben oder durch andere Narrative verdrängt. «We have won the Cold War!», erklärte Präsident George Bush sr. triumphalistisch nach dem Fall der Mauer.

So einfach ist es aber nicht, denn überall gab es wichtige Akteure, die diese historische Wende über die Jahre vorbereitet haben. Ein europäisches Narrativ der Wende müsste diese Vorgeschichten unbedingt mit einbeziehen und als eine gemeinsame Geschichte erzählen. Ein Ausgangspunkt dafür könnte die Helsinki-Schlussakte von 1975 sein. Denn daraus entstanden in den Folgejahren sogenannte Helsinki-Gruppen in den Ostblock-Staaten, die sich für die Menschenrechte einsetzten, Friedensbewegungen organisierten und Demokratisierungsprojekte anstießen. Beispiele sind die polnische Gewerkschaftsbewegung Solidarność oder die tschechische Menschenrechtsbewegung von Václav Havels Charta 77. In diesen Kontext passt auch die Biographie von Markus Meckel, der in den letzten Zügen der DDR eine SPD gründete und maßgeblich bei der Gestaltung der Wende an Runden Tischen beteiligt war. Das sind nur wenige Beispiele der vielen Friedensaktivitäten und demokratischen Netzwerke, die den Transformationsprozess der mittel- und osteuropäischen Staaten und damit die Erneuerung Europas aktiv vorbereitet haben.

Solange diese Geschichte aber nicht erzählt wird, dominieren andere Narrative. Zum Beispiel eines, das Ivan Krastev und Stephen Holmes 2018 entwickelt und verbreitet haben.[5] Ihr Buch mit dem Titel *Das Licht, das erlosch. Eine Abrechnung* sammelt nicht nur Stimmungen ein, es macht auch selbst Stimmung. Es konzentriert sich auf die Verbitterung und das Ressentiment osteuropäischer Nationen, die ihren Freiheitswillen von 1989 gänzlich begraben und vergessen haben. Statt sich noch an ihren eigenen Beitrag zur demokratischen Erweiterung Europas zu erinnern, sehen sie in der EU inzwischen nur noch einen Gegner und eine unerträgliche Bevormundung. Deshalb suchen sie die Konfrontation, widersetzen sich dem ‹westlichen Nachahmungsimperativ› und suchen ihr Heil in Demokratieabbau und Renationalisierung. Dieses Narrativ stützt die nationalistischen Parteien in den osteuropäischen Staaten, aber nicht die weltoffenen und demokratisch gesonnenen Gruppen der Zivilgesellschaft, die es in diesen Staaten ja auch gibt und die inzwischen unter schweren Repressalien leiden.

Wende-Narrative und der Austausch von Geschichten

Der 9. November 1989, der das Ende der DDR besiegelte, war ein großer historischer Moment. Ein Zufall, ein Wunder – auf alle Fälle ein Ereignis, das nicht vorhersehbar war. Nach Jahrzehnten des Absperrens, Aussperrens und Einsperrens kam plötzlich die Öffnung. Auf einer globalen Bühne spielten die Bürger*innen, aber auch die Politiker der DDR ein Stück, für das sie kein Drehbuch hatten. Was hochgefährlich war und mit einem Schießbefehl jederzeit in Schrecken und Terror hätte umkippen können, erscheint nachträglich streckenweise wie eine Stegreifkomödie. Durs Grünbein hat das so ausgedrückt: «Es gab keine Helden, nur Clowns.» Nachträglich müssen wir aber doch von Helden sprechen, nur dass sie diesmal anders aussahen. Es waren einfach nur Menschen, die sich gegenseitig Mut machten und zu einer Menge wurden, die gleichzeitig und über viele Orte verteilt bis zur kritischen Masse anschwoll und die Situation zum Kippen brachte. «Wir waren keine Helden», betont Durs Grünbein, «wir hatten aber auch nichts mehr mit den Stubenhockern gemein, den passiven Mitläufern auf ihren Balkonen und hinter den Gardinen, denen wir von der Straße her zuriefen: ‹Leute, lasst das Glotzen sein / Kommt herunter, reiht euch ein!›, den Evergreen aller Protestmarschierer.»[6]

Nein, fährt er fort, «wir waren keine Krieger der Demokratie, wir waren Clowns, die verzweifelt nach Freiheit rangen wie man nach Luft ringt, weil man dabei ist zu ersticken». Grünbein benutzt bereits das Bild des Erstickens, das inzwischen durch den Mord an George Floyd zur globalen Metapher für ‹Unter-Drückung› (im Wortsinne) durch Rassismus geworden ist: «Die Erstickungsgefahr war nicht nur ein Gefühl, ich hatte sie auch physisch kennengelernt in so vielen ausweglosen Situationen meines noch jungen Lebens, in Schule und Armeedienst und als Student, bei Appellen und in Versammlungen, in hunderten ergebnislosen Debatten und zeitverschwendenden Aktivitäten, in denen mein Leben zerbröselt wurde.» Diese Jugend vom Prenzlauer Berg bestreikte die «festgefahrene Wirklichkeit». Ihr Leben wurde nicht geraubt, aber ihr fehlte die Luft, weil es in dem Land mit seinem verschlossenen Horizont keine Zukunft gab. Der Mensch braucht aber Zukunft, wie er Luft zum Atmen braucht. Das hat das 40-jährige Politexperiment der DDR ergeben.[7]

Auch Thomas Oberender, Autor und Intendant der Berliner Festspiele, kommt in diesen Corona-Tagen wieder zurück «auf die globale Erfahrung einer Ausnahmesituation und Offenheit, wie sie für eine kurze Zeit auch die ostdeutsche Wende hervorgebracht hat. Das, diese Generalaussprache einer ganzen Gesellschaft, war 1989 das wesentliche Moment der Revolution. 1989 – das hieß die Pausentaste drücken. Bevor der Einheitsvertrag, der Beitritt kam, war das der kollektive Versuch und die experimentelle Praxis eines ganzen Landes, die Gesellschaft auf allen möglichen Ebenen neu zu denken. Danach kam das Alte.»[8]

Alle, die damals für Freiheit kämpften, wussten sehr genau, was Unfreiheit ist, denn sie teilten alle die Erfahrung von Unrecht, Unterdrückung, Angst und Repressalien im Alltag. Aber die Impulse des Protests von 1989 waren sehr unterschiedlich, wie Grünbein betont. «Es waren Bürgerrechtler, Dissidenten, Freiheitssucher, Künstler und Träumer aller Art, Demonstranten aus Frust oder politischer Bewusstheit, Kämpfer für die Menschenwürde».[9] Entsprechend divers waren auch die Vorstellungen von dem, was danach kommen sollte. Die Pluralität dieser Bürgerbewegung war sicher auch ein Grund dafür, warum die Ausnahmesituation der Offenheit mit atemberaubender Geschwindigkeit wieder geschlossen wurde. Grünbein rekapituliert: «Und dann kam auch schon das Begrüßungsgeld und alles weitere, die Wahlen, die Einheit, die Treuhandanstalt und die Postenverteilung im Verhältnis 1:100 Ost-West oder so ähnlich.» Der Rest dieser Geschichte ist bekannt. Vom Westen her regierte der Kapitalismus mit Kolonisierung und Anpassungsdruck, im Osten endete die Bewegung in diffuser Unübersichtlichkeit. Nochmal Durs Grünbein: «Am Ende hat nur ein kleiner Teil der Ostdeutschen bekommen, was sie sich vorgestellt hatten. Unter den Enttäuschten sorgt die Abwicklung der DDR bis heute für Empörung. Fragt man sie, wovon sie geträumt haben (und geträumt haben viele), bekommt man tausend Geschichten zu hören.»

Hören wir uns einige von ihnen genauer an. Markus Meckel (* 1952), ostdeutscher Pfarrer, Aktivist der Bürgerbewegung und Abgeordneter des Deutschen Bundestags, hat Anfang 2020 seine Erinnerungen vorgelegt. Er blickt ebenfalls nach 30 Jahren zurück und hat immerhin den Eindruck, «dass das Erinnern an 1989/90 viel lebendiger und differenzierter geworden (ist) als noch vor wenigen Jahren». Ihn beschäftigt aber nicht nur die Vielfalt der unterschiedlichen Erinnerungen an die Wende, sondern auch die Frage, wie man sich in Zukunft gemeinsam an dieses Ereignis erinnern wird. Seine Frage trifft unmittelbar ins Zentrum dieses Buches: «Wir Deutschen sind wohl das Volk in Europa, das sich selbst am wenigsten kennt, so unterschiedlich sind die Narrative, in denen wir unsere Geschichte zur Sprache bringen.» Eine Generation nach dem zentralen Wende-Ereignis ist noch kein gemeinsames Verständnis dieser Geschichte in Sicht. Wem gehört diese Geschichte, wer erzählt und deutet sie? Eines ist dabei klar, wie Meckel betont: «Keiner der beiden deutschen Staaten, in die Deutschland in der zweiten Hälfte des 20. Jahrhunderts zerteilt war, kann ohne den Bezug auf den anderen wirklich verstanden werden.» Und er fügt hinzu: «Dies unvergessliche Jahr hat meine Generation geprägt. Doch haben wir in Deutschland darüber noch keine gemeinsame Erzählung gefunden.» Er erzählt seine Geschichte in der Hoffnung, «dass sie dazu beiträgt, dass auch andere ebenfalls ihre Geschichte erzählen und man darüber ins Gespräch kommt. Nur so wird es gelingen, auch das öffentliche Erinnern und Gedenken im vereinten Deutschland differenzierter werden zu lassen.»[10]

Es gibt hoffnungsvolle Anzeichen dafür, dass dieser Prozess des Austauschs und der Selbstverständigung über das Wende-Ereignis nach dreißig Jahren in Gang kommt. Markus Meckels gesamte Biographie ist im Grunde auf die Wende ausgerichtet und kulminiert in diesem Schlüsselereignis, das er deshalb nicht nur als Geschichtszeuge, sondern auch als politischer Akteur aus nächster Nähe und erster Hand vom Aufbau der Bürgerbewegung mit ihren Netzwerken bis hin zur Verhandlungsarbeit an Runden Tischen protokolliert. Einen anderen Blick vermittelt Thomas Oberender (* 1966) mit seinem Buch *Empowerment Ost. Wie wir zusammen wachsen*. Er zählt sich zur letzten Generation, die die Wende im gerade beginnenden Erwachsenenalter erlebt hat. Seine Jugend hat er zwar in der DDR verbracht, aber er lebte nur physisch in dem Land, das ihn umgab; mental lebte er mit seinen Lektüren, Interessen und Gedanken in einem imaginären Westen. Das hat sich später umgekehrt. Nach der Wiedervereinigung lebte er physisch im kapitalistischen Westen und fühlte sich mental mehr und mehr als Ostdeutscher. Diese Identität und enge emotionale Beziehung zu dem verschwundenen Staat baute sich erst lange nach der Wende auf, als ihm die schmerzhafte Erfahrung der «Verdrängung des Ostens aus dem Westen» zu Bewusstsein kam.[11] Erst nach 30 Jahren kann er die Verletzungen, die er erlebt hat, genauer wahrnehmen und artikulieren, denn er musste nach ihnen graben und sie freilegen unter Schichten von fremder Sprache, Bildern und Deutungen. *Empowerment Ost*, das ist Kampfansage und Selbstermächtigung zugleich, mit der Oberender sich die ent-wendete und ausgelöschte Geschichte wieder aneignet.

Oberenders Erzählung der Geschichte der Wende lässt sich als ein Drama in drei Akten zusammenfassen. Der erste Akt ist die friedliche Revolution der ostdeutschen Bürgerbewegungen. Sie sammelt sich aus unterschiedlichen Gruppen, nimmt Fahrt auf durch Zulauf auf den Straßen in vielen deutschen Städten und erreicht ihren ersten Höhepunkt am 9. Oktober in Leipzig, der größten Demonstration, bei der alles auf der Kippe steht und – die Panzer in der Garage bleiben. Das stärkt den Mut und die Euphorie der Bewegung und führt in einem einzigen Crescendo zur wilden und ungeplanten Maueröffnung. Viele verlassen das Land, andere finden an Runden Tischen zu einer Generalaussprache über die Zukunft des Landes zusammen. Es geht um Reformen der Verfassung, gewaltfrei und basisdemokratisch. In der Selbstbestimmung ‹Wir sind das Volk!› erleben die Ostdeutschen einen ungekannten Kreativitätsschub; es herrscht das Pathos der Freiheit.

Der zweite Akt ist die Wiedervereinigung. Während die Revolution dem Osten gehörte, gehört die Wiedervereinigung dem Westen. Ab jetzt wird wieder von oben gehandelt und verordnet. Der Beitritt der DDR ist ein Verwaltungsakt. Dafür steht symbolisch der 3. Oktober, der kein historisches, sondern ein geschäftsmäßiges Datum ist. Mit dem Beitritt war die Wende gewendet und ihr Ende besiegelt. Darauf folgte der dritte Akt. Die, die vormals gehandelt hatten, mussten jetzt passiv erleben, wie andere das Heft in die Hand nahmen und handelten. Die Kolonisierung des Ostens durch den Westen geschah nicht nur durch Akte wie die Einführung der D-Mark, die Privatisierung von Kollektivbesitz durch die Treuhand oder den Elitentransfer von West nach Ost. Sie geschah vor allem auch durch Sprache. Die Geschichte der Wende wurde in der Sprache der Sieger erzählt und verbreitet. In dieser Geschichte ist ‹der Fall der Mauer› das Schlüsselereignis. Na klar, was denn sonst? wird mancher Westler fragen. Auch mir war bis vor Kurzem nicht klar, was dieses Schlagwort alles verdeckt. Die Mauer fällt durch Materialerosion oder eigene Schwerkraft. Hieße es ‹der Sturz der Mauer›, dann käme man wenigstens auf die Idee, nach menschlichen Akteuren zu fragen; so aber bleiben ihre Namen, Gesichter und Stimmen unbekannt, unsichtbar, ungehört. Alles wird überstrahlt durch die Bilder von jubelnden Menschen auf der Mauer, die um die Welt gegangen sind. Die Akteure, die dieses Ereignis vorbereitet und die Geschichte ‹gemacht› haben, sind herausgefiltert, sie haben keinen Platz im Gedächtnis der wiedervereinigten Nation gefunden. Während im Westen alles beim Alten blieb, war im Osten bald nichts mehr wiederzuerkennen. Die Bewohner wurden aus ihrer Heimat vertrieben, ohne dass sie sie dafür verlassen mussten. Errungenschaften der DDR wie das Recht auf Wohnung und Arbeit, die soziale und ökonomische Gleichstellung der Geschlechter oder die Kinderversorgung wurden nicht gewürdigt, Kultur und Wissenschaft waren pauschal entwertet. Statt eines Austauschs auf Augenhöhe herrschten Programme der ‹Entwicklungshilfe›. Das hat den Stolz der Menschen gebrochen, ihre Würde verletzt und bildete eine «emotionale Hypothek, die noch lange abgezahlt wird».[12]

Das klingt ziemlich deprimierend, doch so ist *Empowerment Ost* nicht gemeint. Denn der vierte Akt des Geschehens könnte der «Anfang einer anderen Begegnungskultur» sein.

Dieser beginnt mit der Wahrnehmung einer großen Lücke im Gedächtnis der westlich geprägten Dominanzkultur: Es «fehlt in unserem medialen Gedächtnis die Erfahrung der Selbstermächtigung und Zuversicht, die sich 1989/90 mit der demokratischen Mobilisierung eines ganzen Landes verbunden hat». Dieses Schlüsselerlebnis eines deutschen Narrativs liegt unter der Formel vom ‹Mauerfall› begraben. Oberender macht hier auf eine erstaunliche Asymmetrie aufmerksam: «Warum weiß heute jeder, was die ‹Kommune 1› war, aber kaum jemand kennt Bärbel Bohley oder das Neue Forum?»[13] 2018 wurden nach einem halben Jahrhundert die 68er noch einmal groß gefeiert. Die Medien waren sich einig: «Keine Generation hat sich derart in die jüngere Zeitgeschichte eingegraben, ist – wie VW – derart zur Mega-Marke geworden wie die Rebellen, Hippies, Straßenkämpfer und Weltverbesserer aus den wilden 60ern. Dagegen kommt keine Flakhelfer-Generation an, schon gar keine Generation Golf oder all jene Generationen XYZ, die der Zeitgeist binnen Jahresfrist wegspült wie das iPhone 8 das iPhone 7.»[14] Ja, die militanten 68er sind als Helden der deutschen Nachkriegsgeschichte kanonisiert. Für alles erdenklich Positive werden sie gerühmt, einschließlich der Tatsache, dass sie Westdeutschland ‹demokratisiert› hätten. Das ist wirklich kurios, denn ihre erklärten Feinde waren ja liberale Bürger, während sie selbst eine Diktatur des Proletariats propagierten und sich in diesem Punkt auch klar für die DDR entschieden. Während die 68er also die Diktatur in einer (sicherlich mit Fehlern und braunen Eliten behafteten) Demokratie probten, probten 20 Jahre später die Bürgerbewegungen der DDR die Demokratie in der Diktatur. Aber diese Helden der Demokratie haben in das deutsche nationale Narrativ bisher keinen Eingang gefunden.

Das kann sich aber noch ändern. Oberender deutet an, dass 30 Jahre nach den Ereignissen gerade manches wieder aus dem

Vergessen zurückgeholt wird. Es ist die Zeit der historischen Akteure und Zeitzeugen gekommen, «und vor allem ihrer Kinder und Enkel in Leipzig oder Rostock, die sehr detailliert und alltagsnah die andere Lebenswirklichkeit der DDR und langen Wendezeit erforschen – für mich bedeutet dieser Vorgang occupy history: Dreißig Jahre nach der Öffnung der Mauer gibt es eine Erinnerungspolitik von unten, die nach einem Freiraum, wie eine dieser Bewegungen in Leipzig heißt, für die Erfahrungen in der DDR und in der Zeit nach ihrem Verschwinden sucht. Diese neue Erinnerungspolitik von Akteuren wie Aufbruch Ost oder der Dritten Generation Ost hilft vielleicht, die aktuelle Distanz zwischen den vereinten Deutschen besser verstehen zu lernen und nicht zur Dynamik der Entzweiung werden zu lassen, wie sie von rechten Populisten entfacht wird.»[15]

Mit dieser Perspektive einer Wiederherstellung der vergessenen Geschichte verbindet Oberender auch eine konkrete Hoffnung für die Zukunft. Sie hat sehr viel zu tun mit dem Thema dieses Buches, der Suche nach einem nationalen Narrativ. Darunter stellt er sich keine lineare Geschichte vor, sondern verwobene Geschichten, die unterschiedliche und gegensätzliche Erfahrungen zusammenfügen. Ach, wüsste ich nur, ruft er aus, «wie ich das von unserer eigenen Sprache, unserer eigenen Denkart und Verfügungstüchtigkeit unterschlagene Glückslos öffnen könnte. Es liegt in unserer eigenen Geschichte.» Um dieses Glückslos zu öffnen, müssten sich die Menschen auf beiden Seiten der Mauer nur wieder «an die aktive Seite dieser Revolution erinnern, die utopische, verwirrte, frohe», und dabei an die zu Objekten gemachten «Subjekte der Geschichte. Wenn es in Ostdeutschland heute gelingen könnte, diese Reserve an Mündigkeit und Freude zu aktivieren, die sich aus der Erfahrung der friedlichen Revolution 1989 bei den meisten Menschen gebildet hat, wäre das ein enormes Empowerment.» Tatsächlich kann sich, wie Meckel es ausdrückte, «keiner der beiden deutschen Staaten ohne den Bezug auf den anderen wirklich» verstehen. Das Zusammenlegen von Sieger- und Verlierergeschichte hätte dabei für beide Seiten etwas Befreiendes, zumal «die Geschichten der historischen ‹Verlierer› ein Schatz des Andersartigen sind, die in ihren Welten andere Konzepte von Verbundenheit, Arbeit, Wissen und Vernetzung entwickelt haben. Das unserer gemeinsamen Erzählung hinzuzufügen» wäre für Oberender «der Anfang einer verwobenen Geschichte». Mit der Zusammenfügung der unterschiedlichen Teile könnten wichtige neue Ideen entstehen, um sich solidarisch und gemeinsam den drängenden Gegenwarts- und Zukunftsaufgaben wie Klimawandel und Migration, ökonomische Ungleichheit und Rassismus zu widmen.[16]

Ein Glückslos haben übrigens die Mitglieder der Jury der Deutschen Akademie für Sprache und Dichtung geöffnet, als sie die Lyrikerin Elke Erb zur Büchner-Preisträgerin 2020 kürten. Damit würdigten sie das Lebenswerk der 1938 geborenen Autorin, die mit 11 Jahren aus dem Rheinland nach Halle zog, dort nach Erfahrungen mit ihrer ersten Arbeitsstelle als freie Schriftstellerin lebte, Teil der Dissidenten-Kultur wurde, das literarische Milieu belebte und von der Stasi massiv beschattet wurde. Da ihre von der Aufmerksamkeit für Sprache und der Zuwendung zum sinnlichen Detail geprägten Gedichte mehrere Generationen von Dichtern im Osten und Westen geprägt haben, ist das überfällige Comeback ihres Werks für die deutsche Öffentlichkeit ein besonders passendes Einheitsgeschenk.

Missverständnisse zwischen Ost und West – ein Briefwechsel

Oberenders Manifest ist ein Angebot und ein Hoffnungsschimmer. Aber es gibt auch düstere Perspektiven, auf die er kaum eingeht. In manchen Gegenden des Ostens scheint sich nach 30 Jahren das Versprechen eines demokratischen Aufbruchs erschöpft zu haben, nationalistische Gruppierungen machen sich breit mit neuen Feindbildern, kollektiver Empörung und Frontalangriffen auf die Demokratie und die EU. Seine Darstellung, die die ostdeutsche Revolution von der westdeutschen Wiedervereinigung trennt, legt nahe, dass das Ende der deutschen Teilung bereits den Keim der deutschen Spaltung enthält. Diese Spaltung wird nun aber von neonazistischen Akteuren und Gruppen genutzt und systematisch vorangetrieben. Darüber findet man bei Oberender wenig. Er erinnert daran, dass Björn Höcke aus Westfalen kommt, kann aber nicht erklären, warum er im Osten so viel Resonanz erhält.[17] Von Populisten ist bei ihm ab und zu die Rede, aber nicht vom NSU oder der fortschreitenden Spaltung der Gesellschaft. Im deutschen Staat hat sich inzwischen eine neue Fundamentalopposition herausgebildet, die den östlichen und westlichen demokratischen Konsens in Frage stellt. Sie ist über alle Bundesländer verteilt, hat aber im Osten den stärksten Rückhalt. Die wiedervereinigte Nation operiert dabei mehr und mehr im Modus einer gespaltenen Gesellschaft.

Nachdem wir im Weitwinkel mit Schwierigkeiten der Einordnung der DDR-Geschichte begonnen und dann in einem engeren Fokus individuelle Stimmen gehört haben, möchte ich noch weiter zoomen und hier einen persönlichen E-Mail-Austausch zum Thema Ost- und Westerfahrungen einblenden. Dieser Briefwechsel reflektiert die unterschiedlichen Welten und Werte, die Deutsche auf beiden Seiten der Mauer im Kalten Krieg prägten. Man lebte ja in zwei Systemen, die sich darauf spezialisiert hatten, sich gegenseitig in Frage zu stellen. Es herrschte ein ununterbrochener Propagandakrieg. Im westlichen Teil, in dem ich aufwuchs, wurde zum Beispiel nicht der 8. Mai wie im Osten, sondern jährlich der 17. Juni als ‹Tag der deutschen Einheit› begangen. Dieser Feiertag war nicht nur eine jährliche offene Kampfansage an den Nachbarstaat DDR. Er bot auch die Gelegenheit, in der Bundesrepublik revisionistische Nationalgefühle zu inszenieren und von der Wiedergewinnung verlorener Ostgebiete zu schwafeln. Die westliche Hälfte machte sich an diesem Tag auf Kosten der östlichen zum einzig legitimen Repräsentanten der deutschen Nation und schloss dabei mit ihren Festveranstaltungen am Hermannsdenkmal mit deutscher Hymne unmittelbar an die Folklore des 19. Jahrhunderts an. Diese Inszenierungen der älteren Generation waren damals unter den Politikern bereits zunehmend umstritten, für meine Generation waren sie nur noch peinlich. Das Nationalgefühl, das uns mit ihnen einverleibt werden sollte, kam nicht nur nicht an, es führte eher zu einer Immunisierung gegen jegliche Form von Nationalbewusstsein. Der Grund für diese Abwehr war eine doppelte Vergessenheit, sowohl gegenüber der NS-Vergangenheit, aber auch gegenüber der DDR-Gegenwart, die man damals als Zeichen der Nichtanerkennung in obligatorische Anführungszeichen setzen musste. Beides zusammen führte in meiner Generation zu einer starken Abstinenz gegenüber jeglicher Form von nationaler Identifikation. Deutsch zu sein war eine Last, von der man sich löste, indem man in transnationale Rollen schlüpfte und sich als Weltbürger, Kosmopolit oder Europäer verstand.

Es gibt, schreibt Richard Schröder, «auf diesem Feld ein deutsch-deutsches Missverständnis, das mit dem Verhältnis von Patriotismus und Nationalismus zu tun hat. Patriotismus ist die Liebe zum eigenen Vaterland, so wie andere das ihre lieben. Nationalismus ist der Wahn von der Überlegenheit des eigenen Volkes über andere. Im Westen halten nicht wenige, zumal unter den Meinungsmachern, bereits den Patriotismus für Nationalismus. Im Mai 1990 fand in Frankfurt/Main eine beachtliche Demonstration unter der Losung ‹Nie wieder Deutschland› statt.»[18] Das hält er «für eine gefährlich übertriebene Konsequenz aus einer gründlichen Auseinandersetzung mit dem schwarzen Kapitel deutscher Geschichte». Das Bekenntnis der Ostdeutschen zur Nation war unbefangener; es sei durch den sozialistischen Staats-Internationalismus kaum gedrosselt worden, vor allem aber, so muss man hier ergänzen, war es nicht wie im Westen vom Gewicht der Verantwortung für die Verbrechen der deutschen Geschichte belastet, weil diese Geschichte nicht in einem Täter-Narrativ, sondern in einem ehrenvollen Widerstands-Narrativ gefasst war.

Meine eigene kulturelle Sozialisation unterscheidet sich erheblich von dem westlichen Muster, und zwar sowohl was die NS-Vergessenheit als auch was die DDR-Vergessenheit angeht. Die Privatschule, auf die ich ging, war von einer Widerstandskämpferin gegründet worden, die zu einem Opfer des 20. Juli 1944 wurde. Die Auseinandersetzung mit dem Nationalsozialismus war hier deshalb omnipräsent. Entsprechendes galt für den Blick auf die DDR. Unser Klassenlehrer war ein SPD-Politiker, der seit den 1960er Jahren enge Kontakte mit SED-Funktionären pflegte, was ihm ermöglichte, regelmäßig Klassenreisen in ostdeutsche Städte zu unternehmen. Im Rahmen dieser Reisen haben wir nicht nur mehrfach ostdeutsche Städte besucht, sondern auch Schulen, Kulturveranstaltungen und Konzentrationslager. Einige von uns haben auf diesen Reisen lebenslange persönliche Kontakte geknüpft.

Der Briefwechsel, den ich hier einblende, geht nicht auf einen solchen persönlichen Kontakt zurück. Im Oktober 2018 erreichte mich eine lange Mail der mir unbekannten Monika

Schwarz (der Name ist geändert). Sie hatte ein Interview mit mir in ihrer Tageszeitung gelesen und war verärgert, dass sich da eine zu Wort meldete, die keinen wirklichen Einblick in das Leben in der DDR hatte. Deshalb fühlte sie sich veranlasst, meine Aussagen über die DDR zu kritisieren und zu korrigieren. Sie nahm sich in ihrer Mail Zeit und Raum, mich über die DDR aus ihrer Perspektive aufzuklären. Wenn ich diesen Brief hier paraphrasiere, geht es nicht nur um ein Austauschen von Geschichten, wie ihn Markus Meckel angeregt hat. Es geht auch nicht einmal vordringlich um die Frage: Was habe ich erlebt, was hast du erlebt? oder gar: Wer hat hier recht? Es geht vielmehr um die Frage, *wie* hat man etwas erlebt und was sind dabei die anhaltenden Gefühle und fundierenden Überzeugungen? Unter diesen Gesichtspunkten erschließt der Brief einen ganz anderen Zugang zum Leben in der DDR als Markus Meckels Erinnerungen, dessen Eltern sich als überzeugte und widerständige Protestanten freiwillig für ein Leben in der DDR entschieden haben und dessen Biographie damit auch ein Zeugnis über das Leben in einer Diktatur ablegt. Die Mail, aus der ich im Folgenden berichte, ist mit dem gegenteiligen Ziel geschrieben: sie sollte mich von der moralischen Überlegenheit der DDR gegenüber der Bundesrepublik überzeugen. Der Ton ist scharf, aber respektvoll, und die Gedanken sind auf einem hohen sprachlichen Niveau verfasst. Deshalb nehme ich diesen Brief ernst und hole ihn in diesem Zusammenhang noch einmal hervor. Die darin ausgebreiteten Argumente lassen sich in sieben Punkte gliedern.

1. Im Westen habt Ihr keine Ahnung vom Leben in der DDR

Frau Schwarz, die meine Äußerungen in einem Gespräch mit der *Ostseezeitung* vom Oktober 2018 gelesen hatte, äußert ihren Ärger darüber, dass sich Menschen wie ich, die kaum Ahnung vom Leben in der DDR hatten, öffentlich dazu äußern.

2. Persönliche Entscheidung für die DDR als den moralisch besseren Staat

Sie geht zunächst auf ihre Familiengeschichte ein. Der Großteil der Familie ihres Vaters, die aus Schlesien stammte, ging in den Westen, er selbst jedoch entschied sich für die DDR. Die Tochter ist ihm für diese Entscheidung bis heute dankbar. Der aus der Heimat vertriebene Vater empfand es als unerträglich, dass sich im Westen nach 1945 nichts änderte und die Funktionselite und die höhere Beamtenschicht weiterhin ihre Stellen behielten.

3. Es gab keine NS-Täter in der DDR

Das Gegenteil war in der Sowjetischen Besatzungszone der Fall. Die Regelung, alle ehemaligen NSDAP-Mitglieder umgehend zu entlassen, wurde von der DDR übernommen. Obwohl dies eine harte Maßnahme war, war sie doch dringend nötig, weil zum Beispiel die Lehrer, die von der NS-Ideologie überzeugt waren und sie weitergegeben hatten, den Wertewandel nicht überzeugend verkörpern konnten. Frau Schwarz erwähnt in diesem Zusammenhang ihre Mutter, die trotz Ausbildung in der NS-Zeit nach 1945 in der DDR als Lehrerin arbeiten durfte, weil sie kein Parteimitglied gewesen war.

4. Erziehung im Geiste des Pazifismus und des Antifaschismus

Frau Schwarz geht auf ihre eigene Sozialisation ein und hebt dabei Pazifismus und Antifaschismus als die grundlegenden und leitenden Werte der DDR hervor. In der Grundschule wurden Friedenslieder gesungen, später kamen die Besuche von KZ-Gedenkstätten hinzu. Ein wichtiges kulturelles Ereignis der 1960er Jahre war die Verfilmung des Romans *Nackt unter Wölfen*, in dem sich KZ-Häftlinge solidarisieren und einem jüdischen Jungen das Leben retten. Während der zugrunde liegende Roman ebenso wie das *Tagebuch der Anne Frank*

Pflichtlektüre an den Schulen gewesen seien, sei der Film in der Bundesrepublik zunächst verboten gewesen. In der antifaschistischen Erziehung habe gerade auch die Schuldfrage eine zentrale Rolle gespielt. Dabei bezieht sie sich auf die Romane und Filme, die den DDR-Bürger*innen das Leid der russischen Zivilbevölkerung nahebrachten wie die Verfilmung von Michail Scholochows Roman *Ein Menschenschicksal.* Dieser Teil der deutschen Geschichte sei im Westen verschwiegen und verhöhnt worden.

5. Die bessere Erinnerungskultur

Hier geht Frau Schwarz von ihrer persönlichen Sozialisation zur Gedenkkultur der DDR über. Während im Westen die Opfer nach Klassen gruppiert und die 27 Millionen sowjetischen Opfer in der Hierarchie ganz unten stünden und weitgehend vergessen seien, habe die DDR sich allen Opfern des Faschismus zugewandt und sie als gleichwertig einbezogen, wie das nationale Denkmal der Neuen Wache in Berlin zeigt, dessen ewige Flamme allen Opfern des Faschismus gewidmet ist. Im Westen sei man der Auseinandersetzung mit dem Faschismus aus dem Weg gegangen, bis die 68er das Thema auf die Tagesordnung brachten, die aber in übertriebener Weise darauf reagierten. Das traurige Ergebnis dieser Auseinandersetzung seien die Hierarchisierung der Opfer und der Russe als Feindbild.

6. Ostdeutscher Nationalstolz und westdeutscher Selbsthass

Das Bild des Westens von der DDR, das von Unrecht und Spitzeln bestimmt ist, sei völlig verzerrt. Damit kommt Frau Schwarz auf den Hauptunterschied zwischen Ost und West zu sprechen. Während im Westen die Linken sich gegen jegliche Form eines Nationalstaats und Nationalgefühls zur Wehr setzen, sind die Ostdeutschen mit einem gewissen Stolz auf ihren

Staat erzogen worden, der sich dem Pazifismus und dem Antifaschismus verpflichtete. Für diesen Stolz, den Frau Schwarz für wichtig und unentbehrlich hält, führt sie auch die Stimmen von zwei prominenten DDR-Künstlern wie Christa Wolf und Wolfgang Mattheuer an: «Wir müssen stolz auf uns sein, sonst sind wir verloren» (Christa Wolf); «Die größte Gefahr derzeit für Deutschland ist der Selbsthass» (Wolfgang Mattheuer).[19]

7. Die ostdeutsche Wut auf den wiedervereinigten Staat
In diesem Punkt bündelt sich bei Frau Schwarz die Abwehr gegen den westdeutschen Teilstaat und die Empörung gegenüber dem vereinigten Deutschland. Der westdeutsche Selbsthass sei über die Grenze gekommen und überziehe auch den Osten des Landes. Das gehe mit einer Entsorgung von Teilen der deutschen Geschichte einher. Ihre Beispiele sind die Umbenennungsaktion der Ernst Moritz-Arndt-Universität in Greifswald gegen den Protest der ansässigen Bürger*innen und die Bewahrung von dubiosen Potentaten an der Uni München. Ihr Fazit: Sie traut der stabilen wirtschaftlichen Lage nicht, sondern sieht eine finstere Zukunft für ihre Kinder, die in einem geschichtsvergessenen Land leben müssen.

Probleme mit der deutschen nationalen Identität

Deutschland ist seit einer Generation *vereint*, aber es hat nichts davon, solange es sich *verneint*. Das hat unmittelbar mit Fragen der Identität und dem Verhältnis zur Nation zu tun. In diesem Land ist das Verhältnis zur Nation nach wie vor notorisch schwierig. Entweder gibt es zu wenig oder zu viel nationale Identität, eine Unausgewogenheit, die sich gegenseitig verstärkt. Besser wäre der Ausgleich, indem die, die zu viel davon haben, reduzieren und die, die nichts oder wenig davon haben, zulegen. Wenn das so einfach wäre!

Seit 1945 hat sich das Verhältnis der Deutschen zur Nation sehr unterschiedlich entwickelt. Im Westen gab Thomas Mann den Ton an. Er rekapitulierte im Exil: «Durch Kriege entstanden, konnte das unheilige Deutsche Reich preußischer Nation immer nur ein Kriegsreich sein. Als solches hat es, ein Pfahl im Fleische der Welt, gelebt, und als solches geht es zugrunde.»[20] Ganz anders sah man es im Osten. Der aus der Emigration zurückkehrende Dichter und Kommunist Johannes R. Becher veröffentlichte bereits 1945 einen Band mit dem Titel *Deutsches Bekenntnis*. Darin erklärte er, dass er immer auf Ausschau und der Suche «nach dem deutschen Menschen, deutscher Stadt, deutscher Landschaft» sei. Von Wilhelm Pieck, dem ersten Präsidenten der DDR, erhielt er den Auftrag, eine neue Nationalhymne zu schreiben. Kurz nach Gründung der DDR erklang sie im November 1949: «Auferstanden aus Ruinen, und der Zukunft zugewandt / lass uns dir zum Guten dienen, Deutschland einig Vaterland». Anders als in der westlichen Hymne steht das Wort ‹Frieden› im Mittelpunkt. Wie es um den Frieden bestellt war, zeigten die sowjetischen Panzer, die am 17. Juni 1953 in Ostberlin auffuhren. Im Westen feierte man dagegen ein Jahr später das ‹Wunder von Bern› und anschließend das Wirtschaftswunder. Beide Regime definierten ihre Systeme fortan im Gegensatz zueinander und betrieben einen propagandaintensiven Wettbewerb um die bessere Regierungsform. Mit Mauerbau und Grenzschließung wurde der Konkurrenzkampf in zwei entkoppelten Deutschländern weiter zugespitzt. Ab 1968 fand in der DDR eine schleichende De-Nationalisierung statt: Der Begriff «deutsche Nation» wurde 1974 aus der DDR-Verfassung getilgt.[21] Die DDR-Hymne mit ihrer Formulierung «Deutschland einig Vaterland» wurde deshalb vorwiegend instrumental aufgeführt.[22] Jedoch knüpfte die DDR seit den 1980er Jahren wieder an den Begriff der ‹Kulturnation› an und eroberte sich aufgegebene Gebiete wieder zurück, während im Gegenzug in den Bildungsinstitutionen der Bundesrepublik die Nationalkultur mit ihren Klassikern entrümpelt wurde. Dort galt Kultur nämlich als bürgerlich, national und NS-kontaminiert.

Im Westen spaltete das Thema Nation nicht nur die Parteien, sondern vor allem auch die Generationen. Während ein Teil der Kriegsgeneration im Westen immer wieder versuchte, mit der Rhetorik der Nation zu punkten, war Patriotismus unter den 68ern verpönt. Ihre kritische Distanz und Wachsamkeit gegenüber allem Nationalen hatte ihre volle Berechtigung und historische Stunde. Sie hat sich inzwischen jedoch zu einer Haltung verstetigt, obwohl sich die historische Konstellation mehrfach grundlegend verändert hat. Zunächst wurde nach der Wiedervereinigung im In- und Ausland mit der Gefahr gerechnet, dass in Deutschland der Nationalismus wieder Auftrieb erhalten würde. Das war nicht der Fall, vielmehr begann der Prozess einer demokratischen Selbstverständigung über die Nation, der bis heute andauert. Soll der Bundestag von Bonn in die Hauptstadt Berlin umziehen? Was soll aus dem Deutschen Historischen Museum werden? Wie sieht eine Hauptstadt aus, die kein Provisorium ist? Welche Geschichte soll in die Stadt Berlin zurückkehren? Das waren nur einige der kulturpolitischen Fragen. Die Antworten ließen nicht lange auf sich warten. Mit dem Schloss ist die preußische Geschichte des 18. und 19. Jahrhunderts auf Kosten des Palastes der Republik und der DDR-Geschichte nach Berlin zurückgekehrt. Die Auseinandersetzung über dieses Thema findet weiterhin mit großer emotionaler Beteiligung der Bevölkerung statt, aber inzwischen wird immer öfter durch die Macht des Kapitals entschieden als durch demokratische Partizipation. Diese Fragen verlangen einen stärkeren Selbstverständigungsprozess und mehr Mitsprache über ein nationales Narrativ *nach* der Einheit, in dem die Geschichten des Westens einvernehmlich mit denen des Ostens zusammengeführt werden – nicht in der Form von Einheitsfolklore, sondern in Form der gegenseitigen Anerkennung von Differenz und Diversität in Bezug auf Entwicklungen, die wir für die Zukunft sichern und als Errungenschaften aufnehmen und erhalten wollen.

Holocaust und Nationalstolz, ‹positive› und ‹negative› Identität

Nach einem langen Vorlauf entstand in der Mitte Berlins 2005 auch als Wasserzeichen der neuen Nation das Holocaust-Mahnmal. Zwölf Jahre später wurde es von Björn Höcke in einer Rede erstmals öffentlich in Frage gestellt: «Wir Deutschen sind das einzige Volk der Welt, das sich ein Denkmal der Schande in das Herz seiner Hauptstadt gepflanzt hat.» Beides ist in der Tat singulär: sowohl das Verbrechen, an das das Denkmal erinnert, als auch die Tatsache, dass sich eine Nation öffentlich dazu bekennt und sich für alle Zukunft daran erinnert. Höckes Empörung findet Zustimmung unter denen, die ihre deutsche Identität auf einen ungebrochenen Nationalstolz gründen wollen. Manche, die in der DDR den Nationalstolz der Sieger teilen durften, stehen heute verständnislos einem nationalen Narrativ gegenüber, das die Täterschaft am Holocaust ins Zentrum der kollektiven Selbstdefinition rückt. Das wird von diesen Menschen nicht nur als Zumutung zurückgewiesen, sondern auch als eine Form von Selbsthass verurteilt. Sie wenden sich von diesem herrschenden Narrativ der Regierung und der Gesellschaft ab und umso dankbarer denen zu, die ihnen im Gegensatz dazu Kollektivstolz und nationale Ehre anbieten. Dazu gehört Alexander Gaulands Ausmalung einer 1000-jährigen heroischen deutschen Geschichte. In dieser fallen die leidigen zwölf Jahre Nationalsozialismus dann nicht mehr ins Gewicht und reduzieren sich von selbst auf einen «Vogelschiss».[23]

Tatsächlich sind die Bewohner der DDR ja durchgängig mit einem großen Nationalstolz erzogen worden, weil sie sich als Widerstandsnation und an der Seite der Russen als Sieger fühlen durften. Ihnen blieb deshalb die Demütigung erspart, sich in der Rolle der Täter und Täterkinder wiederzufinden. Vielleicht können sie deshalb das Konzept einer ethischen Wende im Medium der Erinnerungskultur nicht verstehen, geschweige denn akzeptieren? Diese Gruppe kann sich heute in keinem offiziellen Narrativ mehr wiederfinden. Über ihre positive DDR-Erfahrung ist die Geschichte hinweggegangen; Aufmerksamkeit und Anerkennung wurden ihnen verweigert. Ihr Nationalstolz hing plötzlich in der Luft. Es gab weit und breit nichts mehr, was ihn stützte. Wer sich im starken Staat der DDR eingerichtet und wohlgefühlt hatte, konnte sich im unübersichtlichen und schwachen Staat des wiedervereinigten Deutschlands kaum zurechtfinden. Umso willkommener waren dann die Angebote, die von rechten Bewegungen ausgingen bis hin zur Fundamentalopposition gegen den deutschen Staat. Wut und Enttäuschung, Resignation und Ressentiment führten dazu, dem neuen Staat die Gefolgschaft zu verweigern.

In einem Fachgespräch über «Pädagogische Konzepte und neue Vermittlungsformen bei der NS-Aufarbeitung» im Januar 2019 im Deutschen Bundestag war als Referent der AfD der Historiker Egon Flaig eingeladen. Er unterschied mit Blick auf den Holocaust kategorisch zwischen dem Wissen der Geschichtsforschung und dem kollektiven Gedächtnis eines nationalen Kollektivs. Eine Nation, so betonte er, müsse sich für ihren Zusammenhalt ausschließlich auf positive historische Ereignisse stützen, alles andere führe zu einer Schädigung der Gesellschaft und Traumatisierung nachwachsender Generationen. Dieses Denken ist weit verbreitet, auch wenn sich hier möglicherweise gerade eine Wende andeutet und das ‹deutsche Modell› der Erinnerung auch in anderen Ländern inzwischen Anerkennung und Nachahmung findet.[24] In den rechten Bewegungen dieses Landes ist die Frage nach der nationalen Identität dagegen aufs Engste mit dem Nationalstolz verbunden, was einer Anerkennung des Holocaust als zentralem Ereignis der deutschen Geschichte entgegensteht. Ein Internet-Kommentar auf der Webseite des Maxim-Gorki-Theaters fragt danach, «wie wir diese Menschen unterstützen können, wieder eine Identität zu entwickeln, bzw. zu spüren. Das geht sicher nicht, indem wir ihnen eine negativ besetzte Identitätsbeschreibung anbieten (wahlweise ‹Nazi› oder ‹Arschloch›). Ich kann mir nur sehr schwer vorstellen, dass jemand da freudig zugreift und sagt: ‹Ach so, danke, das wusste ich ja gar nicht. Juchhu, jetzt habe ich eine Identität›.»

Die Formulierung ‹negative Identität› ist nicht unproblematisch, weil sie den klaren Gegensatz zu einer ‹positiven Identität› aufbaut. Höckes Forderung ist ja völlig unstrittig, «die nachwachsende Generation mit den großen Wohltätern, den bekannten, weltbewegenden Philosophen, den Musikern, den genialen Entdeckern und Erfindern in Berührung zu bringen, von denen wir ja so viele haben» (wobei er noch hinzufügen muss: «vielleicht mehr als jedes andere Volk auf dieser Welt»). Wir feiern gerade das Beethovenjahr, letztes Jahr haben wir den Entdecker Alexander von Humboldt gefeiert und so weiter. Positive Impulse wie der Stolz auf solche Geistesgrößen und ihre Verehrung sind ein zentraler Bestandteil deutscher Kulturpolitik und finden viel Raum in Veranstaltungen und den Medien. Die Bereitschaft einer Nation, sich an Verbrechen in der eigenen Geschichte zu erinnern, sollte aber nicht länger pauschal unter das Vorzeichen ‹negativ› gestellt werden. Denn negativ ist hier allein die Geschichte, nicht aber die Erinnerung, ohne die in der Gesellschaft kein Wandlungsprozess eingeleitet werden kann. Statt von Schande, Schuld und negativer Identität sollte man in diesem Fall besser von Verantwortung, Erinnerung und Empathie sprechen. Diese Worte beschreiben viel besser jene ethische Haltung, zu der sich die Tätergeneration mit ihrer Reuelosigkeit, Verhärtung und Indifferenz ja gerade *nicht* hat durchringen können. Auch darauf nahm Bundespräsident Frank-Walter Steinmeier in seiner Rede zum 8. Mai 2020 Bezug. Er sprach von dem langen, schmerzhaften Weg «der Aufarbeitung und Aufklärung über Mitwisserschaft und Mittäterschaft, quälende Fragen in den Familien und zwischen den Generationen, (dem) Kampf gegen das Verschweigen und Verdrängen. Es waren Jahrzehnte, in denen viele Deutsche meiner Generation erst nach und nach ihren Frieden mit diesem Land gemacht haben.» Angesichts dieser Geschichte der Vergiftung des Nationalen durch Nationalsozialismus und Holocaust hatten die Westdeutschen lange Zeit gute Gründe, sich die Frage nach dem Nationalen grundsätzlich zu verbieten und für Abstinenz und Neutralität zu plädieren. Diese Voraussetzungen bestehen aber nicht mehr, nachdem ein innerer Lern- und Wandlungsprozess in der Bewertung der Geschichte stattgefunden hat. Der Soziologe M. Rainer Lepsius beschrieb diesen Wandel mithilfe der Begriffe ‹Externalisierung› und ‹Internalisierung›. *Externalisierung* bedeutet Verweigerung der Täterschaft, indem man sie auf andere Gruppen schiebt. *Internalisierung* bedeutet Annahme der Täterschaft, indem man sie sich zurechnet und dafür Verantwortung übernimmt – sprich: zum Gegenstand seiner Identität macht. Nach der Wende konnte man im Osten wahrnehmen, dass sich der Westen durch die Wende nicht gewandelt hat. Warum also sollte sich dann ausgerechnet der Osten wandeln und seinen Nationalstolz aufgeben?

Noch einmal Steinmeier: «Nicht das Bekenntnis zur Verantwortung ist eine Schande – das Leugnen ist eine Schande!» Ein

Hurra-Patriotismus ist in diesem Land nicht zu haben, aber auch die Schonzeit in Sachen nationale Identität ist abgelaufen, seit neonazistische Gruppen den Begriff der Nation zurückerobern und ihn mit ihren eigenen Inhalten besetzen. Die Erneuerung der Aufmerksamkeit für das Thema Nation heißt nicht, die antrainierte Selbstkritik aufzugeben, im Gegenteil. Die Ost-West-Spannung erweitert unsere Erfahrung und sorgt für die Kreuzung der Perspektiven. Warum sollte es nicht möglich sein, einen Grundkonsens über die deutsche Geschichte und ihre Gewaltexzesse herzustellen, aber auch diejenigen zu würdigen, die die Demokratie erhalten oder erneuert haben? Nur auf einer solchen Basis kann die Gesellschaft ihre Kräfte zusammenlegen und sich entschlossen den großen sozialen, ökologischen und ökonomischen Herausforderungen stellen.

Migration: Das neue Wir

Moderne, Mobilität und Migration

3M – das war früher mal das Logo einer Firma, die mit Bürobedarf zu tun hat. Heute hört man die drei M's häufiger in der Formel vom ‹**M**enschen **m**it **M**igrationshintergrund›. Das klingt schon fast wie eine Krankheitsdiagnose. Mobilität und Migration haben aber auch etwas mit einem dritten M zu tun, das in diesem Zusammenhang selten genannt wird: der Moderne. Aus einer Perspektive der Modernisierungskultur galt der Begriff ‹Heimat› deshalb auch lange als obsolet oder verdächtig. Heimat war in dieser Sicht eine geschichtslose Idylle, in der eine bestimmte Gruppe mit einem bestimmten Raum verschmolz und in diesem Schutzraum eine Identität hervorbrachte, die als authentisch, gewachsen, verankert und dauerhaft galt. Gegen diese Vorstellung von Heimat hat sich die Kultur der Modernisierung schon immer gewehrt und die Werte von Mobilität und Wandel ins Spiel gebracht. Der moderne Mensch – so die Gegenthese – muss sich von der Magie des Bodens lösen und das enge Band zum Herkunftsort kappen, wenn er die in ihm angelegten Potentiale entwickeln und sich selbst verwirklichen will. «Es bekommt der menschlichen Natur ebenso schlecht wie einer Kartoffel», schreibt Nathaniel Hawthorne, ein bedeutender amerikanischer Schriftsteller des 19. Jahrhunderts, «wenn sie über eine allzu lange Folge von Generationen immer wieder in denselben ausgelaugten Boden gepflanzt wird. Meine Kinder hatten andere Geburtsorte, und sie werden, sofern es in meiner Macht steht, ihr Glück anderswo suchen und ihre Wurzeln in fremde Erde treiben.»[25]

Modernisierung und Heimat, Mobilität und Verwurzelung stehen in einem dialektischen Verhältnis zueinander; sie bilden eine Spannung, die sich im Zeitalter der Globalisierung und Massenmigration neu sortiert. Während von einer mobilen Elite, die sich als kosmopolitisch begreift, das Überschreiten nationaler Grenzen als Lebensstil und Form der Selbstverwirklichung praktiziert wird, gilt Migration für andere, die keine Privilegien haben, existentiell bedroht sind, ihr Leben retten wollen und verzweifelt eine Zukunft suchen, als letzte Ressource schlechthin. Der Soziologe Anthony Giddens hat den Begriff der «Seinsgewissheit» eingeführt, um zu beschreiben, was im Zeitalter radikaler erzwungener Mobilität auf dem Spiel steht, nämlich «das Vertrauen in die Kontinuität der eigenen Identität, das eine stabile und als sinnhaft empfundene Bindung ermöglicht. Diese Seinsgewissheit entsteht immer dann, wenn das Subjekt in Übereinstimmung mit sich und seinen Erwartungen leben kann.»[26] Das klingt fast wie eine Paraphrase des Heimatbegriffs und definiert gleichzeitig das genaue Gegenteil von dem, was die Modernisierungstheorie der westlichen Kultur lange als Norm vorgegeben hat.

Leben in der Kultur der Moderne bedeutete nämlich gerade, einen permanenten *Bruch* zu vollziehen zwischen ‹Erfahrungsraum› und ‹Erwartungshorizont›, wie die kanonisierte Formel Reinhart Kosellecks für moderne Zeiterfahrung lautet. Das allein sei nämlich die Grundlage für Innovation, Wandel und Fortschritt, die das Selbstverständnis der westlichen Kultur und ihre Dynamik ausmachen. Wenn man diese vielzitierte Definition moderner Zeiterfahrung aber einmal nicht mit den Augen der Modernisierungstheorie, sondern mit denen menschlicher Lebensrealität betrachtet, kann sie ebenso gut das Trauma von erzwungener Migration und Heimatverlust ausdrücken. Eine Flucht produziert ja nichts anderes als einen absoluten Bruch zwischen Erfahrungsraum und Erwartungshorizont. Für die Geflüchteten ist der Erfahrungsraum und somit alles, was man war, kann und gelernt hat, mit einem Mal unzugänglich und unbrauchbar geworden, während der Erwartungshorizont, der zunächst von Phantasien und Hoffnungen und schließlich nur noch vom Überlebenswillen angetrieben wird, von realen Ängsten und Sorgen ausgefüllt ist. An die Stelle von Seinsgewissheit tritt die radikalste Form der Fremdheitserfahrung, denn am neuen Ort hat man seine Identität verloren, wird von Fremden als fremd bezeichnet und wird sich dabei selbst fremd. Mobilität ist grundsätzlich ambivalent: Während sie im Rahmen der Modernisierungstheorie zu einer Steigerung von Identität und Kompetenzen führen kann, ist sie im Fall von Flucht und Migration eine ultimative Überlebensstrategie, die die Kontinuität des Lebens zerbricht und die eigene Identität zerstört. Damit die auf ihr nacktes Überleben reduzierte Person wieder zu einer sozialen Person werden kann, bedarf sie einer neuen Heimat, in der die lebenswichtige Verbindung zwischen Erfahrungsraum und Erwartungshorizont neu aufgebaut und damit die Grundlage für ein selbstbestimmtes Leben geschaffen wird. Heimat ist das, was man verlässt, mit sich nimmt als Erinnerung und Sehnsuchtsanker, das man aber auch zurücklässt für andere, die es ihrerseits als Heimat entdecken können. Deshalb gehört zur ersten Heimat immer auch eine zweite und dritte Heimat, die man sich erwirbt und in die man aufgenommen werden kann. Mit *einer* Heimat kommen die meisten Menschen nicht mehr aus; sie müssen sich damit abfinden, dass eine Rückkehr aufgrund historischer und politischer Umstände oft nicht mehr möglich ist.

Heimat und Heimaten

Vor diesem Hintergrund verwundert es nicht, dass der obsolet geglaubte Heimatbegriff wieder in den aktiven Sprachgebrauch zurückgekehrt und zum Ausgangspunkt aktueller Reflexionen geworden ist. Dabei sind dem Begriff neue Bedeutungen zugewachsen, er befindet sich in einer fortgesetzten Experimentierphase. Im Wort ‹Heimat›, so schreibt Cornelia Koppetsch, «schwingen zarte Erinnerungen an Kirchturmglocken und gemähtes Gras aus Kindheitstagen mit; zugleich sind darin die drängendsten Probleme der Gegenwart kurzgeschlossen: Herkunft, Bleiberecht, Wanderung und vor allem das Streben nach Zugehörigkeit, Stabilität und Vertrautheit.»[27] Die Soziologin nimmt den traditionellen Heimatbegriff auf und verbindet ihn mit einer wirtschaftskritischen Analyse jener Bevölkerungsgruppe, die auf Heimat nicht angewiesen ist, weil sie im Sinne der Modernisierung und ihrer Erweiterung, der Globalisierung, auf Mobilität setzt und sich, wie die akademische Oberschicht auch, transnational ausrichtet. Koppetsch nennt sie die ‹Kosmopoliten›, die den Bezugsrahmen der Nation hinter sich lassen und in einen globalen Finanz- und Kultur-Kosmopolitismus der Großstädte und Metropolen investieren. Statt den Reichtum innerhalb der Gesellschaft gerechter zu verteilen, haben sich «Gesellschaften bereits sehr weitgehend aus der Klammer des Nationalstaates herausgelöst und die Welt in globale, nationale und lokale Zonen aufgeteilt». Durch die transnationalen Netzwerke des Finanz- und Kulturkapitalismus wird «die Identifikation mit dem Nationalstaat und seinen Einrichtungen geschwächt». Spiegelbildlich zu diesem privilegierten ‹transnationalen Oben› entsteht dabei das ‹transnationale Unten› der «Geringverdiener aus unterschiedlichen Weltregionen», die ein ebenso mobiles, aber nicht-privilegiertes «modernes transnationales Dienstleistungsproletariat» bilden. Hinzu kommt noch eine weitere soziale Gruppe, die kein Interesse an Mobilität hat. Diese mittlere und untere Mittelschicht ist in Regionen und Kleinstädten verankert. Sie wehrt sich gegen Kosmopolitismus und Globalisierung, denn sie ist an der Erhaltung eines nationalen Wirtschafts- und Wohlfahrtsraums interessiert. Diese Mittelschicht, so könnte man Koppetschs wirtschaftskritische These mit Blick auf dieses Buch ergänzen, orientiert sich national und, je negativer die Entwicklung für sie ausgeht und je mehr Fremde als Konkurrenten auf der Bildfläche erscheinen, auch zunehmend nationalistisch. Während Heimat für die einen eine Wahlmöglichkeit ist, ist sie für die anderen ein Schicksal, an dem sie nichts ändern können. Der Fokus von Koppetschs Analyse richtet sich auf den ökonomischen und kulturellen Spalt in der Gesellschaft, der sich zwischen mobilen und immobilen Gruppen der Gesellschaft auftut und der sich gerade auch im aktuellen Kampf um den Heimatbegriff zeigt: «Äußerungen eines nationalen, regionalen oder separatistischen Heimatbewusstseins ziehen stets eine wahre Bekenntnisflut zur Weltoffenheit seitens der Kosmopoliten nach sich.»[28]

Koppetsch erwähnt in ihrem Artikel drei Gruppen von Menschen: die, die sich bewegen *wollen* (die Kosmopoliten), die, die sich bewegen *müssen* (Saisonarbeiter und Geringverdiener), und eine dritte Gruppe derer, die sich *nicht bewegen*, weil weder Privilegien ihnen dies ermöglichen noch die Not sie dazu zwingt. Aber von Menschen, die geflüchtet oder auf der Flucht sind, ist in ihrem Artikel nicht die Rede. Auf diese Gruppe möchte ich im Folgenden eingehen, denn diese Menschen sind auf dem Weg, unsere Mitbürger*innen zu werden. Sie *müssen sich bewegen*, um ihre Existenz zu retten. Sie fliehen, weil ihre Häuser durch Kriege zerbombt sind, weil sie von Gefahren bedroht sind, weil globale Misswirtschaft ihnen die Grundlagen ihrer ökonomischen Existenz entzieht oder weil durch Umweltschäden und Katastrophen die Böden ihrer Heimat sie nicht mehr ernähren können. Im Jahr 2020 sind weltweit fast 80 Millionen Menschen auf der Flucht, von denen 10 Millionen allein 2019 geflohen sind. In Deutschland steht das Thema Flucht und Migration seit Sommer 2015 auf der Tagesordnung. Damals kamen eine Million Migranten an europäischen Grenzen an, denen Einlass gewährt wurde. Seither gibt es in der deutschen Gesellschaft sowohl jene, die sich um ihre Aufnahme kümmern und für ihre Integration arbeiten, als auch jene, die nicht aufhören, gegen die Ankunft der Migranten zu protestieren. Die einen sind eher bereit, diese Zuwanderer als eine Ressource für das Land anzusehen, während sie von den ‹Immobilen› vorrangig im Modus der Fremdenfeindlichkeit, Konkurrenz und Bedrohung wahrgenommen werden. Diese Gruppe sieht sich durch die Migranten noch weiter an den Rand der Gesellschaft gedrängt. Sie kämpft für ihre ökonomische Existenz und nimmt die Migranten als direkte Konkurrenten der staatlichen Versorgung wahr. Die Immobilen werden zu Globalisierungsgegnern und rüsten ihre nationale Identität und ihren Heimatbegriff auf, denn sie befürchten «eine kulturelle Enteignung, eine gesellschaftliche Usurpation des eigenen Lebensraums und der eigenen Lebensweise durch die Kultur der Zugewanderten».[29]

In ihrer Publikation *Die neuen Deutschen* gehen Herfried und Marina Münkler ebenfalls von unterschiedlichen Perspektiven auf das Thema Flüchtlinge aus. Man kann sie entweder als Last und Bedrohung oder als Chance für unsere Gesellschaft sehen. Sie verschweigen nicht, dass die Migration zunächst einmal eine enorme Belastung für Länder, Kommunen und Staatshaushalt darstellt, entscheiden sich aber dennoch für die zweite Alternative, und zwar mit einem schlauen Grund: «Wer auf das Scheitern der Integration setzt, verliert in jedem Fall, und wer auf den Erfolg setzt, hat eine Gewinnchance.»[30]

Umbau des nationalen Wir

Die Selbstbeschreibung der Nation war lange Zeit dem Idealbild von Heimat verpflichtet: Sie schuf einen homogenen Raum der «Seinsgewissheit», in dem die Bewohner in *einem* Territorium *eine* Sprache sprachen, *eine* Religion bzw. Kultur miteinander teilten und sich als Abkömmlinge *einer* gemeinsamen Geschichte imaginieren durften. Von diesem Einheitsmodell hat sich die Gesellschaft im Jahr 2000 durch ein neues Staatsangehörigkeitsrecht der damaligen rot-grünen Regierung verabschiedet. Deutschland wurde damit juristisch zu einem Einwanderungsland. Auf der Basis dieses neuen Rechts werden jährlich 100 000 Menschen eingebürgert; damit ist das Reservoir jedoch keineswegs ausgeschöpft. Die Nachfrage ist gar nicht so groß; vielen reicht offenbar die Niederlassungserlaubnis. In einem Rundfunk-Interview sieht Daniel Thym, Rechtsberater der Regierung in Sachen Asyl und Einbürgerung, drei Gründe für die mangelnde Nachfrage in Sachen Staatsangehörigkeit: Erstens werbe die Regierung nicht genug dafür, zweitens müssen diejenigen, die das deutsche Staatsbürgerrecht annehmen, das bereits bestehende zurückgeben, was für viele nicht praktikabel ist, und drittens gebe es unter den Migranten die Sorge, in diesem Staat nicht als gleichberechtigtes Mitglied der Gesellschaft anerkannt zu werden.[31]

Der Umbau der Nation zur Einwanderungsgesellschaft ist in vollem Gange. Dabei hat die Diversität der deutschen Bevölkerung in den letzten zwei Jahrzehnten erheblich zugenommen. Nach dem Fall der Mauer galt der Satz von Willy Brandt: «Jetzt wächst zusammen, was zusammengehört!» 1989 variierte ihn der Soziologe Ulrich Beck im Zusammenhang der Multikulturalismus-Debatte: «Jetzt wächst zusammen, was nicht zusammen gehört.»[32] Das klingt heute wie das Statement eines AfD-Politikers, aber er fasst auch zusammen, was überall unübersehbare Realität geworden ist. Die gemeinsame Lebenswelt teilen sich die ansässigen Deutschen inzwischen mit 11,2 Millionen Ausländern. Ohne diesen Zustrom wäre die Bevölkerungszahl seit 1970 rückläufig. Diese Zuwanderung hat den östlichen Teil Deutschlands deutlich stärker verändert als den westlichen Teil, weil im Westen der Ausländeranteil immer schon erheblich höher war.[33] Die neue Diversität wird nicht mehr nur von sozialen und politischen, sondern immer stärker auch von ethnischen, religiösen und kulturellen Differenzen bestimmt. Es ist offensichtlich, dass sich damit ganz neue Fragen und Herausforderungen für den Heimat- und Nationsbegriff ergeben.

Als das wiedervereinigte Deutschland sich gerade darauf umstellte, eine Einwanderungsgesellschaft zu werden, wurde diese Gesellschaft durch die Serie der NSU-Morde ins Mark getroffen. Der ‹Schock vom 4. November 2011› machte mit dem Selbstmord zweier rechtsradikaler Täter offenbar, dass diese ein Jahrzehnt lang ungehindert von deutschen Behörden eine Mordserie durchführen konnten, der neun Zuwanderer mit türkischen Wurzeln und eine Polizistin zum Opfer fielen. Rassismus und Antisemitismus ziehen ihre Blutspur durch die beiden ersten Jahrzehnte des 21. Jahrhunderts. Die Morde von Halle und Hanau sowie die Zunahme von Hassverbrechen zeigen, wie schwierig der Weg in eine auf Diversität und gegenseitige Anerkennung und Solidarität gegründete Gesellschaft ist. Es fanden inzwischen öffentliche Trauerveranstaltungen und Demonstrationen statt, die immerhin zeigen, dass die Bereitschaft zur Solidarisierung mit den Opfern deutlich gestiegen ist und die ganze Gesellschaft von diesem fortschreitenden Rassismus ins Herz getroffen ist.[34]

Erweiterung des Narrativs: Die Kolonialgeschichte

Es besteht ein großer Unterschied zwischen dem allgemeinen Wissensstand akademischer historischer Forschung einerseits und dem gesellschaftlich akzeptierten Narrativ im Bewusstsein einer Nation andererseits. In Deutschland ist die Verankerung der Singularität des Holocaust durch eine Reihe von irreversiblen Schritten als eine verpflichtende nationale Erinnerung etabliert, wozu der Historikerstreit 1986, die Stockholm-Konferenz mit Gründung der *International Holocaust Remembrance Alliance* 2000, der 1996 eingeführte «Tag des Gedenkens an die Opfer des Nationalsozialismus» am 27. Januar und das Denkmal für die ermordeten Juden Europas 2005 gehören. Andere Opfer deutscher Gewaltgeschichten bleiben demgegenüber weitgehend im Dunkel des Vergessens, Verdrängens und Ignorierens. Hier sind wir wieder bei Maurice Halbwachs' ‹Gedächtnisrahmen› und seiner ausschließenden Wirkung. Eine Erweiterung des nationalen Gedächtnisses ist hier überfällig, nicht nur in Bezug auf die Opfer der deutschen Besatzungspolitik und des Vernichtungskriegs in ganz Europa, sondern auch mit Blick auf die Opfer deutscher Kolonialgewalt. Es gibt gerade verschiedene Impulse, die uns auf diese vermeintlich ferne Geschichte verweisen und zeigen, dass auch sie durchaus noch ein Teil unserer Gegenwart ist. Dazu gehören die ‹Black Lives Matter›-Demos der in den USA angestoßenen Anti-Rassismus-Bewegung, der Streit um Denkmäler und Straßennamen im öffentlichen Raum, die neue Ausrichtung des Humboldt Forums im Berliner Schloss und schließlich die Migranten selbst, die ihre Kolonialgeschichte mitbringen. Kolonialgeschichte und Migrationsgeschichte überschneiden sich dabei zunehmend in deutschen Städten.

Koloniale Vergangenheit in Bremen und Berlin

In vielen deutschen Städten finden sich in den Namen der Straßen und Plätze Spuren der Kolonialgeschichte, doch in Bremen gibt es auch ein Denkmal zu diesem Thema. Das historische Relikt aus der Kolonialzeit wird heute als «antikoloniales Denkmal» bezeichnet. Es ist zehn Meter hoch und hat die Form eines großen Elefanten aus dunkelrot glasierten Ziegelsteinen. Die Bedeutung dieses Denkmals hat sich im Laufe der Zeit mehrmals radikal geändert. Die Vorgeschichte reicht an den Anfang des 20. Jahrhunderts zurück. Es waren Kaufleute der Stadt Bremen mit ihrem Welthafen und einer langen Tradition des Überseehandels, die sich als aktive Unternehmer an der kolonialen Expansion des Deutschen Reiches beteiligten. Der Erste Weltkrieg und die darauffolgende Wirtschaftskrise brachen diese Entwicklung ab. Die Niederlage Deutschlands im Ersten Weltkrieg führte zum Verlust seiner Kolonien in Afrika. Vor diesem Hintergrund ist es überraschend, dass in Bremen 1932 ein «Reichs-Kolonial-Ehren-Denkmal» errichtet und eingeweiht wurde. Tatsächlich war dieses Denkmal, das «unseren Kolonien» und den fern der Heimat in den Kolonialkriegen gefallenen deutschen Soldaten gewidmet war, eine internationale Provokation und ein klarer Verstoß gegen die Statuten des Völkerrechts. Ein Jahr später aber lag es wieder voll im Trend der Zeit, denn der NS-Staat war entschlossen, Deutschlands stolze Tradition als Kolonialnation neu zu beleben. Ziel und Zweck des Denkmals kamen in den Reden der Einweihungsfeier deutlich zum Ausdruck: «Eine große Nation braucht Kolonien, um zu leben. Das Ziel der Kolonialpolitik ist nicht die Verbreitung von Kultur, sondern das Überleben. (…) Ohne Kolonien wird eine blühende Nation erstickt. Kolonien sind der Ausdruck der Lebenskraft einer Nation.»[35]

Nach dem Zweiten Weltkrieg wurden die Namen der deutschen Kolonien und ihrer militärischen Führer stillschweigend entfernt, und ein Buch des Gedenkens an die gefallenen Soldaten der Kolonialkriege wurde ins Stadtarchiv überführt. Damit fiel das Denkmal in den Status einer bloßen Tierskulptur zurück, die ebenso gut als Eingangssymbol für jeden Zoo hätte dienen können. Dieser Zustand der Neutralisierung von Geschichte endete 1989, als das Denkmal einen neuen Namen und eine neue Inschrift erhielt. In diesem Jahr schloss sich Bremen der Bewegung «Städte gegen die Apartheid» an. 1990 fand die Umwandlung der ehemaligen deutschen Kolonie Deutsch-Südwestafrika in den unabhängigen afrikanischen Staat Namibia statt. Als 1996 der neue namibische Präsident Bremen besuchte, wurde der Elefant zu einem post- und antikolonialen Denkmal. In Anwesenheit des Präsidenten wurde das Denkmal mit zwei neuen Bronzetafeln und einer gemeinsamen Deutung der Geschichte eingeweiht. Die eine Tafel drückt die Trauer um die afrikanischen Opfer der deutschen Kolonialherrschaft von 1884 bis 1914 aus, die andere öffnet die koloniale und postkoloniale Geschichte Bremens in die Zukunft: «Afrika hat in der Stadt Bremen neue Freunde gefunden. Das Denkmal ist ein Symbol für die Verantwortung, die sich aus unserer Geschichte ergibt».[36]

Noch heute spiegelt sich die deutsche Kolonialgeschichte in

vielen Straßennamen und anderen Überbleibseln wie Zoos, Museen und wissenschaftlichen Sammlungen an Universitäten wider.[37] Der Elefant ist jedoch das bei weitem größte und auffälligste Kolonialdenkmal Deutschlands und ein mächtiges Symbol, das eine mehr als hundertjährige leidvolle Geschichte verkörpert. Die Stadt unterstützt gemeinsame Projekte zwischen Bremen und Windhoek. Unter dem Namen ‹Elefant!› wurde ein Bürgerverein für Vielfalt und Toleranz gegründet, der Projekte initiiert und sich mit den Nachwirkungen der Geschichte Bremens in der Gegenwart beschäftigt. Verschiedene Institutionen wie Universität, Schulen und historische Museen sind mit der Dekolonisierung der Stadt beschäftigt. Gleichzeitig ist durch die aktuellen Migranten das Denkmal des Elefanten zu einer symbolischen Kontaktzone für die ehemaligen Kolonisatoren und Kolonisierten geworden. Es bietet mitten in der Stadt eine politische Bühne für entgegengesetzte historische Erfahrungen, Diskussionen sowie beabsichtigte und unbeabsichtigte Reenactments.

Am 11. August 2019 zum Beispiel veranstalteten die Bremer Bürger*innen am Elefanten eine Gedenkfeier 115 Jahre nach dem Beginn des Völkermords an den Herero und Nama im Jahr 1904, dem ersten Völkermord des 20. Jahrhunderts. Kurz darauf fand am Elefanten eine Demonstration des Vereins «Gemeinsam sind wir Bremen» (Together We Are Bremen, TWAB) statt, der sich aus Bremer Migranten und Aktivisten zusammensetzt. Sie protestierten gegen die Unterbringung in einer Massenunterkunft und Abschiebungen und forderten Aufenthaltserlaubnis, bessere Existenzbedingungen und Bildung für alle. Die afrikanischen Migranten nutzten dabei das Denkmal, um ihre Stimmung auszudrücken und ihre Forderung zu untermauern. Dabei erinnerten sie die Bewohner der Stadt: «Das letzte Mal kamt ihr zu uns, jetzt sind wir es, die zu euch gekommen sind!» Vor dem Elefanten sagte einer von ihnen: «Dies ist ein Denkmal, das mir und meinen afrikanischen Mitbürgern sehr viel bedeutet! Dies ist ein Denkmal, das für Grausamkeit in ihrer höchsten Form, für Barbarei und Ausbeutung in ihrer höchsten Form steht!»[38] Auf diese Weise ist das Denkmal zu einem historischen Zeugen geworden, in dessen Gegenwart unterschiedliche Perspektiven ausgesprochen werden und die Bürger der Stadt mit den Migranten aufgefordert sind, ihre jeweiligen Teile einer langen und gewaltsamen Beziehungsgeschichte zwischen Deutschland, Europa und dem afrikanischen Kontinent zusammenzufügen.

Auf einem ganz anderen Wege ist die Kolonialgeschichte in die Hauptstadt Berlin zurückgekehrt. Nach dem Zweiten Weltkrieg wurde in der DDR vieles von dem, was noch stand, unter dem Vorwand abgerissen, dass es mit den Werten des neuen Regimes nicht mehr vereinbar sei. In den ‹Sechzehn Grundsätzen des Städtebaus› von 1950 wurde unter anderem die Umwandlung des Stadtkerns in eine politische Bühne gefordert: «Auf den Plätzen im Stadtzentrum finden die politischen Demonstrationen, die Aufmarschplätze und die Volksfeiern an Festtagen statt. Das Zentrum der Stadt wird mit den wichtigsten und monumentalsten Gebäuden bebaut, beherrscht die architektonische Komposition des Stadtplanes und bestimmt die architektonische Silhouette der Stadt.»[39] In diesem Sinne rechtfertigte Walter Ulbricht im Jahre 1950 den Abriss des Berliner Schlosses, um es durch den Palast der Republik zu ersetzen: «Das Zentrum unserer Hauptstadt, der Lustgarten und das Gebiet der jetzigen Schlossruine, müssen zu dem großen Demonstrationsplatz werden, auf dem der Kampfwille und Aufbauwille unseres Volkes Ausdruck finden.» Auf dieses Ping nach dem politischen Systemwechsel von 1950 folgte das Pong nach einem weiteren politischen Regimewechsel knapp 60 Jahre später. 2013 fiel die Entscheidung für die Rekonstruktion der Winterresidenz der Hohenzollern.

Das riesige Schloss ist inzwischen in die Silhouette der Stadt in der Mitte Berlins zurückgekehrt. Die Eröffnung ist für den Dezember 2020 geplant. Da es in Deutschland keine monarchische Tradition mehr gibt, ist noch nicht ganz klar, wofür der neue Bau gedacht ist. Die Frage nach dem Nutzungskonzept hat sich inzwischen auf die Frage nach der Bespielung des ‹Humboldt Forums› verlagert, eine Seite des Schlosses, die als moderner Neubau gestaltet ist. Während der Name des weltreisenden Forschers Alexander von Humboldt zunächst eine *globalgeschichtliche* Perspektive eröffnete, die die Weltoffenheit der Stadt Berlin demonstrieren sollte, steht der Name ‹Humboldt Forum› nun für eine *kolonialgeschichtliche und eurozentrische* Perspektive, die Deutschland unter Erinnerungsdruck setzt und mit einem bislang noch kaum diskutierten Erbe in Beziehung bringt. Die Zeit von 1871 bis 1918, als Berlin Hauptstadt und das Hohenzollernschloss kaiserliche Residenz war, war nämlich auch die Zeit der imperialen Expansion, in der Deutschland, die ‹verspätete Nation›, versuchte, mit anderen europäischen Nationen als Kolonialmacht gleichzuziehen. In dieser Zeit florierte nicht nur die Wirtschaft – man kann von einem Turbo-Kapitalismus sprechen, den man heute noch an den stattlichen Häuserzeilen der ‹Gründerzeit› ablesen kann –, sondern auch die Wissenschaft, zu der damals auch die ‹Rassenkunde› gehörte. Für diese neue Disziplin des ausgehenden 19. Jahrhunderts, die es heute nicht mehr gibt, sammelte man damals unendlich viele Schädel, so wie man heute Datensätze sammelt. Man glaubte, nur Schädel an Schädel reihen zu müssen, um wichtige wissenschaftliche Erkenntnisse über die Genetik zu gewinnen. Und so gibt es in den ethnologischen Sammlungen unter den Kunstgegenständen nicht nur sehr viel Raubgut mit offenen Fragen nach der Herkunft von Exponaten, sondern es besteht auch die Notwendigkeit, diese menschlichen Überreste in einer würdigen Weise zurückzugeben.

Die koloniale Expansion, die von Europa ausging, ist ein negatives Erbe, das viele Nationen in Europa teilen. Der Rassismus, der sie stützte, ist die Schattenseite der europäischen Aufklärung und bis heute ein blinder Fleck im europäischen Selbstverständnis geblieben. Der Menschheitsbegriff der Aufklärung ist das stolze Erbe, das in die Grundlagen der westlichen Demokratien eingegangen ist: «Alle Menschen sind frei und gleich an Würde und Rechten geboren» lautet Artikel 1 der Menschenrechte. Nur wird dabei übersehen, dass dieser Menschheitsbegriff bis heute unvollständig geblieben ist, weil er die dunkelhäutige Bevölkerung nicht de jure, aber de facto weiterhin ausschließt und ihre Leidensgeschichte mit den Europäern nicht anerkennt. An dieser kolonialen Ausbeutungs- und Gewaltgeschichte klebt Blut; sie ist mit einer historischen Schuld beladen. Diese Geschichte hatten die Deutschen schon fast ganz vergessen, doch mit der Einrichtung des Humboldt Forums fiel sie ihnen plötzlich auf die Füße.

Die unterschiedliche Geschichte des Schlosses und des Humboldt Forums kann man sehr gut mit Prousts Begrifflichkeit einer gesteuerten (‹mémoire volontaire›) und einer ungesteuerten Erinnerung (‹mémoire involontaire›) beschreiben. Mitten im Prozess der architektonischen Rekonstruktion und Zurückholung eines Gebäudes, das der Stadt imperialen preußischen Glanz verleihen soll, ist ein Ort entstanden, der die lange verdrängte und verneinte Kolonialgeschichte in den Mittelpunkt öffentlicher Aufmerksamkeit rückt. In diesem Bau stoßen die Konturen eines freiwilligen und eines unfreiwilligen kulturellen Erbes hart aufeinander. Ohne dass irgend jemand das so geplant hätte, gibt es plötzlich in Berlin eine Bühne und einen konkreten Rahmen, in dem dieses verleugnete europäische Erbe in seiner deutschen Variante zum Gegenstand historischer Aufklärung und gesellschaftlicher Diskussion wird. Auch dieses Beispiel zeigt: Die afrikanischen

Migranten sind hier, weil die Europäer zuvor bei ihnen waren. Auch hier verbindet sich die Kolonialgeschichte mit der gegenwärtigen Migrationsgeschichte und zeigt die Dringlichkeit, diese beiden Perspektiven endlich zusammenzuführen und als eine Beziehungsgeschichte zu verstehen.

Verknüpfte Erinnerungen – ‹touching tales›

Braucht man für die Integration von Migranten überhaupt die Konstruktion eines neuen Wir? Sollte die Einwanderungsgeschichte in Deutschland nicht lieber ohne die symbolische Stütze eines Kollektivsubjekts wie die Nation auskommen? Reicht nicht der Rechtsstaat mit seinem Staatsangehörigkeitsrecht? Warum sollte den Neubürgern nicht ein Verfassungspatriotismus reichen? Diese Frage hat Micha Brumlik Jan Plamper, dem Autor des Buches *Das neue Wir*, in einer Rezension gestellt.[40] Wie viele andere auch ist Brumlik nicht bereit, zwischen liberaler demokratischer Nation und nationalistisch ausgrenzender Nation zu unterscheiden; allein das Wort ‹Nation› ist für ihn ein Schritt auf dem unweigerlichen Weg zu einer national(sozial)istischen ‹Volksgemeinschaft›. Aber wer sagt denn, dass Nation automatisch ethnische Homogenität bedeuten muss? Wenn es kein positives normatives Modell für eine ethnisch diverse Nation gibt, dann haben die Neonazis bereits gewonnen, die den Diskurs über die Nation mit ihren Hetzreden, Narrativen, Liedern und Symbolen besetzt haben. Die Tabuisierung der Nation unter wohlmeinenden Linken und der Mangel an gesellschaftlicher Verständigung über dieses Thema hat nämlich nicht nur zu einem allgemeinen Desinteresse, sondern auch zu einem Mangel an Information, Aufklärung und Orientierung über den Begriff der Nation geführt. Plamper gehört zu den überzeugten Demokraten, die den Nationalstaat für eine wichtige ‹Integrationsmaschine› halten; Herfried und Marina Münkler sprechen von der Nation als einem ‹Solidaritätsgenerator›. Die Migranten, die in dieses Land kommen, erwarten nicht nur Schutz und Arbeit, sondern auch Partizipation am kulturellen Leben der Gesellschaft. Das ist leichter umzusetzen, wenn sie sich für ihre Sicherheit nicht nur auf die Verfassung des Rechtsstaats verlassen, sondern auch in Kontakt treten mit der sozialen und historischen Umwelt des Aufnahmelandes und ihre eigenen kulturellen Traditionen in die nationale Kultur einbringen können. Kulturelle Partizipation ist eine wichtige Ressource für Integration. Wenn dieser Weg von vornherein abgeschnitten ist, wird der Ruf des Herkunftslands die dominante symbolische Orientierung bleiben und die Entstehung von Parallelgesellschaften fördern.

Der Historiker Jan Plamper hat mit seinem Buch *Das neue Wir* ein neues Narrativ für die deutsche Einwanderungsgesellschaft vorgeschlagen.[41] Er erzählt dabei die deutsche Geschichte als eine Folge von Migrationsgeschichten mit den beiden Brennpunkten 1945 und 1989. Damit erscheint die Migrationsentwicklung von 2015 nicht mehr als absolute Ausnahme, sondern im Gegenteil als ein Muster in der Geschichte. Flucht- und Migrationserfahrungen sind einmalig, deshalb sollte man sie nicht miteinander vermischen. Aber man kann sie miteinander verknüpfen, um ein tieferes Verständnis dafür zu gewinnen und von einem Fall für den anderen zu lernen. Die amerikanische Germanistin Leslie Adelson hat für solche verknüpfte Gewalterfahrungen den Begriff der ‹touching tales› geprägt.[42] Sie erweisen sich in der Arbeit mit Migranten als eine wichtige Ressource für gesellschaftliche Partizipation und Integration. Ein konkretes Beispiel dafür hat mir 2018 eine Bekannte mitgeteilt, die in den 1960er Jahren im Zuge der Arbeitsmigration aus Jugoslawien nach Deutschland einwanderte. Drei Jahrzehnte später hat sie sich bei der Aufnahme von Kriegsflüchtlingen des Balkankriegs engagiert. Ich zitiere aus ihrem Brief:

> Während meiner Arbeit mit Flüchtlingen aus dem ehemaligen Jugoslawien, wo in den 1990ern der erste europäische Krieg nach dem 2. WK ausgebrochen war, haben wir (...) viel Hilfe von Deutschen bekommen, die selbst Vertriebene oder Ausgebombte waren. Von ihren eigenen Erlebnissen erzählten diese Menschen zögerlich erst nach mehreren Jahren. Ich habe in den 1990ern bei öffentlichen Auftritten auch darüber gesprochen, dass die Deutschen es als «Tätervolk» besonders schwer haben, über ihr Trauma zu sprechen. Bei diesen Anlässen machte ich Bekanntschaft mit älteren Deutschen, die häufig sehr bewegt waren. Sie erzählten mir, das sei das erste Mal, dass jemand auch sie als Opfer des Krieges anerkannt hätte. Nach einer Veranstaltung hat sich eine vertrauensvolle und gute Zusammenarbeit mit Sibylle Dreher, der Vorsitzenden des Frauenverbandes im Bund der Vertriebenen, erschlossen. Wir organisierten gemeinsame Seminare, Kongresse, Vorträge, Begegnungen, Erzählungen.[43]

Diese Bekannte machte mir auch deutlich, wie eng die verschiedenen Flüchtlingsgeschichten miteinander verknüpft sind. Mit der Ankunft von Flüchtlingen aus dem ehemaligen Jugoslawien wurden deren Erfahrungen in ganz Europa verbreitet. So, wie erst im Lichte des Vietnamkriegs der Trauma-Begriff 1980 wiederentdeckt und als Teil einer medizinischen Diagnose allgemein anerkannt wurde, was dann auch den Opfern des Holocaust zugute kam, so wurde auch in Deutschland erst im Lichte der Schrecken des Jugoslawienkriegs das Trauma von Flucht und Vertreibung auf neue Weise sichtbar und zugänglich.

Neue Heimat

‹Neue Heimat› – so hieß die Baugenossenschaft, die im ausgebombten Nachkriegsdeutschland den Wiederaufbau organisierte. Damals galt es, auch 14 Millionen Geflüchteten und Vertriebenen ein Dach über dem Kopf zu bieten. Nach 1989 entstand in den neuen Bundesländern wieder eine «neue Heimat», diesmal vor allem durch Systemwechsel, Sanierung und Rekonstruktionen, die zu einem erheblichen Teil die alte Heimat der DDR-Bewohner*innen auslöschte. Die Aufgabe, eine weitere neue Heimat zu schaffen, betrifft nach 2015 den Westen wie den Osten. Tiefgreifende Veränderungen sind längst im Gange und die neue Herausforderung besteht darin, diesen Übergang gemeinsam und konstruktiv zu gestalten. Die aktuelle Frage lautet jetzt: Wie kann Deutschland für die, die ihre Heimat verlassen oder durch Krieg und Gewalt verloren haben, zu einer zweiten Heimat werden? Dafür bedarf es einer Gesellschaft, die den Migranten nicht mit Misstrauen, Abwehr oder gar Hass begegnet, sondern ihnen Sicherheit, Schutz und Raum für Entwicklungsmöglichkeiten bietet. Dabei müssen die Einheimischen ein Verständnis für den schwierigen Transformationsprozess der Einwanderer entwickeln, den Cornelia Koppetsch anschaulich schildert: «Tatsächlich verliert man wesentliche Teile von sich, wenn man in ein anderes Land auswandert. Zunächst verliert man die eigene Sprache, dann die Identität: als Bürgerin oder als Tochter oder Sohn, als Angehörige einer ethnischen Gruppierung, als Eingeborene. Nach und nach jedoch kann dann der Verlust zur Bereicherung führen: Man lernt eine neue Sprache, nimmt eine neue Identität an und gewinnt eine neue Heimat – im Idealfall.»[44] Verständnis der Einheimischen für die Zugewanderten ist die eine Seite, Respekt der Zugewanderten für die Regeln eines zivilen Umgangs im Aufnahmeland ist die andere

Seite. Die Formierung von gewalttätigen Gruppen, die Menschen terrorisieren und Krawalle schüren, ist ein Fall für die Polizei.

Die wichtigste Voraussetzung fürs Dazugehören ist die Überwindung der Fremdheit. «Wer seine Wurzeln verloren hat, ist nie wieder ganz zu Hause», sagte der Germanist John Spalek, der 1928 in Warschau geboren wurde und mit seiner Familie vor den Sowjets in die USA floh. Er blieb dort Emigrant und unterstützte andere Emigranten. Diesen Schritt hat er nicht bereut, denn er war in New York zwar nicht ganz zu Hause, hat dort aber eine zweite Heimat gefunden. Er fühlte sich angenommen und konnte Fuß fassen, denn «hier fragt mich niemand, wo ich herkomme».[45] Das Gefühl, angekommen und angenommen zu sein, ein selbstverständliches und selbstbestimmtes Leben zu führen, nicht immer auffallen, keine ständigen Nachfragen, das ist es, was eine zweite Heimat bieten kann.[46]

Ein großer Teil der Zugewanderten ist längst in den Regionen angekommen und verwurzelt. Vertreter der zweiten türkischen Einwanderergeneration erheben Anspruch auf Heimatgenossenschaft und brillieren, wie zum Beispiel der Stadien füllende Comedian Bülent Ceylan mit seinem makellosen Mannheimer Dialekt. Comedy und Unterhaltungsmedien sind ein Erfolgsrezept, aber was kommt sonst von Migranten in der Mitte der Gesellschaft an? Was teilen sie mit der Aufnahmegesellschaft außer dem Raum, den sie bewohnen? Gibt es Museen, die ihre Geschichten präsentieren, oder Denkmäler und symbolische Zeichen für Migranten im öffentlichen Raum? Welche Geschichten, die diese Migranten mitgebracht oder erlebt haben, kommen in der Mitte der Gesellschaft an? Erst wenn der öffentliche Raum und das Gedächtnis der Nation sich mit solchen Geschichten anreichern, kann der Heimatbegriff vielfältiger und vielstimmiger werden. Heimat wird ja in vielen Formen erlebt und tradiert: nicht nur in Landschaft und Architektur, sondern auch in vielen kulturellen Praktiken, die man über die Grenzen mitnehmen kann wie Sprache, Geschichten, Gedichte, Gebete, Rezepte, Bilder oder Musik. Die Landschaft und die gebaute Umwelt bleiben zurück, aber die anderen Mitbringsel können in einer neuen Heimat Platz finden. ‹Neue Heimat› bedeutet dann, diesen Raum des Zusammenlebens gemeinsam zu definieren.

Das Subversive am neuen Heimatbegriff könnte heute die Fokussierung auf das Lokale und Regionale sein, auf die Stadt, die Region oder die Landschaft. Während die Politik den politischen Rahmen für den abstrakten Staat und die abstrakte Nation von oben festlegt, leben, erleben und gestalten die Bewohner ihre räumliche Nachbarschaft weitgehend selbst und legen dabei Sinn und Bedeutung des Raums von unten fest. Durch ihre Handlungen und Beziehungen, Aktivitäten und Projekte stellen sie Heimat performativ her und gestalten sie um, indem sie andere ausschließen oder einschließen, und das heißt zugleich: indem sie füreinander einstehen, sich anerkennen, sich gegenseitig ihrer Orientierungen vergewissern und neue Formen des Zusammenlebens erproben. Alles, was in dem Wort Heimat steckt, entscheidet sich am Schluss vor Ort. Dort ist Heimat immer im Umbau.

Corona und Gemeinsinn: Krise und Chance

Was ist Gemeinsinn?

Von dem Philosophen Karl Jaspers stammt der Satz: «Wahr ist, was uns verbindet.» Man kann diesen Satz aber erst richtig verstehen, wenn man ihn einmal umgedreht hat. Dann heißt er: «Was uns verbindet, ist wahr.» Das ist zunächst einmal, ausgesprochen oder unausgesprochen, die Botschaft, die überall zu hören ist. Mit dem Monopol der eigenen Wahrheit haben Gruppen schon immer Grenzen befestigt und Hierarchien aufgebaut, die den Austausch mit anderen erschweren. Für Jaspers dagegen ist Wahrheit kein Besitz, den man gegen andere verteidigt, sondern etwas, das nur gemeinsam gesucht und gefunden werden kann und auf diese Weise neue Verbindungen zwischen Menschen herstellt.

Gemeinsinn ist in der Geschichte auch anders interpretiert worden, zum Beispiel als Einordnung und Unterordnung unter ein höheres Ganzes wie die deutsche Volksgemeinschaft. ‹Du bist nichts, dein Volk ist alles› lautete eine Parole, die in Nazi-Deutschland weite Verbreitung fand. Der Politikwissenschaftler Albert O. Hirschman (1915–2010) konnte sich noch gut an diese Zeit erinnern. Als Jude musste er 1933 aus diesem Deutschland fliehen, kämpfte im Spanischen Bürgerkrieg und setzte sich während des Zweiten Weltkriegs für die Rettung von Flüchtlingen im besetzten Frankreich ein. Er wurde Professor an der Universität Princeton und interessierte sich für politische Ökonomie und Rhetorik. Der Rhetorik des Gemeinsinns stand er skeptisch gegenüber. Er sah eine Gefahr darin,

> wenn eine Gruppe von Menschen von der Leidenschaft oder ‹Schwärmerei› für Gemeinsinn fasziniert ist. Die jüngere deutsche Geschichte ist in dieser Hinsicht eine eindringliche Warnung. Während der Weimarer Republik wurde in Deutschland oft Klage über den Mangel an bestimmten sozialen Eigenschaften geführt, die eine Gesellschaft nach damaligem Verständnis aufweisen sollte. Vermißt wurden ein Sinn von Mission, ein Gefühl der Zusammengehörigkeit und Wärme – kurz: Gemeinsinn. Die Nazibewegung verdankte ihren Aufstieg nicht zuletzt

> dem Versprechen, all diese angeblichen ‹Bedürfnisse› in Hülle und Fülle durch die Schaffung einer neu gefestigten ‹Volksgemeinschaft› zu befriedigen.[47]

Als Modernisierungstheoretiker ging Hirschman von einer marktwirtschaftlichen Gesellschaft aus, deren Konflikte sich vorwiegend aus der Ungleichverteilung des Sozialprodukts erklärten. Da diese Konflikte rein materieller Natur waren und sich stets um ein Mehr oder Weniger drehten, waren sie durch Kompromisse lösbar. Deshalb gehört für Hirschman der Umgang mit Konflikten zum Betriebsmodus der modernen Gesellschaft. Hirschman sang nicht das Hohelied des Gemeinsinns, sondern des Konflikts und erklärte, «das Geheimnis der Vitalität der pluralistischen-marktwirtschaftlichen Gesellschaft» liege in ihrer «Fähigkeit, sich selber zu erneuern».[48] Genau diese Lernfähigkeit durch Konfliktlösung mache nämlich den Fortschritt und die Lernfähigkeit der kapitalistischen gegenüber der kommunistischen Gesellschaft aus.

Ebenso wie Francis Fukuyama musste Hirschman seine modernisierungstheoretischen Prämissen überdenken, als er sich mit einem neuen Konflikttyp konfrontiert sah, bei dem es nicht um ‹Mehr oder Weniger›, sondern um ‹Entweder-oder› ging. Diese neuen Konflikte entstehen durch Differenzen der Herkunft und Zugehörigkeit. Fukuyama bezeichnet sie als Identitätskonflikte; Hirschman hielt sie für «unverhandelbar», denn Begriffe wie ‹Identität› oder ‹Anerkennung› standen ihm für diesen Konflikttyp nicht zur Verfügung. Er empfiehlt aber Respekt und Toleranz als Formen des Umgangs mit Differenz und gibt zu, dass dieser neue Konflikttyp vorerst nur ein Etikett ist für eine Vielzahl von unbekannten Problemen, die «nur allmählich verstanden werden, indem wir sie durchleben». Von einer Neubestimmung des Begriffs ‹Gemeinsinn›, der in einer sich pluralisierenden Gesellschaft «als Deus ex machina heraufbeschworen» wird, hielt er weiterhin nichts. Im Gegenteil setzte er auf das genaue Gegenteil, nämlich die alteuropäisch männlichen Tugenden der Renaissance und das heroische Risikodenken der kolonialen Entdecker, Eroberer und Unternehmer: «Was wirklich erforderlich ist, um bei neuen Problemen Fortschritte zu machen, ist politischer Unternehmergeist, Imagination, Geduld hier, Ungeduld dort und viele andere Varianten von virtù und fortuna. Ich sehe wenig Sinn und einige Gefahr darin, all dies durch einen Appell an ‹Gemeinsinn› in einen Topf zu werfen.»[49]

Die Frage: Wieviel Gemeinsinn braucht die liberale Gesellschaft? stellt sich 25 Jahre später in einer ganz anderen historischen Konstellation. Nachdem die marktwirtschaftliche Gesellschaft durch eine neoliberale Wirtschaftsform und die Globalisierung des Marktes aus den Fugen geraten ist, greifen Risikodenken, die Tugenden des Unternehmers als Abenteurer und die Mechanismen der Selbstregulierung des Marktes nicht mehr. Der Begriff Risiko hat nämlich im ökonomischen und ökologischen Denken die Seiten gewechselt und bedeutet immer seltener Chance und immer öfter desaströse Nachwirkungen. Hinzugekommen ist noch ein dritter Konflikttyp, von dem Hirschman noch nichts ahnte und der sich gegen den Rechtsstaat selbst richtet und den demokratischen Grundkonsens in Frage stellt. Die liberale Gesellschaft steht inzwischen nämlich dreifach unter Druck: durch den Konflikt der ökonomischen Ungleichheit im Modus des ‹Mehr oder Weniger›, durch den Konflikt der Identitäten im Modus des ‹Entweder-oder› und durch den Konflikt einer antidemokratischen Offensive im Modus des ‹Wir gegen Euch›. In Deutschland erklärt sich die AfD inzwischen zur Alleinvertreterin des wahren Volkes; sie sieht im Parteiensystem einen Feind dieses Volkes und kämpft entschlossen für «Einheit durch Abstammung». Einen solchen Staat, in dem es Konflikte und Interessengegensätze gar nicht mehr geben darf, hat Hirschman selbst erlebt, aber er rechnete nicht damit, dass es in Deutschland je wieder eine Partei geben würde, die diesen Zustand wiederherstellen will. Die Abschaffung der Demokratie ist aber das erklärte Ziel der AfD, wie uns Björn Höcke versichert: «Der Verwesungsgeruch einer absterbenden Demokratie wabert durchs Land. In dieser Lage, liebe Freunde, und das sage ich als staatstreuer Bürger, in dieser Lage ist nicht Ruhe, in dieser Lage ist Mut und Wut, und Renitenz und ziviler Ungehorsam die erste Bürgerpflicht. Holen wir uns unser Land zurück!»[50]

An eine solche Situation hat Albert Hirschman nicht gedacht, als er sich gegen den Gemeinsinn aussprach. Es ist deshalb an der Zeit, den von ihm verschmähten Begriff zurückzuerobern, ihn neu aufzubauen und situationsadäquat einzusetzen. Eine solche Erneuerung des Gemeinsinn-Begriffs ist geboten zu einem Zeitpunkt, da in vielen Staaten illiberale Parteien Zulauf haben und sich gegen ihre eigene Demokratie wenden. Apathische, selbstzentrierte und desinteressierte Bürger*innen können dieser neuartigen Spaltung der Gesellschaft nichts entgegensetzen. Wenn Rechtsradikale den demokratischen Grundsatz von Henry David Thoreau (‹On the Duty of Civil Disobedience›, 1849) pervertieren und von zivilem Ungehorsam als erster Bürgerpflicht faseln, sind die Bürger*innen dieses Landes aufgerufen, die demokratischen Institutionen, denen sie angehören, zu verteidigen – in ihrem Staat, ihrer Nation und der EU. Manche davon finden sich dabei in einer neuen Rolle, weil die Position der Fundamentalkritik an ihrem Staat, die ihnen sympathischer wäre, bereits besetzt ist.

Wir stehen heute am Ende der friedlichen Erfolgsgeschichte der EU. Das europäische Wir ist gespalten; was vor kurzem noch als Konsens gelten konnte, stößt heute an klare Grenzen der Zustimmung. Das Modell der zivilen Gesellschaft sieht sich durch das Gegenmodell einer ‹unzivilen› Gesellschaft in

Frage gestellt. An diesem Wandel ist nicht zuletzt das Internet beteiligt, in dem Meinungs*freiheit* zur Meinungs*enthemmung* verkommen ist und das auf diese Weise kräftig zur Entfesselung von Hass, Hetze und Gewalt beiträgt. Demagogen haben Konjunktur, Hassrhetorik mit Shitstorms und Morddrohungen breiten sich aus und in Schockstarre erleben wir, wie sich Gewalt in Form von politischen, rassistischen und antisemitischen Anschlägen ausbreitet.

Es reicht aber nicht, nur über Spaltung und Hass zu sprechen, wir müssen auch darüber nachdenken, wie wir Gemeinsinn wiederherstellen können, und das auf allen Ebenen – auf der Ebene der EU, der Nation, der Städte und Kommunen sowie in den Schulen. Deutschland ist mitten im Prozess der Umwandlung in ein Einwanderungsland und braucht entsprechend Raum und Zeit für Veränderung. Auf der Ebene der Städte und Kommunen werden die Herausforderungen konkret. Dabei wird beides sichtbar: Engagement für Integration sowie Blockade, Fortschritte ebenso wie Provokationen. Je mehr wir den Raum einschränken, über den wir sprechen, desto offener treten die Probleme zutage. Kindergärten und Schulen sind heute der Ort, wo unterschiedliche kulturelle Identitäten, Herkünfte und Biographien aufeinandertreffen. Ein zusätzliches Einfallstor für Konflikte ist dabei die Parallelwelt des Internets, die massiv zur Verrohung der Kommunikation und zur Verherrlichung von Gewalt beiträgt – man denke nur an die neue Achse zwischen Christchurch Neuseeland, Halle und Hanau!

Bei der Suche nach einer deutschen Leitkultur, die die einen immer schon besitzen und die anderen jetzt schnell lernen müssen, werden stets die Unterschiede zwischen Einheimischen und Zugewanderten betont. Eine pragmatische Alternative könnte darin bestehen, sich auf verbindliche Regeln eines friedlichen Zusammenlebens und den Respekt gegenüber dem Anderen zu konzentrieren, also auf Regeln des Umgangs, die für *alle* gelten. Thomas Mann hat in diesem Sinne von einem ABC des Menschenanstands gesprochen. Ich habe diese Regeln unter dem Stichwort ‹Menschenpflichten› zusammengefasst und sehe in ihnen eine wichtige Ergänzung zu den ‹Menschenrechten›.[51] Es gibt sie nämlich seit Jahrhunderten und Jahrtausenden in allen Kulturen und Religionen der Welt. Ihr Leitsatz ist die goldene Regel: ‹Was du nicht willst, dass man dir tu, das füg auch keinem anderen zu›. Die Grundregeln mitmenschlicher Solidarität finden sich in altägyptischen Beamtengräbern ebenso wie in den mittelalterlichen ‹sieben Werken christlicher Barmherzigkeit›. 1997 wurden diese Regeln in aktualisierter Form als 19 ‹Menschenpflichten› von einem ‹InterAction Council› reformuliert, von Staatsmännern wie Helmut Schmidt und Shimon Peres unterzeichnet und der UNO vorgelegt, wo sie leider in einer Schublade verschwanden und vergessen wurden.[52]

Gemeinsinn ist aber weit mehr als eine schöne Tugend von besonders fürsorglichen und empathischen Menschen. Der Begriff steht für ein aktives Sozialverhalten und eine politische Kultur, die weitergegeben, gelernt und täglich gelebt werden muss. Eine solche Kultur beruht auf einem neuen Kanon von Menschenpflichten im Sinne gelebter Demokratie im Alltag – als Verhaltensregeln in der Ehe und Familie, aber auch vor der Haustür, auf der Straße, in der Nachbarschaft, den Städten, Gemeinden, Vereinen und natürlich auch in den Schulen. Für das soziale Lernen, das auch besondere Achtung gegenüber der natürlichen Umwelt einschließt, gibt es lange Erfahrungen, Expertise und konkrete Angebote, die nur wieder in die Praxis zurückfinden müssen. Schulen und Vereine, Städte und Gemeinden können in das knappe aber nachhaltige Gut Gemeinsinn investieren in Form von Programmen für soziale Bildung und das Einüben von Mitmenschlichkeit. ‹Gemeinsam

Leben Lernen› heißt zum Beispiel das Trainingsprogramm des Pädagogen Günther Hennig, das bereits an vielen Schulen verankert ist und im Unterricht eingesetzt wird. Denn je heterogener die Gesellschaft wird, desto wichtiger wird die praktische Einübung des Gemeinsinns. Dieser ist ebenso wie Egoismus und Eigensinn im Menschen angelegt und muss von früh auf unterstützt, gelernt und praktiziert werden. Auf diese Weise kann der Brutalisierung einer ‹rohen Bürgerlichkeit› etwas entgegengesetzt und die Zivilgesellschaft in dem gestärkt werden, was sie ausmacht, nämlich Zivilität.[53]

Du musst dein Leben ändern – Corona als Chance

Seit Anfang März 2020 stellt die Corona-Krise alles in den Schatten, was wir bisher über Gemeinsinn wussten oder zu wissen glaubten. Je größer die Not, desto tiefer die Einsichten in dieses wertvolle und knappe Gut. Seit sich die ganze Welt durch die Pandemie mit leichten zeitlichen Verschiebungen im globalen Krisenmodus befindet, ist jedem bewusst geworden, dass Alleingänge wie Trumps ‹America First!› oder Boris Johnsons ‹Britain First!› nicht weit tragen. Zwar sitzen nicht alle – bildlich gesprochen – im selben Boot, aber alle werden vom selben Sturm getroffen und sind auf die Unterstützung und Hilfe anderer angewiesen. Ein geradezu emblematisches Bild für Gemeinsinn ist die Schutzmaske geworden. ‹Deine Maske schützt mich, meine Maske schützt dich.› Das ist die neue Grammatik des Gemeinsinns, die wir gerade zu buchstabieren lernen. Sie durchkreuzt die in der westlichen Kultur tief verankerte Logik des Eigensinns, wie sie zum Beispiel in der Politik des Kalten Krieges herrschte: ‹Meine Atomsprengköpfe schützen mich, deine Atomsprengköpfe schützen dich.› Dieses Denken, das Konfrontation verschärft und auf der Logik des Nullsummenspiels (mein Gewinn ist dein Verlust) beruht, wurde damals durch das Konzept der ‹gemeinsamen Sicherheit› überwunden, das den Ost-West-Konflikt entspannte und den Fall des Eisernen Vorhangs vorbereitete. Durch die Pandemie erhielt der Eigensinn in der EU zunächst wieder Auftrieb, weil wieder die Ebene der Nationen gestärkt wurde und der Staat als verantwortliche Schutzmacht agieren musste. Doch diese Rückkehr zur Nation war nur vorübergehend. Sehr bald war klar, dass niemand das ausgetretene Großbritannien beneidete. Die europäischen Nationen haben in dieser Situation nicht auf Autonomie und Souveränität gepocht, weil klar war, dass die Zukunft der einen Nation mit der der anderen Nation politisch, wirtschaftlich und kulturell unauflösbar verknüpft ist. Wie stark die europäischen Staaten auf offene Grenzen angewiesen sind, konnten wir erleben, als die Wiederöffnung von beiden Seiten euphorisch gefeiert wurde. Es war die Bestätigung, dass Schengen in die DNA der EU eingeschrieben ist.

Es gibt ein Wort, das selten gebraucht wird und auch jetzt nicht im Umlauf ist, obwohl es in der gegenwärtigen Krise einen besonderen Sinn erhalten hat: ‹Moratorium›. Es kommt vom lateinischen *mora* für Frist und Aufschub. Im ökonomischen Zusammenhang steht ein Moratorium für die Stundung der Schuldentilgung; in der jetzigen Krise ist auch die zeitliche Bedeutung des Anhaltens und der Verlangsamung aktuell: das Verb *morari* bedeutet ‹verzögern›, ‹aufschieben›. Ein Politik-Lexikon bietet folgende Erklärung für ‹Moratorium› an: Das Wort bezeichnet «eine Vereinbarung darüber, dass eine bestimmte Sache für eine gewisse Zeit aufgeschoben wird. Es wird noch Bedenkzeit benötigt, um eine schwierige Aufgabe zu lösen oder einfach nur, um neue Kräfte zu sammeln. Ob im Schulalltag oder im Berufsleben – oft braucht man manchmal eine Frist, um wichtige Entscheidungen treffen zu können.»[54]

‹Aufschub› heißt hier also gerade nicht: das schieben wir weiter hinaus, sondern: für dieses Problem brauchen wir neue Lösungsansätze und dafür nehmen wir uns jetzt Zeit. Das Moratorium ermöglicht den Gesellschaften, jenseits ihrer Alltagsroutinen über sich selbst nachzudenken. Das Leben im Stillstand bzw. einer Kurve, auf deren Abflachung man hofft, erleben wir gerade gleichzeitig als ein ökonomisches Desaster. Wenn man allerdings den Stillstand auch als ein geistiges Moratorium versteht, zeigt sich mitten in der verheerenden Krise auch eine unverhoffte Chance. Sie könnte nämlich darin bestehen, die eigenen Werte, Lebensformen, Konventionen und Prioritäten radikal zu überdenken und neu zu justieren. In einer solchen Zeit erscheint es sinnvoll, über Gemeinsinn neu nachzudenken.

Thomas Oberender hat ein anderes Bild für die Chance gefunden, die in der aktuellen Krise steckt: «Aktuell (ist) das Interessante, dass wir nicht wissen, wohin Covid uns führt. Es wird einfach eine Pausentaste gedrückt, weltweit. Und wir fahren alle auf Sicht und wissen nicht, wo die Reise hingeht. Von Woche zu Woche tasten wir uns ein Stück weiter. Jedes Land auch ein bisschen anders. Das ist die wertvollste Zeit, die unsere Gesellschaft und, pathetisch gesagt, die Weltgesellschaft seit langem hatte.»[55] Als Verantwortlicher für die so stark betroffene Sparte der ‹öffentlichen Kultur› erhofft sich Oberender von der Pandemie eine Unterbrechung der Routinen, die «eine andere Art von Gespräch» ermöglicht. Dabei bringt Corona vieles an die Oberfläche, was lange verdeckt und verdrängt war und nun plötzlich spruchreif wird. Nachdem diese Krise zunächst alle anderen Krisen verdeckt hatte, erweist sie sich nun als ‹Mutter aller Krisen›, denn sie hat einen Ausnahmezustand produziert, in dem nach und nach alle Probleme, Schwachpunkte und Schandflecke menschlicher Gesellschaften erbarmungslos sichtbar werden. All diese Probleme hängen eng mit Gemeinsinn zusammen und geben dem abstrakten Begriff gegenwärtig sehr konkrete Konturen.

«Du musst dein Leben ändern!» Diese letzte Zeile aus dem Rilke-Sonett ist zu einer Art Wahlspruch in der Corona-Zeit geworden. Immer wieder ist zu hören: ‹Corona hat unser Leben komplett verändert›, wobei zum einen die Sehnsucht nach Normalität mit der Wiederherstellung des Lebens, wie wir es kennen, mitschwingt, zum anderen aber auch Fragen anklingen: Was wird von diesen Erfahrungen und Einsichten bleiben? Werden wir verändert aus der Krise hervorgehen? Was werden wir aus ihr mitnehmen? Neben der existentiellen Not hat die Krise auch einen Kreativitätsschub ausgelöst und viele neue Formate wie digitale Podcasts, Zoom-Chöre oder Balkonkonzerte hervorgebracht. Gleichzeitig ist durch das Corona-Moratorium ein wichtiger Diskurs über einen neuen Gesellschaftsvertrag entstanden. Dieses Moratorium ist ein utopischer Moment, um «die Gesellschaft auf allen Ebenen neu zu denken», wie Thomas Oberender das nennt. Diesmal aber nicht mehr entlang bestehender Ideologien, die in Konfrontation zueinander stehen. Vielmehr müssen gemeinsam Lösungen gefunden werden für drängende Weltprobleme wie die Klimakrise, soziale Ungleichheit und die weltweite Bedrohung der Demokratie. Dabei geht es Oberender

> nicht um kurzfristige Konjunkturprogramme, sondern um die Frage, wie wir unsere Lebenspraxis in andere Zusammenhänge einbetten, indem wir uns auf das Nachhaltige, das weniger Zerstörerische, das Heilende konzentrieren – also etwas, das unsere Gesellschaft in der Art, wie sie mit dem Planeten und den Menschen umgeht, dringend entwickeln muss. Dafür müssen wir neue Strukturen schaffen, die der Daseinsfürsorge dienen, und nicht der Wettbewerbslogik folgen.[56]

Die Frage nach einem neuen Gesellschaftsvertrag betrifft nämlich gerade auch die, die in ihm noch gar keinen Platz gefunden haben, wie die Flüchtlinge, oder die, die nicht mit gleichen Rechten ausgestattet sind. Corona hat uns hartnäckig auf nicht-privilegierte Gruppen aufmerksam gemacht wie die ausgebeuteten Billiglohnarbeiter, die innerhalb der EU wandern, sowie auf globale Lieferketten, die zu Dumpingpreisen führen. Hinzu kommen die Migranten, die in Flüchtlingslagern auf engstem Raum ohne angemessene hygienische Voraussetzungen und Gesundheitsvorsorge zusammengepfercht sind, aber auch die Afroamerikaner in den USA, die doppelt so stark von der Pandemie getroffen sind wie die weiße Bevölkerung. Wo immer Menschen sozial vernachlässigt leben und keine oder schlechtere Erwerbs-, Bildungs- und Zukunftschancen haben wie auch in den brasilianischen Favelas, entstehen neue Hotspots der Pandemie. Die Corona-Krise stellt uns diese verdrängten Probleme deutlich vor Augen und holt sie ins Weltbewusstsein zurück. Karl-Josef Laumann, der Gesundheitsminister von Nordrhein-Westfalen hat das mit folgenden Worten auf den Punkt gebracht: «Die Pandemie zeigt wie ein Brennglas, dass die Probleme so sind, wie sie sind – und die müssen geändert werden!»[57]

In den USA hat die Corona-Krise erreicht, was die amerikanische Bürgerrechtsbewegung nicht geschafft hat: eine flächendeckende Solidarisierung mit George Floyd, dem Opfer rassistischer Polizeigewalt, die im Handumdrehen das ganze Land erfasste. So schnell wie das Virus selbst verbreiteten sich die digitalen Bilder. Die damit verbundenen Gesten, Symbole und Zeichen der Empathie bildeten einen weltweiten Code und stellten eine synchrone Weltöffentlichkeit her, die selbstkritische Rassismus-Reflexionen in anderen Ländern anstieß. Auch hier kann man sagen: Die Covid-19-Krise und das damit verbundene Moratorium haben oberflächlich einen Rahmen der Entschleunigung geschaffen. In diesem Rahmen jedoch findet gerade eine atemberaubende Beschleunigung von Denk-, Bewusstseins- und Wandlungsprozessen in Bezug auf Strukturen statt, die sich bislang jedem Wandel erfolgreich widersetzten.

Das Corona-Moratorium ist eine Auszeit. Aber diese Pause hat es in sich: Es wird dringlicher und kühner gedacht und es wächst die Bereitschaft für einen Wandel. Kein Wunder also, dass Gemeinsinn ganz oben auf der Agenda steht und der Ruf nach ‹Zusammenhalt› zur wichtigsten Formel politischer Rhetorik geworden ist. Zusammenhalt wird gefordert gegen eine von außen oder innen kommende Gefahr: Wir halten zusammen gegen Bedrohliches und Spaltendes. Wer Zusammenhalt sagt, denkt an eine Gruppe und eine starke Klammer, die sie schützt. Als wichtiger Ergänzungsbegriff bietet sich hier der ‹Gemeinsinn› an. Denn hier geht die Bewegung vom Individuum aus, gleichzeitig werden Einzel- und Kollektivinteressen zurückgestellt und der Blick auf etwas Übergreifendes gerichtet, das jenseits von Herkunft und Zugehörigkeit verbindet. Gemeinsinn bedeutet also nicht vordringlich, sich ein- und unterzuordnen, sondern den Anderen einzubeziehen. Er ist nicht das Gegenteil von Individualismus, sondern von Egoismus und fordert ein Denken in größeren Zusammenhängen und Bindungen, die nicht auf einer Logik des Ausschließens beruhen. Begriffe sind Denkhilfen, die immer wieder kritisch durchleuchtet und neu besetzt werden müssen. Das Wort ‹Gemeinsinn› kann eben auch anders definiert werden, als es Albert O. Hirschman getan hat. Nicht die Begriffe haben uns, sondern wir haben sie. Wir haben Einfluss auf ihre Bedeutung und können sie neu bestimmen, wenn wir sie brauchen. Genau das hat die italienische Philosophin Donatella di Cesare betont: Gemeinschaft ist «von einer konstitutiven Offenheit gekennzeichnet; als selbstidentische, geschlossene, verteidigte und geschützte Festung kann es sie nicht geben».[58]

Fazit: History matters – Gemeinsinn, nationale Narrative und historische Aufklärung

Nation und Solidarität

Die Überzeugung, dass das Konzept der Nation überholt ist, ist unter Modernisierungstheoretikern weiterhin verbreitet. Der Soziologe Ulrich Beck zum Beispiel ging von einer historischen Entwicklungsgeschichte aus, in der in den 1970er Jahren die erste lineare Moderne von einer zweiten reflexiven Moderne abgelöst wurde. Dieser Epochenwandel von der ‹Ersten› zur ‹Zweiten Moderne› ist durch Grenzüberschreitung, Globalisierung und Kosmopolitismus gekennzeichnet. In der Welt dieser Zweiten Moderne gilt «der Container der Nation» als überholtes Relikt. Freilich hat die Realität mit dieser Theorie nicht Schritt gehalten. Denn Menschen leben weiterhin in Nationen, wobei diese Nationen wiederum in sehr unterschiedlichen Staatsformen existieren: in Imperien wie Russland und China, in linken und rechten Diktaturen und in illiberalen und autoritären Staaten, aber eben auch, wie in Kanada, den USA oder den meisten Staaten der EU, in liberalen Demokratien. Die Leitfrage dieses Buches lautete: Stellt die Idee der Nation eine Bedrohung für die liberale Demokratie dar oder kann sie diese umgekehrt festigen und unterstützen?

Herfried und Marina Münkler führen zwei Gründe gegen die Aufgabe des Nationsbegriffs an: «Erstens überlässt man das stark emotional besetzte Nationskonzept anderen, die es politisch nutzen; zweitens verzichtet man auf eine politische Kategorie, die wie kaum eine andere in der Lage ist, Solidarität und gegenseitige Hilfsbereitschaft zu mobilisieren.»[1] Dafür braucht man allerdings, wie sie betonen, einen Begriff von Nation, der «hinreichend modernisiert ist, um den Herausforderungen unserer Gegenwart und Zukunft zu begegnen». Dazu gehört zuerst einmal die Einsicht, dass die Modernisierungstheorie selbst kulturwissenschaftlich erweitert werden muss, um sich neu auf die Nation einstellen zu können. Im Kapitel über die ‹Grammatik der Identitäten› habe ich gezeigt, dass wichtige neue Schlüsselbegriffe wie Identität, Kultur und Gedächtnis im konzeptionellen Rahmen von Modernisierungstheorien keinen Denkraum finden können und umgehend als ‹Konstruktionen› entlarvt werden. Natürlich sind sie das, wie Cornelia Koppetsch bündig erläutert. «Auch Familie, Geschlecht, Aktienmärkte und Berufe sind bekanntlich soziale Konstruktionen. Abschaffen kann man sie deshalb noch lange nicht, denn sie stehen als ‹gesellschaftliche Tatsachen› (Durkheim) außerhalb der individuellen Verfügbarkeit. Kosmopoliten unterschätzen die Mächtigkeit des Sozialen.»[2]

Mit der Diagnose ‹Konstruktion› ist das Thema Nation also noch nicht vom Tisch, sondern erst eröffnet. Die wichtigen Anschlussfragen lauten: Worauf stützen sich diese Konstruktionen? Was bewirken sie? Wer verfügt über sie? Mit welchen Werten verbinden sie sich? Grenzen sie aus oder unterstützen sie demokratische und partizipative Strukturen? Die Abwehr nicht nur des Nationsbegriffs, sondern auch anderer Schlüsselbegriffe wie Identität, Kultur und Gedächtnis im konzeptionellen Rahmen von Modernisierungstheorien hängt nicht zuletzt mit einem verengten westlichen Menschenbild als rational kalkulierendem Individuum zusammen, das von Egoismus geprägt und auf Wettbewerb und Nutzenmaximierung ausgerichtet ist. In diesem Menschenbild kamen Eigenschaften wie kulturelle Zugehörigkeit, soziale Bindungen, Empathie und Gemeinsinn offensichtlich zu kurz. Deshalb ist das

Konzept der Münklers von der Nation als Solidaritätsgenerator mal was anderes als die so oft wiederholte Leerformel von der Nation als einer «vorgestellten Gemeinschaft».

Die Frage ist allerdings, wie die Gemeinschaft vorgestellt und wie diese Solidarität auf der Ebene der Nation erreicht werden kann. Sicherlich nicht, um noch einmal Hirschman zu zitieren, durch einen «Sinn von Mission, ein Gefühl der Zusammengehörigkeit und Wärme», wie sie einst die deutsche ‹Volksgemeinschaft› bestimmten. Das wäre das verbreitete Modell einer *Solidarität gegen*, die Andere ausschließt, ein Modell, das aktuell von der AfD gepflegt wird. Was Menschen verbindet, ist nämlich zugleich auch das, was sie trennt. Die Frage muss deshalb lauten: Wie exklusiv oder inklusiv ist dieses nationale Wir, das durch Identität und Identifikation entsteht? Man solidarisiert sich gerne mit Menschen, die dieselben Haltungen haben oder dieselben Ziele verfolgen. Wir kennen die Solidarität als Kollektivegoismus der Nation, Modell ‹America First!›. Inzwischen haben wir auch Bekanntschaft gemacht mit Solidarität als transnationalem Kollektivegoismus, Modell ‹Festung Europa›. Solche Formen von Solidarität sind exklusiv und zielen auf Ausgrenzung. Im Gegensatz dazu gibt es aber auch eine *Solidarität mit*, die verbindet und Brücken baut, indem sie Differenzen aushält, wertschätzt und aufrechterhält. Integration fordert eine inklusive Solidarität mit Menschen, die anders sind als wir selbst und mit denen wir eine gemeinsame Zukunft aufbauen wollen. Integration scheitert, wenn in der Gesellschaft Vorstellungen von Gemeinsinn und Zusammenhalt herrschen, die bestimmte Gruppen von vornherein ausschließen oder die bestehende Mehrheit als feste Norm stabilisieren. Sie gelingt, wenn der Prozess der Integration realistisch als eine langfristige Aufgabe anerkannt wird und die Bereitschaft zur Veränderung sowohl von den Zugewanderten als auch von den Einheimischen ausgeht.

Gespaltene Nationen und gegensätzliche Narrative

Was haben Francis Fukuyamas Thymos, Maurice Halbwachs' Theorie der Gedächtnisrahmen und George Mosses Mythos des Kriegserlebnisses mit uns heute zu tun? Sehr viel, denn die Wiedererfindung der Nation erfordert die Bereitschaft, die eigenen nationalen Narrative zu durchleuchten, zu verändern und zu erweitern. Dafür müssen sie erst einmal ins allgemeine Bewusstsein gehoben und einer kritischen Analyse unterzogen werden. Diese selbstkritische Aufklärung ist zugleich der erste Schritt für ihre Veränderung. Dabei ist es wirkungsvoller, nationale Mythen kennenzulernen und sie auf ihre problematischen und schädlichen Wirkungen hin zu befragen, als sie einfach zu dekonstruieren und aus dem Weg zu schaffen. Was für eine Gesellschaft stützen sie? Wer profitiert von ihnen, wer leidet unter ihnen? Welche Zukunft ermöglichen sie und wen schließen sie von dieser Zukunft aus?

Der Umbau nationaler Narrative ist nicht nur in Deutschland zu einem brennend aktuellen Thema geworden. Denn Fragen der Partizipation und der demokratischen Orientierung sind nicht allein in der Verfassung verankert, sondern bedürfen auch eines gesellschaftlichen Diskurses und einer Verhandlung über das nationale Selbstverständnis. Während die traditionellen Ideologien an Orientierungs- und Bindungskraft verloren haben, nimmt die Deutung der Geschichte in Form nationaler Narrative an Bedeutung zu. Wie wichtig ein solches nationales Narrativ, verstanden als Minimalkonsens über die eigene Geschichte, ist, sieht man am besten dort, wo es fehlt. Wir haben gegenwärtig sehr viel Anschauung für die Fragmentierung und Spaltung von Nationen. Dabei sind unterschiedliche Ursachen mit im Spiel, ökonomische und soziale, politische und kulturelle. Ein wichtiger Aspekt, der dabei mehr Beachtung verdient, ist die Konstruktion und der Umbau nationaler Narrative.

Wer die Nation als Referenzrahmen für die demokratische Gesellschaft pauschal ablehnt, hält damit auch ihre Geschichte für überholt und verzichtet damit auf diese Dimension als Erfahrungsressource und Sinngenerator. Geschichte hört aber nicht einfach auf, wenn sie vorbei ist. Sie geht in Gebäuden, Straßennamen und Denkmälern in die gebaute Umwelt ein, sie bleibt in Symbolen weiterhin präsent und Teil der Lebenswelt und Identität einer Nation. Aber auch eine unaufgearbeitete Gewaltgeschichte wird unbewusst über Generationen hinweg in den Körpern von Opfern wie Tätern weitergegeben und schlägt sich in ihren Haltungen, Praktiken und Anschauungen nieder. Durch rassistische, faschistische oder antisemitische Narrative und Symbole wiederum werden Haltungen erneuert und verstetigt, die historisch längst besiegt wurden. Ihre Überwindung kann nur erfolgen, wenn sich die jeweilige Gesellschaft in Form einer Abstimmung und Übereinstimmung gegen offen menschenverachtende Werte und Überzeugungen zur Wehr setzt und zu ihren gemeinsamen demokratischen Grundwerten bekennt.

Der Umbau nationaler Narrative – USA und Israel

Besonders auffällig ist der Kampf um das nationale Narrativ soeben in den USA geworden, nachdem George Floyd am 25. Mai 2020 in Minnesota von vier Polizisten auf offener Straße ermordet wurde. Dieses Verbrechen, das Passanten mit ihren Handykameras festhielten und viral über die sozialen Medien verbreiteten, hat über nationale Grenzen hinweg eine Debatte über Rassismus angestoßen und zum Sturz kolonialer Denkmäler geführt. Seither werden in den USA erbitterte Debatten über die amerikanische Geschichte und ihre

Deutung geführt. Dabei zeigt sich überdeutlich, dass es in diesem Land viele widerstreitende Narrative, aber keinen Ansatz für eine gemeinsame Anerkennung der Schlüsselereignisse der *gemeinsamen* nationalen Geschichte gibt. Die Spaltung zwischen den Extremen, der Black-Lives-Matter-Bewegung und den weißen Suprematisten, ist unversöhnlich; ein tiefer Riss geht durch die Gesellschaft, der weit mehr als die von Fukuyama kritisierte Identitätenpolitik radikale und unversöhnliche Gegensätze innerhalb derselben Nation offenbart und reproduziert. Dafür muss man unbedingt wissen, dass die umstrittenen Denkmäler der Generäle der Südstaaten, die heute Gegenstand der politischen Auseinandersetzung sind, nicht unmittelbar nach dem amerikanischen Bürgerkrieg, sondern erst gegen Ende des 19. und Anfang des 20. Jahrhunderts errichtet wurden. Es waren heroische Monumente der Verlierer der Geschichte, die offen gegen die im Bürgerkrieg errungene rechtliche Gleichstellung der schwarzen Bevölkerung ankämpften und auf diese Weise mit ihren Symbolsetzungen den Bürgerkrieg verlängerten. Eine direkte Parallele zu den sogenannten ‹Lost Cause›-Denkmälern des amerikanischen Südens sind die Krieger- und Kolonialdenkmäler, mit denen die Nationalsozialisten nach dem verlorenen Ersten Weltkrieg in den 1930er Jahren ihrer militanten rassistischen Gesinnung Ausdruck verliehen und die Nation in den nächsten Weltkrieg trieben. Kein Wunder, dass sich die Faschisten diesseits und jenseits des Atlantik so gut verstanden und bewunderten. Diese Parallele ist dem Historiker David W. Blight aufgefallen: «Einige Narrative (‹myths›) werden gebraucht, denn sie stützen eine gute und wichtige kulturelle Orientierung. Andere sind auf bösartige Lügen gegründet und sind so mächtige Instrumente des Hasses und der politischen Mobilisierung, dass sie große Paraden auf die Beine stellen, sei es auf dem Reichsparteitagsgelände in Nürnberg, auf den Straßen von Charlottesville, oder anderen Orten dieses Landes.»[3] Was Fukuyama noch ‹unamerikanisch› nannte, wird hier mit klaren Worten als ‹anti-amerikanisch› beim Namen genannt. Blight fügt hinzu: «Die Statuen werden jetzt gestürzt, aber das Narrativ, das sie errichtet hat, bleibt bestehen.» Genau das ist der Punkt, um den es jetzt geht.

Bereits Anfang des 20. Jahrhunderts hat der amerikanische Soziologe und Bürgerrechtler W. E. B. Du Bois die Geschichte der Vereinigten Staaten eine Lüge genannt, auf die man sich geeinigt hat. Genauer: auf die die Weißen sich geeinigt haben. Denn für die Schwarzen war diese Geschichte, wie der Schriftsteller und Bürgerrechtsaktivist James Baldwin betonte, «nichts anderes als ein unerträgliches Joch, ein stinkendes Gefängnis, ein schreiendes Grab».[4] In den USA ist nämlich eine wichtige Forderung der schwarzen Bürgerrechtsbewegung nie angekommen. Sie wollten mit ihrer Geschichte Teil der Geschichte der Nation werden, einer Geschichte, die nicht erst mit der weißen Einwanderung, sondern bereits zuvor mit der traumatischen Verschleppung schwarzer Sklaven, der sogenannten ‹Middle Passage› aus Afrika begann. Dieser Einlass ins nationale Narrativ wurde ihnen bis heute verweigert; seit dem Bürgerkrieg gibt es nach wie vor keine staatlich gestützte von Schwarzen und Weißen geteilte Erzählung über die Sklaverei, den anhaltenden Rassismus und die systemischen Strukturen der Ungleichheit.

«Ihr Weißen, hört mich an!», schrieb James Baldwin. «Geschichte – was niemand zu wissen scheint – ist nicht nur etwas zum Lesen. Und sie bezieht sich auch nicht vordringlich auf die Vergangenheit. Im Gegenteil: Die große Kraft der Geschichte rührt von der Tatsache her, dass wir sie in uns tragen.»[5] Für die Opfer einer traumatischen Gewaltgeschichte löst sie sich eben nicht einfach auf, im Gegenteil: wenn historische Wunden wie die Sklaverei keine symbolische Anerkennung finden und die Ursachen des Rassismus weiterbestehen, bleibt für einen Teil der Bevölkerung die Vergangenheit Gegenwart. Zur Vergangenheit kann eine solche Geschichte erst werden, wenn sich in den USA die gesamte Bevölkerung von ihr distanziert und sich dabei von den Voraussetzungen abwendet, die diese Geschichte ermöglicht haben. Dafür reicht es nicht, die Sklaverei im Smithsonian Museum auszustellen und dabei vorwiegend als eine Geschichte der Schwarzen zu erzählen. Der Februar gilt in den USA als ‹Black History Month›, in dem afroamerikanische Schulklassen in Museen unterwegs sind, um alles über die Geschichte von Frederick Douglass oder Martin Luther King zu lernen. Diese kulturelle Praxis ist charakteristisch für eine Gesellschaft mit streng getrennten Narrativen; hier leben historische Parallelgesellschaften mit ihrer je eigenen Geschichte auf einem gemeinsamen Territorium. Was fehlt, sind eine Anerkennung und Aneignung der schwarzen Leidensgeschichte durch die Weißen und eine gemeinsame Erzählung, die in nationalen Jahrestagen und Museen, in Denkmälern und Schulbüchern bestätigt wird. Fukuyamas Konzept der ‹Bekenntnisnation› kann nur auf die Anerkennung einer inklusiven gemeinsamen Geschichte der amerikanischen Nation gegründet werden.

Israel ist ein anderes Beispiel für eine gespaltene Gesellschaft, die zu ihren historischen Wurzeln der Ungleichheit zurückkehren muss, um ausgeschlossene Stimmen anzuhören, anzuerkennen und sie in eine gemeinsame Geschichte einzubinden. Denn in diesem Land leben zwei Parallelgesellschaften, die Israelis und die Palästinenser, mit drei sehr unterschiedlichen Narrativen: dem Holocaust, dem Unabhängigkeitskrieg und der Nakba. Neben dem Trauma der Juden, dem Holocaust, steht der Triumph der Israelis mit dem Sieg ihrer nationalen Selbstbefreiung, der wiederum das Trauma der Palästinenser ausgelöst hat. Es hat in Israel nicht an Initiativen gefehlt, die versuchten, die gegensätzlichen Narrative zusammenzuführen. Neben der Gruppe Zochrot, die mittels Exkursionen und Informationen über die palästinensische Vorgeschichte des Staates Israel in der Landschaft aufklärt, gab es den beeindruckenden Versuch des israelischen Sozialpsychologen und Therapeuten Dan Bar-On, der mit seinem palästinensischen Kollegen, dem Erziehungswissenschaftler Sami Adwan, Schulbücher verfasste, die die israelische Geschichte zusammen mit der palästinensischen erzählen.[6] Dieses Modell einer Beziehungsgeschichte, das in Europa vielfach über nationale Grenzen hinweg mit Erfolg praktiziert wurde und gegenseitiges Wissen und Empathie ermöglichte, könnte helfen, auch in Israel die rigide Politik des Entweder-oder aufzuweichen und eine Koexistenz im Sinne des Sowohl-als-auch vorzubereiten. Ein wichtiger neuer Impuls in dieser Richtung kam jüngst von zwei Historikern, die in einem echten Tandem-Projekt die Geschichten von Holocaust und Nakba zusammenführten.[7] Dieses israelisch-palästinensische Projekt erfährt in der Wissenschaft eine wachsende Anerkennung, stößt aber in der Gesellschaft und Politik noch auf Abwehr oder Desinteresse.

Deutsche Narrative – drei Brennpunkte

Die dringliche Frage nach dem Umbau nationaler Narrative betrifft auch die deutsche Nation. In diesem Land wird der «gesellschaftliche Zusammenhalt» so oft beschworen, weil er zurzeit durch drei Brennpunkte besonders gefährdet ist. Ein erster Hinweis darauf ist der deutsche Nationalfeiertag. Hier macht sich ein neuer deutscher Sonderweg bemerkbar. Wir sind nämlich das einzige Land auf der Welt, das seinen Nationalfeiertag mit Jammer, Klage und Anklage begeht. Das hat mit dem *ersten Brennpunkt* zu tun. Vermutlich waren in beiden deutschen Teilstaaten 40 Jahre lang sehr unterschiedliche Vorstellungen von Nation und Patriotismus verbreitet.[8]

Die deutsche Nation ist zwar *vereint*, wird aber *verneint*, weil sie bisher kein gemeinsames Ost-West-Narrativ zustande gebracht hat und die Geschichte der Sieger das Narrativ weiterhin einseitig dominiert. In diesem Narrativ überlagert die Wiedervereinigung als politisch administrativer Akt von oben die friedliche Revolution der Bürgerbewegungen, die von unten kam und die Wende eingeleitet hat. Kein Wunder, dass nach 30 Jahren die getrennten Hälften noch nicht wirklich zusammengefunden haben. Das erfolgreich installierte Siegernarrativ spricht der Bevölkerung der ehemaligen DDR bis heute einen bedeutungsvollen Beitrag zum gemeinsamen Staat ab. Die östliche Geschichte wurde beendet und ist untergegangen, sie hat im öffentlichen Raum und im nationalen Selbstverständnis kaum noch eine Resonanz. Die, die solche tiefgreifenden Formen der historischen Enteignung und des Verlusts von Selbstbewusstsein erlebt haben, fühlen sich im eigenen Land als Fremde, leben ‹im Exil› und entwickeln eine Haltung der Verweigerung, die schließlich auch in eine Fundamentalopposition zum eigenen Staat umschlagen kann.[9]

Das leitet über zum *zweiten Brennpunkt*, der Wiederkehr einer nationalistischen Partei, die offen mit Fremdenfeindlichkeit, Rassismus und der Ausgrenzung von Migranten mobilisiert. Ein Reizthema, mit dem die AfD punktet, ist «eine erinnerungspolitische Wende um 180 Grad». Weil die Erinnerung an den Holocaust als unvereinbar mit dem gebotenen Nationalstolz gilt und als ‹deutscher Selbsthass› verurteilt wird, arbeiten ihre Demagogen kräftig daran, das deutsche Narrativ von Schuld und Schande zu reinigen und auf Stolz und Ehre umzustellen. In den 1980ern registrierte George Mosse, dass «der Mythos der Kriegserfahrung» in Europa inzwischen Geschichte ist. Er fügte jedoch hinzu: «Die Zukunft ist offen. (…) Wenn der Nationalismus als säkulare Religion wieder Auftrieb erhält, wird der Mythos dabei wieder eine Rolle spielen.»[10] Der neue Nationalstolz zeigt sich nicht nur in der Wiederbelebung des germanischen Mythos durch Inszenierungen vor dem Kyffhäuser-Denkmal, sondern vor allem auch in der Wiederauflage nationalsozialistischen Schrifttums, das den Zweiten Weltkrieg verherrlicht und die Helden der SS ehrt. Gleichzeitig erobern Antisemitismus, Islamophobie und Rassismus im Internet internationale Foren. Auch der Thymos-Begriff ist in den politischen Diskurs zurückgekehrt; Marc Jongen, der Sloterdijk-Schüler, hat ihn in die Philosophie der AfD eingebracht.

Stefan Zweig machte den Vorschlag, den negativen Thymos-Begriff, der sich in militärischer Stärke und Gewaltbereitschaft äußert, durch einen positiven Thymos zu ersetzen, der das friedliche Zusammenleben der Nationen in der EU fördert. Er sprach für eine Generation, «die den fürchterlichsten Hass der Welt gekannt (und) diesen Hass hassen gelernt hat, weil er unfruchtbar ist und die schöpferische Kraft der Menschheit mindert».[11] Es bedurfte eines weiteren Weltkriegs und des Holocaust, bis sich die europäischen Nationen dieser Einschätzung anschlossen und die Grundlagen eines friedlichen Europas gelegt haben. Das Bekenntnis zur EU, in der die Nationen sich darauf verpflichten, gemeinsam den Nationalismus zu überwinden, ist ein Beispiel für diesen positiven Thymos. Warum sollte man auf diese Entwicklung der Geschichte nicht stolz sein? Es ist ein Stolz, der sich auf Werte wie Freiheit, Diversität, Frieden und gleiche Rechte stützt, die man mit anderen Nationen teilt.

Der *dritte Brennpunkt* betrifft den Umbau der Nation in eine Einwanderungsgesellschaft, der einen positiven Rahmen für die Einbürgerung von Migranten schaffen soll. Hier geht es um mehr als eine Willkommenskultur, nämlich um Integration im Sinne gesellschaftlicher Teilhabe und Zukunftsperspektiven. Dieser Wandel kann nicht durch die einseitige Vorgabe einer deutschen Leitkultur geschehen, sondern verlangt eine gemeinsame und wechselseitige Anstrengung von Einheimischen und Zuwanderern, in der neue Geschichten Gehör finden und die Gesellschaft diverser und vielstimmiger wird. Auch dieser Prozess erfordert einen Umbau des nationalen Narrativs. Teil dieses Narrativs könnte ein Bewusstsein der verschiedenen Migrationswellen sein, die Deutschland nach 1945 erreichten: Kriegsflüchtlinge und Heimatvertriebene, türkische und südeuropäische Gastarbeiter, vietnamesische Bootsflüchtlinge und Vertragsarbeiter, Balkan-Flüchtlinge und Juden aus der Sowjetunion – sie alle haben das Land entscheidend verändert und mitgeformt mithilfe ihrer Fähigkeiten und ihrer Erfahrung in der langfristigen Aufgabe der Integration. Dieser Wandel wird sich in einem Wandel der Zeichen und Symbole im öffentlichen Raum zeigen müssen, der zunehmend auch andere Herkunftsgeschichten und historische Erfahrungen in sich aufnimmt. Das Domid-Museum in Köln zum Beispiel bereitet sich gerade darauf vor, das erste deutsche Migrationsmuseum zu werden. Diese Aufgabe kann es aber nur erfüllen, wenn es nicht ein Museum für die Migranten, sondern für alle Deutschen wird.

Apropos alle Deutschen. «DEM DEUTSCHEN VOLKE» – dieser Schriftzug wurde 1916 mitten im Ersten Weltkrieg in großen Bronzelettern unter dem Giebelfries des Reichstagsgebäudes angebracht. Symbolisch aufgeladener konnte er nicht sein: Gestalter der Buchstaben war der Jugendstil-Architekt und Typograf Peter Behrens, die Bronze für die Buchstaben kam aus Kanonen der Befreiungskriege gegen Frankreich, und die Berliner Bronzegießerei, die die Inschrift montierte, war das jüdische Familienunternehmen Siegfried und Albert Loevy.[12] Im Jahr 2000, als sich Deutschland mit einem neuen

Staatsangehörigkeitsgesetz in ein Einwanderungsland verwandelte, ergänzte der Künstler Hans Haacke diese Widmung durch eine weitere Inschrift. Im Lichthof stellte er einen Trog mit verschiedenen Erden auf, die die Abgeordneten aus ihren Wahlkreisen mitbrachten, damit dort Pflanzen wild wuchern können. In diesem Biotop ist der Neonschriftzug «DER BEVÖLKERUNG» zu lesen. Diese Bevölkerung muss sich immer wieder neu darüber verständigen, was sie verbindet. Das geht nicht so einfach wie bei den Pflanzen, denn Vielfalt braucht Anerkennung, Investitionen und Schutzräume der Entfaltung. Und sie braucht eine Verständigung über ihre Herkunft und ihre Zukunft, nicht, um zusammenzuwachsen, sondern um zusammen zu wachsen.

Anmerkungen

Einleitung

1 Ein aktuelles und originelles Beispiel ist das Buch von Erik Flügge, *Egoismus. Wie wir dem Zwang entkommen, anderen zu schaden*, Bonn: Dietz-Verlag, 2020.
2 Frank-Walter Steinmeier, «Es lebe die Republik!», Rede zum 9. November 2018 im Bundestag in Berlin, https://www.bundestag.de/resource/blob/577898/1fabb911443-e38b78dc622d2b7d1aee6/Rede_BPraes_09November2018-data.pdf.

1. Die These: Überwindung und Wiedererfindung der Nation

1 Étienne François/Thomas Serrier (Hg.), *Europa. Die Gegenwart unserer Geschichte*, 3 Bände, Darmstadt: WBG Theiss, 2019. Ziel dieses großartigen Kollektiv-Projekts ist es, «die große Tektonik der kollektiven Erinnerungen in ihrer langen Dauer, ihrer Gesamtheit und ihren weltweiten Verflechtungen zu betrachten» und als «eine lebendige, offene und dialogische Geschichte zu präsentieren» (S. 10, 12).
2 Ulrike Guérot, Verführt oder entführt? Vom Mythos der Europa auf dem Stier, in: François/Serrier (Hg.), *Europa. Die Gegenwart unserer Geschichte*, Bd. 1: *Lebendige Vergangenheit*, S. 336–337.
3 Ebd., S. 337–338.
4 Michael Zürn, *Regieren jenseits des Nationalstaates. Globalisierung und Denationalisierung als Chance*, Frankfurt am Main: Suhrkamp, 1998.
5 Jill Lepore, *Dieses Amerika. Manifest für eine bessere Nation*, übers. von Werner Roller, München: C.H.Beck, 2019, S. 16.
6 Deshalb hat Menasse in seinem preisgekrönten Europa-Roman *Die Hauptstadt* Hallstein auch in Auschwitz auftreten lassen und diese Botschaft in dessen Antrittsrede von 1958 hineinmontiert. Robert Menasse, *Die Hauptstadt. Roman*, Berlin: Suhrkamp 2017.
7 Robert Menasse, YouTube Interview; https://www.youtube.com/watch?v=c6u-oWKZ9DOc.
8 Dazu Michael Lützeler, National ist nicht gleich nationalistisch, in: *Tagesspiegel*, 8.1.2019. https://www.tagesspiegel.de/kultur/robert-menasse-und-europa-national-ist-nicht-gleich-nationalistisch/23841226.html.
9 Siehe dazu auch das Interview in der *Welt*, 6.1.2019; https://www.welt.de/kultur/plus186597538/Aleida-Assmann-Menasse-setzt-Nation-und-Nationalismus-gleich.html.
10 Andreas Wimmer/Nina Glick Schiller, Methodological Nationalism and Beyond: Nation-State Building, Migration and the Social Sciences, in: *Global Networks* 2/4 (2002), S. 301–334, hier S. 304, Übersetzung A. A.
11 Ulrich Beck, The cosmopolitan perspective: sociology of the second age of modernity, in: *British Journal of Sociology* 51 (2000), S. 79–105.
12 Wimmer/Schiller, Methodological Nationalism and Beyond.
13 Ebd., S. 325.

14 Ebd., S. 307, 326–327.
15 Herfried und Marina Münkler, *Die neuen Deutschen. Ein Land vor seiner Zukunft*, Berlin: Rowohlt, 2016, S. 290.
16 Alexander Thiele, *Der gefräßige Leviathan. Entstehung, Ausbreitung und Zukunft des modernen Staates*, Tübingen: Mohr Siebeck, 2019.
17 P. Alter, zit. nach ebd., S. 212.
18 Ebd., S. 213.
19 Ebd., S. 216–217.
20 Ebd., S. 217.
21 Ebd., S. 223–224.
22 Ebd., S. 227, 230–231.
23 Ebd., S. 235, 286–287.
24 Ebd., S. 288–289.
25 Ebd., S. 289–290. Vgl. Yascha Mounk, *Der Zerfall der Demokratie. Wie der Populismus den Rechtsstaat bedroht*, München: Droemer 2018 und Jan Werner Müller, *Verfassungspatriotismus*, Berlin: Suhrkamp, 2010; Daniel Thym/Ozkan Ezli, Verfassung und Gemeinsinn, in: *Merkur*, Heft 832 (2018), S. 20–32.
26 Aleida Assmann, *Ist die Zeit aus den Fugen? Aufstieg und Fall des Zeitregimes der Moderne*, München: Hanser, 2013.
27 Eine alte französische Dame soll zu dem deutschen Leutnant an der Spitze einer 1940 in Paris einziehenden Kompanie gesagt haben: «Monsieur, Sie kommen bereits zum dritten Mal.»

2. Zur Grammatik der Identitäten

1 Georg Kreis (Hg.), *Europa als Museumsprojekt*, Basler Schriften zur europäischen Integration Nr. 85, Basel: Europainstitut der Universität, 2008; Caroline Bernert, Rezension zu: Haus der Europäischen Geschichte, Brüssel, in: *H-Soz-Kult*, 28.9. 2019, <www.hsozkult.de/exhibitionreview/id/rezausstellungen-302>.
2 Matthias Krupa, Feiert dieses Museum den Kommunismus?, in: *Die Zeit*, 3.5. 2018.
3 Zit. nach Andreas Blank, *Der logische Aufbau von Leibniz' Metaphysik*, Berlin/New York: de Gruyter, 2001, S. 65.
4 David Hume, *A Treatise of Human Nature*, Harmondsworth: Penguin, 1969, S. 302 (Übersetzung A. A.).
5 Paul Ricœur, *Das Selbst als ein Anderer*, München: Wilhelm Fink, 1996, S. 144–155.
6 Ebd., S. 158.
7 Der hundertseitige Artikel von Jörg Fisch zu diesem Thema behandelt die (eurozentrische) Entstehung von Kultur in Griechenland und Rom, verfolgt dann den Begriff durchs Mittelalter und seine Ergänzung durch den Begriff ‹Zivilisation› in der Zeit des Humanismus des 17. Jahrhunderts bis hin zur Aufrüstung des Gegensatzes von ‹Zivilisation› und ‹Kultur› als politische Kampfbegriffe im Vorfeld des Ersten Weltkriegs.
8 Carolin Emcke, *Kollektive Identitäten. Sozialphilosophische Grundlagen*, Frankfurt am Main/New York: Campus, 1998.
9 Lutz Niethammer, *Kollektive Identität. Heimliche Quellen einer unheimlichen Konjunktur*, Reinbek b. Hamburg: Rowohlt, 2000, S. 34. Uffa Jensen beschreibt das Buch in ihrer Rezension als «eine Art ideologiekritische Begriffsgeschichte mit his-

toristischem Unterbau», die darauf ausgerichtet ist, «die politische Instrumentalisierung und gleichzeitige Inhaltsleere des Begriffes zu demonstrieren». https://www.hsozkult.de/publicationreview/id/reb-5452.

10 Niethammer, *Kollektive Identität*, S. 36.

11 Ebd., S. 15, Anm. 11.

12 Christoph Stölzl (Hg.), *Deutsches Historisches Museum. Idee – Kontroversen – Perspektiven*, Frankfurt am Main/Berlin: Propyläen, 1988, S. 249. Vgl. dazu Sarah Czerney, *Zwischen Nation und Europa. Nationalmuseen als Europamedien*, Berlin, Boston: Walter de Gruyter, 2019.

13 Stölzl (Hg.), *Deutsches Historisches Museum*, S. 641.

14 Hans-Jörg Czech, Deutsche Geschichte in Bildern und Zeugnissen – Ziele und Strukturen der ständigen Ausstellung, in: ders./Hans Ottomeyer (Hg.), *Deutsche Geschichte in Bildern und Zeugnissen*, Berlin: Edition Minerva, 2009, S. 9–17, hier S. 9.

15 Burkhard Asmuss, Die Dauerausstellung des Deutschen Historischen Museums. Vorgeschichte, Kritik und Gegenkritik, in: *Zeitgeschichte-online*, Juli 2007, S. 5; http://www.zeitgeschichte-online.de/thema/die-dauerausstellung-des-deutschen-historischen-museums.

16 Stölzl (Hg.), *Deutsches Historisches Museum*, S. 611.

17 Ebd., S. 651 f.

18 Ebd., S. 61.

19 Étienne François, Ist eine gesamteuropäische Erinnerungskultur vorstellbar? Einleitung in: Bernd Henningsen/Hendriette Kliemann-Geisinger/Stefan Troebst (Hg.), *Transnationale Erinnerungsorte. Nord- und südeuropäische Perspektiven*, Berlin: Berliner Wissenschaftsverlag, 2010, S. 13–30, hier S. 19 f.

20 Daniel Levy/Natan Sznaider, *Erinnerung im globalen Zeitalter. Der Holocaust*, Frankfurt am Main: Suhrkamp, 2001.

21 Astrid Erll, Travelling Memory, in: *Parallax* 17, Nr. 4 (2011), S. 4–18.

22 Chiara De Cesare/Ann Rigney (Hg.), *Transnational Memory. Circulation, Articulation, Scales, Media and Cultural Memory*, Berlin/Boston: de Gruyter, 2013.

23 Maja von Geyr et al., *Die Europäische Dimension in den Lehrplänen der deutschen Bundesländer. Vergleichende Studien im Auftrag der Europäischen Kommission – Vertretung in Deutschland*, Berlin 2007, S. 296.

24 Roger Fornoff/Uwe Koreik, Ist der kulturwissenschaftliche und kulturdidaktische Bezug auf die Nation überholt? DACH-Landeskunde, Globalisierung und Erinnerungsorte. Eine Intervention, in: Sara Hägi-Mead et al. (Hg.), *Weitergedacht! Das D-A-CH-Prinzip in der Praxis*, Göttingen: Universitätsverlag, 2020, S. 37–67, hier S. 43.

25 Ebd., S. 49, 53.

26 François Jullien, *Es gibt keine kulturelle Identität. Wir verteidigen die Ressourcen einer Kultur*, übers. von Erwin Landrichter, Berlin: Suhrkamp, 2017.

27 Ebd., S. 63.

28 Ebd., S. 58–59.

29 Ebd., S. 49, 79.

30 Zit. nach Hans Joas, *Die Sakralität der Person. Eine neue Genealogie der Menschenrechte*, Berlin: Suhrkamp, 2011, S. 188–189.

31 Harold Bloom, *Die heiligen Wahrheiten stürzen. Dichtung und Glaube von der Bibel bis zur Gegenwart*, Frankfurt am Main: Suhrkamp, 1991, S. 33.

32 Dubravka Ugrešić, Identität, in: *Europäisches Abendmahl*, Programmheft des Akademietheaters Wien, Spielzeit ab 27.1.2017.

3. Zur Grammatik nationaler Narrative

1 James Truslow Adams, *The Epic of America* (1931), New Brunswick: Transaction Publishers, 2012.
2 Francis Fukuyama, *Identität. Wie der Verlust der Würde unsere Demokratie gefährdet,* übers. von Bernd Rullkötter, Hamburg: Hoffmann & Campe, 2019.
3 Dazu weiterführend Andreas Etges, E pluribus unum? Nationale Geschichtsmuseen in den USA zwischen Vielheit und Einheit, in: *Zeithistorische Forschungen/Studies in Contemporary History*, Online-Ausgabe, 16 (2019), H. 1, URL: http://www.zeithistorische-forschungen.de/1-2019/id=5689, Druckausgabe: S. 128–139.
4 Fukuyama, *Identität,* S. 9, 18.
5 Ebd., S. 22–23, 37.
6 Ebd., S. 116.
7 Um das an einem Beispiel zu illustrieren: Ein Sohn von uns, der Filme schneidet, hat mit einem Freund einen Dokumentarfilm über zwei junge schwarze Boxer in Chicago gedreht, die das Team 9 Jahre ihres Lebens begleitete. Einige weiße Kritiker nahmen daran Anstoß: Die Filmemacher hätten kein Recht, diesen Film zu drehen, weil sie dafür nicht die richtige Hautfarbe haben; ihr Werk sei deshalb ein ‹kultureller Übergriff›. Die Filmemacher waren sehr erleichtert, als der Erfolg des Films in Chicago 2019 diese Bedenken zerstreute und die künstlerische Arbeit mit Kenny und Destyne anerkannt und gelobt wurde.
8 Ebd., S. 166.
9 Bassam Tibi, *Europa ohne Identität? Die Krise der multikulturellen Gesellschaft*, München: Bertelsmann, 1998 (Taschenbuch-Ausgabe mit dem Untertitel: *Leitkultur oder Wertebeliebigkeit*, Berlin 2000). Bassam Tibis Leitkultur fußt auf einer säkularen demokratischen Grundordnung, aber nicht auf den Menschenrechten, weil diese unvereinbar sind mit einem Assimilationsdruck, der nicht-europäische Lebensformen wie das Kopftuch aus dem öffentlichen Raum verbannt.
10 Fukuyama, *Identität*, S. 170–171.
11 Jill Lepore, *Dieses Amerika. Manifest für eine bessere Nation,* übers. von Werner Roller, München: C.H.Beck, 2019, S. 6.
12 Ebd., S. 12, 16.
13 Später haben kulturpolitische Maßnahmen wie zum Beispiel Noah Websters Projekt einer amerikanischen Orthographie des Englischen oder die ‹self-reliance›-Philosophie Ralph Waldo Emersons, der eine Ablösung von der europäischen Kultur forderte, zur Stärkung eines kollektiven amerikanischen Selbstbilds beigetragen.
14 Ebd., S. 107, 132.
15 Jill Lepore, *Diese Wahrheiten. Eine Geschichte der Vereinigten Staaten von Amerika*, übers. von Werner Roller, München: C.H.Beck, 2019.
16 Lepore, *Dieses Amerika*, S. 56.
17 Ebd., S. 21–22.
18 Achille Mbembe, *Politik der Feindschaft*, übers. von Michael Bischoff, Berlin: Suhrkamp, 2018.

19 Diese Theorie des ‹demokratischen Friedens› geht auf Politologen wie Amartya Sen und Charles Lipson zurück. Sie wird heute von jüngeren Forschern kritisiert, weil ihr die Gefahr eines Überheblichkeitsgefühls innewohne und sie neuer Polarisierung Vorschub leiste. Harald Müller, Der «demokratische Frieden» und seine außenpolitischen Konsequenzen, in: *Aus Politik und Zeitgeschichte* 43 (2008), https://www.bpb.de/apuz/30908/der-demokratische-frieden-und-seine-aussenpolitischen-konsequenzen?p=all#footnodeid_1-1.
20 Khalil Gibran Muhammad, *The Condemnation of Blackness. Race, Crime, and the Making of Modern Urban America,* Cambridge, Mass.: Harvard University Press, 2019.
21 Interview mit Miriam Zadoff am 18.6.2020, https://www.youtube.com/watch?time_continue=1731&v=3DpkhQuM3zI&feature=emb_title.
22 Jay Winter, Vorwort zu Aleida Assmann/Linda Shortt (Hg.), *Memory and Political Change*, London: Palgrave Macmillan, 2012, S. vii. In diesem Sinne bezeichnet Winter die Allgemeine Erklärung der Menschenrechte 1948 als ‹Erinnerungsdokument›: «Das ‹Epos› hinter dieser Erklärung war die monumentale Anstrengung, das Nazi-Regime zu zerstören durch eine Allianz, aus der die Vereinten Nationen hervorgingen.»
23 Henri Lefebvre, *The Production of Space* (1974), Oxford: Blackwell, 1991, S. 410–411.
24 Eyal Weizman, *Hollow Land. Israel's architecture of occupation*, London, New York: Verso, 2012, S. 40 (Übersetzung A. A.).
25 N. Abu El Haj, *Facts on the Ground: Archaeological Practice and Territorial Self-Fashioning in Israeli Society*, Chicago: University of Chicago Press, 2001.
26 Amos Elon, *The Israelis: Founders and Sons*, New York: Hold, Rinehart and Winston, 1971, S. 280.
27 Jo Roberts, *Contested Land, Contested Memory. Israel's Jews and Arabs and the Ghosts of Catastrophe*, Toronto: Dundurn, 2013, S. 144.
28 Aleida Assmann, *Ist die Zeit aus den Fugen? Aufstieg und Niedergang des Zeitregimes der Moderne*, München: Hanser, 2013.
29 Ilan Pappe, *The Ethnic Cleansing of Palestine*, Oxford: Oneworld, 2006, S. 225 f.
30 Alon Confino, Rezension von Bashir/Goldberg, The Holocaust and the Nakba, in: *H-Soz-Kult,* 22.4.2016, https://www.hsozkult.de/publicationreview/id/rezbuecher-25731.
31 INAMO, 50 Jahre Nakba. Die Erklärung der Tausend, Nr. 14/15, Sommer/Herbst 1998, S. 72–73.
32 Ebd., S. 73.
33 Pappe, *The Ethnic Cleansing of Palestine,* S. 227.
34 Ebd., S. 230.
35 E. Bronstein/N. Norma Musih/M. Shah, A Different Kind of Memory: An Interview with Zochrot, in: *Middle East Report* 244 (2007), S. 34–38.
36 Ebd.
37 Roberts, *Contested Land, Contested Memory*, S. 227.
38 Y. Gutman, Transcultural Memory in Conflict: Israeli-Palestinian Truth and Reconciliation, in: *Parallax* 17, Nr. 4 (2011), S. 64–71; *Memory Activism. Reimagining the past for the future in Israeli-Palestine*, Nashville: Vanderbilt University Press, 2016.
39 http://zochrot.org/en/booklet/all.

40 Ofer Ashkenazi, Hidden in Plain Sight. The Nakba and the Legacy of the Israeli Historians' Debate, in: *Zeithistorische Forschungen* 3 (2019), S. 1–28, hier S. 11–12.

41 Ya'ara Danielle Schwartz, Mirror Image. Dokumentarfilm (2013), 11 min., https://vimeo.com/user4379737.

42 Confino, Rezension von Bashir/Goldberg.

43 Rezension von Jörg Später zu Axel Honneth, Anerkennung. Eine europäische Ideengeschichte, in: *Süddeutsche Zeitung*, 26.7.2018, https://www.sueddeutsche.de/kultur/soziologie-der-groesste-ist-doch-unser-hegel-1.4070864?print=true.

44 Sa'ed Atshan/Katharina Galor, *The Moral Triangle – Germans, Israelis, Palestinians*, Durham/London: Duke University Press, 2020.

45 Alexander Thiele, *Der gefräßige Leviathan. Entstehung, Ausbreitung und Zukunft des modernen Staates*, Tübingen: Mohr Siebeck, 2019, S. 216.

46 Lepore, *Dieses Amerika*, S. 125.

47 Karl Adam, Identität, Würde und die Gefährdung der Demokratie, literaturkritik.de, 2.2.2019, https://literaturkritik.de/fukuyama-identitaet-identitaet-wuerde-gefaehrdung-demokratie-francis-fukuyama-operiert-erneut-haarscharf-am-zeitgeist,25316.html.

48 Maurice Halbwachs, *Das Gedächtnis und seine sozialen Bedingungen*, Frankfurt am Main: Suhrkamp, 2008.

49 Es soll dabei keineswegs ausgeschlossen werden, dass es auch Nationen gibt wie die Serben oder die Bewohner Québecs, die ihre Erinnerungen auf eine Niederlage gründen. Hier geht es nur um den grundsätzlich selektiven Charakter des nationalen Gedächtnisses.

50 Friedrich Nietzsche, *Jenseits von Gut und Böse*, 4. Hauptstück, Aphorismus 68, in: ders., *Werke in drei Bänden*, Bd. 2, München: Hanser, 1954, S. 626.

51 Matthias Middell (Hg.), *Alles Gewordene hat Geschichte. Die Schule der Annales in ihren Texten 1929–1992*, Leipzig: Reclam, 1994, S. 159.

52 Peter Novick, *The Holocaust in American Life*, Boston: Houghton Miflin, 1999, S. 4. (Übersetzung A. A.)

53 James Young, The Counter-Monument: Memory against itself in Germany today, in: *Critical Inquiry* 18, Nr. 2. (1992), S. 267–296, hier S. 270.

54 Zit. nach Étienne François/Thomas Serrier (Hg.), *Europa. Die Gegenwart unserer Geschichte*, 3 Bände, Darmstadt: WBG Theiss, 2019, Bd. 1, S. 11.

55 Richard Sennett, Disturbing Memories, in: Patricia Fara/Keraly Patterson (Hg.), *Memory*, Cambridge: University Press, 2006, S. 10–26, hier S. 14.

56 Paweł Machcewicz, *Der umkämpfte Krieg – Das Museum des Zweiten Weltkriegs in Danzig. Entstehung und Streit*, Wiesbaden: Harrassowitz, 2018.

57 Estera Flieger, The populist rewriting of Polish history is a warning to us all, in: *The Guardian*, 17.9.2019, https://www.theguardian.com/commentisfree/2019/sep/17/populist-rewriting-polish-history-museum-poland-gdansk.

58 György Konrad: «Aufruhr». Rede zur Eröffnung des 50-jährigen Bestehens der Aktion Sühnezeichen am 3. Mai 2008 im Haus der Kulturen der Welt in Berlin, www.asf-ev.de/fileadmin/asf_upload/aktuelles/Jubilaeum2008/gyoergy.pdf.

59 Zitat nach Flieger, The populist rewriting.

60 Thiele, *Der gefräßige Leviathan*, S. 288, 297.

61 Sigmund Freud, *Neue Folge der Vorlesungen zur Einführung in die Psychoanalyse*, Wien: Internationaler Psychoanalytischer Verlag, 1933, S. 111.

62 Aleida Assmann, *Arbeit am nationalen Gedächtnis. Eine kurze Geschichte der deutschen Bildungsidee*, Frankfurt am Main/New York: Campus, 1993, S. 46.

63 Die Ruhmeshalle im Stil eines griechischen Tempels auf einer Anhöhe über der Donau wurde nach dem Vorbild des französischen Pantheon in Paris erbaut. Obwohl als regionales Denkmal errichtet, sollte sie deutsche Geisteshelden der Geschichte ausstellen und für eine deutsche Kulturnation werben. Die Walhalla gehört weiter dem Freistaat Bayern, bei dem man bis heute Vorschläge einreichen kann. Zuletzt wurden die Büsten von Sophie Scholl (2003) und Käthe Kollwitz (2019) in der Walhalla aufgestellt.

64 https://de.wikipedia.org/wiki/Walhalla.

65 Arno Borst, Barbarossas Erwachen – Zur Geschichte der deutschen Identität, in: *Identität*, hg. von Odo Marquard und Karlheinz Stierle, Poetik und Hermeneutik VIII, München: Fink, 1979, S. 40.

66 Zit. nach Assmann, *Arbeit am nationalen Gedächtnis*, S. 53.

67 Borst, Barbarossas Erwachen, S. 58.

68 Herfried Münkler, *Die Deutschen und ihre Mythen*, Reinbek b. Hamburg: Rowohlt, 2010; Das Kyffhäuserdenkmal, https://de.wikipedia.org/wiki/Kyffhäuserdenkmal.

69 Hansjörg Friedrich Müller, Der letzte Preuße von Kreuzberg, in: *NZZ*, 28.2.2019; Werner van Bebber, Warum Straßenumbenennungen sinnlos sind, *Tagesspiegel*, 28.2.2019.

70 Ein Historiker mit einem positiven Preußenbild ist Christopher Clark, *Preußen. Aufstieg und Niedergang 1600–1947*, übers. von Richard Barth, Norbert Juraschitz und Thomas Pfeiffer, München: Deutsche Verlags-Anstalt, 2007, siehe dazu die Besprechung in der *FAZ*: https://www.faz.net/aktuell/feuilleton/buecher/rezensionen/sachbuch/hoert-auf-mit-dem-militaristischen-quatsch-1413192.html.

71 Natascha Strobl, Björn Höcke – der Angstmacher, *Zeit online*, Gastbeitrag, 30.12.2019.

72 Ausführlich zum historischen Erfahrungshintergrund der einzelnen Artikel des Grundgesetzes siehe Hans Joas, *Die Sakralität der Person. Eine neue Genealogie der Menschenrechte*, Berlin: Suhrkamp, 2011, S. 110–114.

73 Das Transparent entrollten Kathrin Hattenhauer und Gesine Oltmanns am 4. September 1989 vor der Nikolaikirche in Leipzig.

74 George Mosse, *Die Nationalisierung der Massen. Politische Symbolik und Massenbewegungen von den Befreiungskriegen bis zum Dritten Reich*, Frankfurt am Main/New York: Campus, 1993; Anthony D. Smith, *The Ethnic Origin of Nations*, Oxford: Basil Blackwell, 1988; ders., *Chosen Peoples*, Oxford: University Press, 2003.

75 Roland Schulz, Denkmalerei, in: *SZ Magazin*, 22.12.2014; https://sz-magazin.sueddeutsche.de/kunst/denkmalerei-80876.

76 Max Czollek, *Desintegriert euch!*, München: Hanser, 2018, S. 37–38.

77 Ebd., S. 39.

78 Jacky Dreksler im DLF, ‹Denk ich an Deuschland›, 3.5.2020. In ihrem Buch *Mama darf ich das Deutschlandlied singen? Politische Texte* (Wien/Berlin, Mandelbaum Verlag, 2020) hat Esther Dischereit zu diesem Thema einen pointierten Beitrag geliefert.

79 Carolin Emcke, *Weil es sagbar ist. Über Zeugenschaft und Gerechtigkeit*, Frankfurt am Main: S. Fischer, 2013, S. 157.

80 Joas, *Die Sakralität der Person*; ders., *Die Macht des Heiligen. Eine Alternative zur Geschichte der Entzauberung*, Berlin: Suhrkamp, 2017.
81 Joas, *Die Macht des Heiligen*, S. 422, 474–475.
82 Jan Assmann sieht das etwas anders: Der Durchbruch galt nur für Judäa und wurde bald wieder rückgängig gemacht. Von ‹radikal› könne deshalb keine Rede sein. Jan Assmann, *Achsenzeit. Eine Archäologie der Moderne*, München: C.H.Beck, 2018, S. 287 f.
83 Joas, *Die Macht des Heiligen*, S. 482, 422.
84 Joas, *Die Sakralität der Person*, S. 107.
85 Max Weber, Ethnische Gemeinschaften, in: ders., *Wirtschaft und Gesellschaft*, Tübingen: Mohr Siebeck, 2001, S. 168–190, hier S. 178.
86 Thomas Mann, *Doktor Faustus*, Große kommentierte Frankfurter Ausgabe, Bd. 10, Frankfurt: Fischer, 2007, S. 689.
87 Alon Confino, The Holocaust as Symbolic Manual: The French Revolution, the Holocaust, and Global Memories, in: Haim Hazan/Amos Goldberg (Hg.), *Marking Evil: The Dialectic of Globalizing the Holocaust*, New York, 2013. Confino hat diese These auch in Buchform ausgearbeitet: ders., *Foundational Pasts. The Holocaust as Historical Understanding*, New York: Cambridge University Press, 2012.
88 Jean-François Lyotard, *Heidegger und «die Juden»*, hg. von Peter Engelmann, übers. von Clemens-Carl Härle, Wien: Passagen, 1988.
89 Confino, The Holocaust as Symbolic Manual, S. 4–5.
90 Joas, *Die Sakralität der Person*, S. 115.
91 Ebd., S. 109.
92 Jan Assmann, *Moses der Ägypter. Entzifferung einer Gedächtnisspur*, München: Hanser, 1998, S. 15.
93 Confino, *Foundational Pasts*, S. 142.
94 Frank-Walter Steinmeier, https://www.bundespraesident.de/SharedDocs/Reden/DE/Frank-Walter-Steinmeier/Reden/2018/03/180319-175Jahre-IHK-Pfalz.html.
95 G. W. F. Hegel, *Vorlesungen über die Philosophie der Geschichte*, Stuttgart: Reclam, 1961, S. 604.
96 Jill Lepore, *Dieses Amerika*, S. 101.
97 Nora Krug, *Heimat. Ein deutsches Familienalbum*, München: Penguin, 2018, ohne Paginierung.
98 Confino, *Foundational Pasts*, S. 146.
99 Ebd., S. 149–150.

4. Zivile und militante Nationen

1 Ich stütze mich im Folgenden auf den Aufsatz von Bruno Quélennec, Thymos und heroische Männlichkeit, von Leo Strauss bis zur AfD. Zur Ideengeschichte eines antiliberalen und antifeministischen Motivs, in: Markus Llanque/Gérard Raulet (Hg.), *Geschichte der politischen Ideengeschichte*, Baden-Baden: Nomos, 2018, S. 221–252.
2 Axel Honneth, *Kampf um Anerkennung. Zur moralischen Grammatik sozialer Konflikte*, Frankfurt am Main: Suhrkamp, 2003.
3 Ebd., S. 273, 278.
4 Francis Fukuyama, *The End of History and the Last Man*, New York: Free Press, 1992, S. 327.

5 https://de.wikipedia.org/wiki/Böckenförde-Diktum.
6 Harold Bloom, *Die heiligen Wahrheiten stürzen*, Frankfurt: Suhrkamp, 1991.
7 Bloom ist sich darüber im Klaren, dass er selbst es ist, der die Werke mit dieser außergewöhnlichen Autorität ausstattet und auflädt; gleichzeitig spricht er von der ‹Faktizität› dieser Texte, weil ihre Größe in der Literaturgeschichte immer neue Fakten schafft.
8 Bloom, *Die heiligen Wahrheiten stürzen*, S. 33, 36–37, 40.
9 Peter Sloterdijk, *Zorn und Zeit. Politisch psychologischer Versuch*, Berlin: Suhrkamp, 2006, S. 62.
10 Ebd., S. 12.
11 Gunnar Hindrichs, Thymos, in: *Merkur* 841, Juni 2019, S. 16–31, hier S. 24.
12 Sloterdijk, *Zorn und Zeit*, S. 97.
13 Hindrichs, Thymos, S. 16, Anm. 1.
14 Quélennec, Thymos und heroische Männlichkeit, S. 242.
15 Marc Jongen, Wir müssen wehrhafter werden, *NZZ* Interview, https://nzzas.nzz.ch/gesellschaft/wir-muessen-wehrhafter-werden-ld.149885?reduced=true.
16 Hindrichs, Thymos, S. 30.
17 George L. Mosse, *Fallen Soldiers. Reshaping the Memory of the World Wars*, New York/Oxford: Oxford University Press, 1990.
18 Ebd., S. 7 (Übersetzung A. A.).
19 Astrid Erll hat diese Gegenerinnerung des Krieges durch die jüngere Generation anschaulich beschrieben in Three Constellations of Generationality, Genealogy, and Memory, in: *New Literary History* 45, Nr. 3 (2014), S. 385–409.
20 Mosse, *Fallen Soldiers*, S. 161 (Übersetzung A. A.).
21 Thomas Koebner/Rolf-Peter Janz/Frank Trommler (Hg.), *Mit uns zieht die neue Zeit. Der Mythos der Jugend*, Frankfurt am Main: Suhrkamp, 1985, S. 220.
22 Arnold Zweig, *Pont und Anna*, Berlin 1925, S. 95.
23 Mosse, *Fallen Soldiers*, S. 159–160 (Übersetzung A. A.).
24 Irene Runge/Uwe Stelbrink (Hg.), *Ich bleibe Emigrant, Gespräche mit George L. Mosse*, Berlin: Dietz 1991, S. 114–115, 224, 162.
25 Carl Schmitt, *Die geistesgeschichtliche Lage des heutigen Parlamentarismus*, Nachdruck 8. Auflage, Berlin: Duncker & Humblot, 1996, S. 13–14.
26 Carl Schmitt, *Der Begriff des Politischen*. Text von 1932 mit einem Vorwort und drei Corollarien, Berlin: Duncker & Humblot, 1979, S. 26 f.
27 Carl Schmitt, *Theorie des Partisanen. Zwischenbemerkung zur Theorie des Politischen*, Berlin: Duncker & Humblot, 1963, S. 84.
28 Carl Schmitt, zuerst in ‹Weisheit der Zelle›, dann ausführlicher in seinem *Glossarium. Aufzeichnungen der Jahre 1947–1951*, hg. von Eberhard Freiherr von Medem, Berlin: Duncker & Humblot, 1991, S. 213.
29 Raphael Gross, *Carl Schmitt und die Juden. Eine deutsche Rechtslehre*, Frankfurt am Main: Suhrkamp, 2000, S. 118.
30 Ebd., S. 383.
31 Zit. nach Heinz Dieter Kittsteiner, Der Begriff des Politischen in der Heroischen Moderne. Carl Schmitt, Leo Strauss, Karl Marx, in: Moritz Basler/Ewout van der Knaap (Hg.), *Die (k)alte Sachlichkeit. Evolution eines Konzepts*, Würzburg: Königshausen & Neumann, 2004, S. 161–188; hier: 167–168.
32 Heinz Dieter Kittsteiner, Das entdeckte Arcanum. Raphael Gross über ‹Carl Schmitt und die Juden›, in: *NZZ*, 2.8.2000, S. 56.

33 Schmitt, *Der Begriff des Politischen*, S. 54 f.
34 Zit. nach Kittsteiner, Das entdeckte Arcanum.
35 Gross, *Carl Schmitt und die Juden*, S. 175.
36 https://sz-magazin.sueddeutsche.de/maenner/niklas-frank-80291.
37 Gross, *Carl Schmitt und die Juden*, S. 103.
38 Kittsteiner, Das entdeckte Arcanum.
39 Schmitt, *Der Begriff des Politischen*, S. 33.
40 Schmitt, *Theorie des Partisanen*, S. 93.
41 Das Gorki-Theater in Berlin organisiert jährlich am 19. Januar Veranstaltungen zur Erinnerung an Hrant Dink und erklärt dazu: «Das Klima, das den Mord an Hrant Dink möglich machte, hat sich inzwischen weiter verschärft.» https://renk-magazin.de/events/hrant-dink-gedenken-2018/.
42 Frank Walter Steinmeier, Rede zum 8. Mai 2020, https://www.bundespraesident.de/SharedDocs/Reden/DE/Frank-Walter-Steinmeier/Reden/2020/05/200508-75-Jahre-Ende-WKII.html.
43 Vgl. Alon Confino, *A World without Jews. The Nazi Imagination from Persecution to Genocide*, New Haven/London: Yale University Press, 2014. Bei meinem Versuch, die Esoterik Heideggers in eine verständlichere Sprache zu übersetzen, haben mir Texte von Hans Ruin, Vivian Liska und Uwe Justus Wenzel sehr geholfen.
44 Zitiert nach Uwe Justus Wenzel, Das Schwarz der Seele, in: *NZZ*, 12.4.2014, https://www.nzz.ch/das-schwarz-der-seele-1.18282498.
45 Ebd.
46 Zitiert nach ebd.
47 Vivian Liska, Denkfiguren des Neuanfangs im 20. Jahrhundert (Heidegger, Benjamin, Arendt, Agamben – und Kafka), Krupp Reimers Forschungsgruppe, Kolloquium 2019 «Renaissancen» (MS, S. 6).
48 Heidegger, *Schwarze Hefte* 1942–1948, GA 97, S. 21.
49 Ebd., S. 20.
50 Gross, *Carl Schmitt und die Juden*, S. 117.
51 Confino, *A World without Jews* S. 192, 194–195.
52 Gross, *Carl Schmitt und die Juden*, S. 175.
53 Confino, *A World without Jews*, S. 195–196.
54 Heidegger, *Schwarze Hefte 1942–1948*, GA 97, S. 20.
55 Klaus-Michael Kodalle, Carl Schmitt und seine Schuld. Im Spannungsfeld von Reuelosigkeit, gelebter Nachsicht und politischer Ächtung, in: *Der Staat* 58 (2019), S. 171–193.
56 Stefan Zweig, Die moralische Entgiftung Europas (1932), in: ders., *Zeiten und Schicksale. Aufsätze und Vorträge aus den Jahren 1902–1941*, Frankfurt am Main: S. Fischer, 1990, S. 40–56, hier S. 41–42.
57 Ebd., S, 43.
58 Ebd., S. 47, 50–51.
59 Ebd., S. 48, 52.
60 Ebd., S. 47–48.
61 Siehe dazu Aleida Assmann, *Der europäische Traum. Vier Lehren aus der Geschichte*, München: C.H.Beck, 2020.
62 Zweig, Die moralische Entgiftung Europas, S. 55.
63 Ebd., S. 48, 56.
64 Wim Wenders, Laudatio in: *Sebastiao Salgado, Verleihung des Friedenspreises des*

deutschen Buchhandels an Sebastian Salgado, Frankfurt am Main: Börsenverein des deutschen Buchhandels, 2019, S. 10.

65 Damit ist das Verhältnis der europäischen Nationen innerhalb der EU gemeint. Kriege hat es in diesem Zeitraum durchaus gegeben, zum Beispiel 1982 den Falklandkrieg zwischen Großbritannien und Argentinien oder den Kosovo-Krieg nach dem Zerfall Jugoslawiens 1990.

66 Randolph S. Churchill (Hg.), *The Sinews of Peace. Post-War Speeches by Winston S. Churchill*, London: Riverside Press, 1948, S. 200.

67 Auf dem Plakat der FDP zur ersten Bundestagswahl 1949 war die Überschrift zu lesen: «Schlußstrich drunter!» Darunter stand: «Schluss mit Entnazifizierung / Entrechtung / Entmündigung».

68 Götz Aly, Die Deutschen in der Stunde null. Mit Gewalt von sich selbst befreit, in: ders., *Volk ohne Mitte. Die Deutschen zwischen Freiheitsangst und Kollektivismus*, Frankfurt am Main: S. Fischer, 2015, S. 138–146 (Hervorhebung A. A.).

69 Ich danke Markus Meckel und Martin Aust, deren Gedanken und Formulierungen ich in diesen Abschnitt habe mit einfließen lassen.

5. Inklusion und Exklusion

1 Sven Felix Kellerhoff, Der Tag, als Leipzig ganz Deutschland veränderte, in: *Die Welt*, 9.10.2009.

2 Richard Schröder, Deutschland einig Vaterland, in: *FAZ*, 30.12.2019.

3 Lutz Niethammer (Hg.), *‹Die Jahre weiß man nicht, wo man die heute hinsetzen soll.› Faschismuserfahrungen im Ruhrgebiet. Lebensgeschichte und Sozialkultur im Ruhrgebiet 1930–1960*, Bd. 1, Berlin: Dietz Nachf., 1983.

4 Gáspár Miklós Tamás, in: *Amnesty Journal* 12 (2018), S. 67.

5 Ivan Krastev/Stephen Holmes, *Das Licht, das erlosch. Eine Abrechnung*, übers. von Karin Schuler, Berlin: Ullstein, 2019. Vgl. dazu meinen Artikel Let's Go East!, in: *Merkur* 839 (April 2019), S. 15–26.

6 Durs Grünbein, Wir Clowns der Freiheit, in: *Frankfurter Rundschau*, 26./27.10. 2019.

7 In einem beeindruckenden Artikel hat David Blight die Daten 1989 und 2020 als ein vollzogenes und ein potentielles Wendeereignis zusammengebracht. Europe in 1989, America in 2020 and the death of the Lost Cause, in: *The New Yorker*, 1.7. 2020. (Ich danke Philipp Fraund für diesen Hinweis.) Tatsächlich sind gewisse Parallelen zwischen Oktober 1989 in Berlin und Mai 2020 in Minnesota verblüffend. Die ostdeutschen Demonstranten wurden damals von der Polizei als ‹konterrevolutionäre Schweine› verprügelt. Es fehlte nicht viel, schildert Durs Grünbein, «und sie hätten von der Schusswaffe Gebrauch gemacht. Aber dann wurde der Druck der Straße übermächtig, in vielen Städten gab es jetzt Demonstrationen, Fernsehbilder verstärkten den Effekt. Die Weltöffentlichkeit war geweckt, und alles nahm seinen finalen Lauf.»

8 Thomas Oberender im Gespräch mit Jonas Zipf, https://blog.jena.de/jenakultur/2020/05/01/gerade-jetzt-eben-nicht/. Vgl. auch Thomas Oberender, *Empowerment Ost. Wie wir zusammen wachsen*, Stuttgart: Klett Cotta, 2020.

9 Grünbein, Wir Clowns der Freiheit.

10 Markus Meckel, *Zu wandeln die Zeiten. Erinnerungen*, Leipzig: Evangelische Verlagsanstalt, 2020, S. 5–7.

11 Oberender, *Empowerment Ost*, S. 15.
12 Ebd., S. 57.
13 Ebd., S. 57, 68.
14 Reinhard Mohr, Kein Ende der Faszination. 50 Jahre 68er Bewegung, DLF Kultur, 7.2.2018. https://www.deutschlandfunkkultur.de/50-jahre-68er-bewegung-kein-ende-der-faszination.1005.de.html?dram:article_id=410127.
15 Oberender, *Empowerment Ost*, S. 55–56.
16 Ebd., S. 44–45, 78–79.
17 Auch Richard Schröder betont, «dass fast die gesamte Führungsriege der AfD aus dem Westen kommt. Im Osten findet sie mehr Wähler als im Westen.» Das sei bei den rechtsextremen Parteien NPD und DVU auch schon so gewesen: «Da kamen aus dem Westen die Köpfe, aus dem Osten das Wahlvolk.» Deutschland einig Vaterland, *FAZ*, 30.12.2019.
18 Schröder, Deutschland einig Vaterland.
19 Wolfgang Mattheuer (1927–2004) gehörte zu den Künstlern der Leipziger Schule und war in der Protestbewegung der friedlichen Revolution aktiv. Seine Skulptur ‹Der Jahrhundertschritt› steht vor dem Haus der Geschichte in Bonn.
20 Thomas Mann, Deutschland und die Deutschen (1949), zitiert nach Jörn Leonhard, Der Nationalstaat ist tot, es lebe der Nationalstaat, Serie ‹Was ist deutsch?›, in: *Süddeutsche Zeitung*, 4.12.2015.
21 Stefan Berg, Deutschland und die Nation – ein schwieriges Verhältnis, in: *Der Spiegel*, 30.12.2016.
22 In der Einleitung zitiere ich aus dem Brief einer Freundin aus Leipzig: «Ich habe mir noch kein eigenes Modell meines Verhältnisses zu Deutschland, einig Vaterland gezimmert». Erst später habe ich die historische Anspielung in diesem Satz verstanden. «Der Text der DDR-Nationalhymne wurde erst im Februar 1990 wieder zugelassen, weil es dort hieß: ‹Deutschland einig Vaterland›. Es war durchaus aufmüpfig, als Leipziger Montagsdemonstranten am 6. November 1989 diese drei Worte skandierten.» Richard Schröder, Deutschland einig Vaterland.
23 Vgl. dazu das Kapitel über Alexander Gaulands Buch *Die Deutschen und ihre Geschichte*, in: Aleida Assmann, *Das neue Unbehagen an der Erinnerungskultur*, 3. Aufl., München: C.H.Beck, 2020.
24 Susan Neiman, *Von den Deutschen lernen*, München: Penguin, 2020.
25 Nathaniel Hawthorne, *The Scarlet Letter*, New York 1962, S. 23 (Übersetzung A. A.).
26 Zit. nach Cornelia Koppetsch, In Deutschland daheim, in der Welt zuhause? Alte Privilegien und neue Spaltungen, in: *Soziopolis* 21.12.2018, S. 1–18, hier S. 5. https://www.soziopolis.de/beobachten/gesellschaft/artikel/in-deutschland-daheim-in-der-welt-zu-hause/.
27 Koppetsch, In Deutschland daheim, in der Welt zuhause? Eine reichhaltige historische und aktuelle Neubestimmung des Heimatbegriffs unternehmen Muhterem Aras und Hermann Bausinger in: *Heimat. Kann die weg? Ein Gespräch*, Tübingen: Klöpfer Narr, 2019.
28 Koppetsch, In Deutschland daheim, in der Welt zuhause?, S. 11, 13, 4.
29 Ebd., S. 4.
30 Herfried und Marina Münkler, *Die neuen Deutschen. Ein Land vor seiner Zukunft*, Berlin: Rowohlt, 2016, S. 11.
31 https://www.br.de/mediathek/podcast/das-interkulturelle-magazin/20-jahre-neues-

staatsangehoerigkeitsrecht-gespraech-mit-migrationsforscher-prof-daniel-thym/1789911.

32 Ulrich Beck (Hg.), *Perspektiven der Weltgesellschaft*, Frankfurt am Main: Suhrkamp, 1998, S. 7.

33 Martin Franke, Wo die Zuwanderung Deutschland verändert hat, in: *FAZ*, 31.8.2020; https://www.faz.net/aktuell/wirtschaft/schneller-schlau/schneller-schlau-wo-die-fluechtlinge-deutschland-veraendert-haben-16926478.html.

34 Künstlerische Arbeiten wie die Ausstellung von Helena Schätzle mit dem Titel ‹Augenzu› und das Libretto *Blumen für Otello* von Esther Dischereit sind eindrucksvolle Beispiele für die Auseinandersetzung mit diesem Thema in der Zivilgesellschaft.

35 https://de.wikipedia.org/wiki/Antikolonialdenkmal.

36 Heinz Gustafsson, *Namibia, Bremen und Deutschland. Ein steiniger Weg zur Freundschaft*, Delmenhorst/Berlin: Aschenbeck & Holstein 2003, S. 439.

37 Marianne Bechhaus-Gerst, Koloniale Spuren im städtischen Raum, in: *Aus Politik und Zeitgeschichte* 69 (2019), S. 40–42.

38 Demonstration am 27. Oktober 2019; https://www.facebook.com/TogetherWeAreBremen/videos/2548816958541926/?v=2548816958541926.

39 Werner Durth/Jörn Düwel/Niels Gutschow, *Architektur und Städtebau in der DDR*, Berlin: Jovis Verlag, 2007, S. 173.

40 Debatte Nation und Gemeinschaft: ‹Dieses Deutschland gab es nie›, in: *taz*, 14.5.2019 https://taz.de/Debatte-Nation-und-Gemeinschaft/!5594436/ Vgl. in diesem Buch die Ausführungen zu Albert O. Hirschman, S. 285–288.

41 Jan Plamper, *Das neue Wir. Warum Migration dazugehört: Eine andere Geschichte der Deutschen*, Frankfurt am Main: S. Fischer, 2019.

42 Leslie Adelson, *The Turkish Turn in Contemporary German Literature: Towards a New Critical Grammar of Migration*, New York: Palgrave Macmillan, 2005.

43 Auszug aus einem Brief von Bosiljka Schedlich vom 12. Mai 2019.

44 Koppetsch, In Deutschland daheim, in der Welt zuhause?, S. 15, Anm. 11.

45 Ein eindrucksvolles Porträt des Emigranten John Spalek zeichnet der Dokumentarfilm von Gregor Eppinger, *Die Koffer des Herrn Spalek* (2012).

46 Der Titel des Buches von Ferda Ataman bringt das Problem auf den Punkt: *Ich bin von hier. Hört auf, zu fragen!* (2019).

47 Albert O. Hirschman, Wieviel Gemeinsinn braucht die liberale Gesellschaft?, in: *Leviathan* 22, Nr. 2 (1994), S. 293–304, hier S. 293. Ein anderer Autor, der bis heute für den schlechten Ruf des Begriffs ‹Gemeinsinn› verantwortlich ist, ist der Soziologe Ferdinand Tönnies. In seinem 1887 erschienenen Buch *Gemeinschaft und Gesellschaft* hat er einen klaren Gegensatz zwischen kalter, auf Vereinzelung ausgerichteter Gesellschaft einerseits und warmer, gemütlicher Gemeinschaft aufgebaut, der noch heute als Stereotyp und festes ‹Mem› in vielen Köpfen abrufbar ist. Vor diesem Hintergrund erklären sich Hirschmans Warnung vor dem Gemeinschaftscredo und sein Bekenntnis zu einem sachlichen Verfassungspatriotismus in den Nachkriegsjahren, wie es Dolf Sternberger und Jürgen Habermas vertraten.

48 Hirschman, Wieviel Gemeinsinn braucht die liberale Gesellschaft?, S. 300.

49 Ebd., S. 304.

50 Björn Höcke, Weimar und Heute. DokFilm, ausgestrahlt am 9.3.2020, timecode: 11.40–12.07; in der ARD-Mediathek abrufbar.

51 Aleida Assmann, *Menschenrechte und Menschenpflichten. Schlüsselbegriffe für eine humane Gesellschaft*, Wien: Picus, 2018.
52 Zum Glück gibt es eine Neuauflage: Norbert Thomassen (Hg.), *Verantwortung – Die Allgemeine Erklärung der Menschenpflichten des InterAction Council in 40 Sprachen*, Düsseldorf: Grupello, 2017.
53 Dieser Abschnitt skizziert ein Forschungsprojekt, das von Aleida und Jan Assmann, Christiane Bertram und Günther Hennig an der Universität Konstanz seit März 2020 durchgeführt und von der Dr. K. H. Eberle Stiftung gefördert wird. Günther Hennig u. a., *Gemeinsam Leben Lernen. Impuls für Lehrerausbildung*, München: Burckhardthaus, 2021.
54 https://www.bpb.de/nachschlagen/lexika/das-junge-politik-lexikon/161430/moratorium.
55 Thomas Oberender im Gespräch mit Jonas Zipf, JenaKultur, https://blog.jena.de/jenakultur/2020/05/01/gerade-jetzt-eben-nicht/.
56 Ebd.
57 Karl-Josef Laumann am 18.6.2020 in der Tagesschau angesichts des Corona-Ausbruchs im Schlachtbetrieb von Clemens Tönnies.
58 Donatella di Cesare, *Souveränes Virus? Die Atemnot des Kapitalismus*, übers. von Daniel Creutz, Konstanz: Konstanz University Press, 2020, S. 24.

Fazit: History matters – Gemeinsinn, nationale Narrative und historische Aufklärung

1 Herfried und Marina Münkler, *Die neuen Deutschen. Ein Land vor seiner Zukunft*, Berlin: Rowohlt Berlin, 2016, S. 290.
2 Cornelia Koppetsch, In Deutschland daheim, in der Welt zuhause? Alte Privilegien und neue Spaltungen, in: *Soziopolis*, 21.12.2018, S. 1–18, hier S. 15, Anm. 11.
3 David W. Blight, Europe in 1989, America in 2020, and the Death of the Lost Cause, in: *The New Yorker* vom 1.7.2020. David Blights historische Analyse des ‹Lost-Cause›-Mythos ist eine exakte historische Parallele zu George Mosses ‹Mythos des Kriegserlebnisses›.
4 James Baldwin, *No Name in the Street*, New York: Dial Press 1972, zitiert nach Eddie S. Glaude Jr., The History that James Baldwin wanted America to see, in: *The New Yorker*, 19.6.2020.
5 James Baldwin, White Man's Guilt, in: *Collected Essays*, New York: Literary Classics 1998, 723–727; hier: 722f.
6 Dan Bar-On/Sami Adwan, Das historische Narrativ des Anderen Kennenlernen, https://www.fluter.de/eure-wahrheit-unsere-wahrheit.
7 Bashir Bashir/Amos Goldberg (Hg.), *The Holocaust and the Nakba. A New Grammar of Trauma and History*, New York: Columbia University Press 2018; Rezension von Alon Confino in: *H-Soz-Kult*, 22.4.2016, <www.hsozkult.de/publicationreview/id/reb-24083>.
8 Richard Schröder, Deutschland einig Vaterland, in: *FAZ*, 30.12.2019.
9 Die Begriffe Flucht und Exil werden gerade umgewidmet und bezeichnen in ihrer neuen Bedeutung diejenigen, die sich als Fremde im eigenen Land fühlen, weil sich dort der ‹Meinungskorridor› angeblich weiter verengt und man sich auf dem Weg in eine ‹Gesinnungsdiktatur› fühlt. In Dresden wurde als eine Antwort darauf die «Reihe Exil» ins Leben gerufen, die von der Edition Buchhaus Loschwitz

herausgegeben wird. Ihre Gründerin, Susanne Dagen, bietet mit ihrer Buchhandlung und ihrem Verlag der Kunst eine ‹Zuflucht› und setzt dabei zugleich auf Kunst als ‹Zuflucht›. Sie ist pegida- und AfD-nah und gehört dem REMM (Rat europäischer Migranten und Minderheiten e. V.) an.

10 George L. Mosse, *Fallen Soldiers. Reshaping the Memory of the World Wars*, New York/Oxford: Oxford University Press, 1990, S. 224 (Übersetzung A. A.).

11 Stefan Zweig, Die moralische Entgiftung Europas (1932), in: ders., *Zeiten und Schicksale. Aufsätze und Vorträge aus den Jahren 1902–1941*, Frankfurt am Main: S. Fischer Verlag, 1990, S. 40–56, hier S. 56.

12 https://www.bundestag.de/dokumente/textarchiv/2016/kw51-kalenderblatt-inschrift-reichstag-484614.

Personenregister